FLENSBURGER HEFTE

Übungen zur Selbsterziehung

Aus dem Inhalt

Die Höllenfahrt der Selbsterkenntnis
Artikel von Wolfgang Weirauch

Der Traum vom Leben / Der Willenlose / Der Unzufriedene / Die Entscheidungsschwache / Der nervöse Zucker / Der Fehlerlose / Die in der Vergangenheit lebt / Der Eitle / Er und sie / Zum Thema dieses Heftes / Selbsterkenntnis durch Welterkenntnis / „Der Mann, der seine Frau mit einem Hut verwechselte" / Die Welt als reine Erfahrung / Der menschliche Erkenntnisakt / Selbsterkenntnis und Selbstgefühl / Zur Definition der Selbsterkenntnis / Auf der Suche nach den Spuren des Menschen / Die Begegnung mit dem Hüter der Schwelle / Der Mensch wird zur Welt / Übungen zur Selbsterkenntnis. Seite 8

Wenn die Welt zu sprechen beginnt
Interview mit Cordula und Emanuel Zeylmans van Emmichoven von Wolfgang Weirauch

Das Selbst als Kern des eigenen Menschseins / Wenn das Eigendenken zum Schweigen kommt / Die Wahrnehmungswelt hat mir etwas zu sagen / Sich selber vergessen, damit etwas anderes in die Welt hereinwirken kann / Selbsterkenntnis ist Welterkenntnis / Wenn Selbsterkenntnis nicht tief genug geht / Die trinitarische Selbsterkenntnismethode / Übungen zum Geist-Besinnen / Auf Entdeckungsfahrt durch einen Spruch / Übungen zum Geist-Erinnern / Die Qual als Lehrmeister / Übungen zum Geist-Erschauen / „Das Wühlen im eigenen Leben ist ein Holzweg" / Wüste Seelenäußerungen / Die Nebenübungen bzw. sechs Eigenschaften / Die Teufelsfratze / Die Pflanzenwelt als Heilmittel / In der Seele schlummern Dynamitkräfte / Die erste Nebenübung erzieht zu sachgerechtem Denken / Sinnlose Taten mit großer Wirkung / Mit den Nebenübungen aufstehen / Der Organismus der sechs Eigenschaften im Herzen der Anthroposophie / Steiners Ringen um die Wahrnehmung / Der Mensch als Lösung der Welträtsel / Wahrnehmungsübungen / Blatt und Stiel / Die Blüte / Enträtselung der Sprache / Der Mensch kann die verborgenen Kräfte der Pflanzen erlösen / Die Zwiesprache mit der Pflanze erfüllt einen mit neuen Kräften. Seite 35

Seiner selbst mächtig werden
Interview mit Stefan Leber von Klaus-Dieter Neumann

Selbsterziehung und Bewußtseinserweiterung / Aus dem anthroposophischen Übungsweg folgen soziale Konsequenzen / Der methodische Ansatz am Denken und der Wahrnehmung / Zum anthroposophischen Verständnis der Selbsterkenntnis / Rückschau auf das Leben: Was habe ich anderen Menschen zu verdanken? / „Steiner will den handelnden Menschen" / Das Ich lebt in den Wirkensvorgängen der Welt / Das Denken verbindet mich mit den Menschen und der Welt / Zum Begriff der Esoterik / „Das Abheben ist nicht das Ziel der Übungen" / Eine Übung zur praktischen Ausbildung des Denkens / „Jeder muß für sich herausfinden, wie er sinnvoll übt" / Hindernisse zuhauf! / Die sechs Nebenübungen / Kontinuierlich üben, individuell handhaben / Gleichmutsübung – Gefühlskontrolle, Initiative im Gefühlsleben / Das Erzeugen von Ruhe und innerem Frieden / Positivitätsübung / Unbefangenheitsübung / Vier Regeln als allgemeine Anforderungen / Seine Vorstellungen fortwährend prüfen und vermehren / Studium – der immerwährend lernende Mensch / Überwindung von Sympathie und Antipathie beim Erstreben der Wahrheit / Die Scheu vor dem Abstrakten überwinden / Die Übungen „Für die Tage der Woche" / Die Bildung von neuen Gewohnheiten durch Rhythmus / Das Maß der eigenen Kräfte erspüren / Schulung des Gedächtnisses durch Wecken von Interesse und Aufmerksamkeit / Mit den Füßen schreiben / Den eigenen Entschlüssen treu bleiben.   Seite 83

Denk mal!
Bedeutung und Schulung des Denkens
Artikel von Thomas Höfer
Ein Gedankenexperiment / Die Wahrnehmung / Begriff und Bewußtsein / Erkenntnis / Wenn man an die Wirklichkeit nicht herankommt / Vorstellung / Schulung der Wahrnehmungs- und Erkenntnisfähigkeit / Erfahrung / Denken / Die praktische Ausbildung des Denkens / Die übersinnliche Natur des Denkens / Denken und Fühlen / Die Liebe im Denken.   Seite 121

Wege zur Selbsterziehung
Die Nebenübungen und die moralische Entwicklung des Menschen
Artikel von Frank Linde
Gedankenkontrolle / Initiative des Handelns / Gelassenheit / Positivität / Unbefangenheit / Inneres Gleichgewicht / Die zukünftigen Hüllen des Christus.
Seite 138

„Eigentlich hätte ich es wissen müssen"
Über die Kunst, richtig zu denken
Artikel von Michael Alberts
Praktische Ausbildung des Denkens / Schulung der Beobachtung und der Vorstellungsbildung / Von der Beobachtung der Gegenwart zur Erahnung der Zukunft / Von der Beobachtung der Gegenwart zum Erschließen der Vergangenheit / „Leider ist mir im Moment nicht das Richtige eingefallen ..." / Konzentration auf einen selbstgewählten Gedankeninhalt / Gedächtnisübung / Welcher Weg ist der beste?   Seite 165

Übung macht den Meister
Artikel von Wolfgang Weirauch
Der Mann ohne Gedächtnis / Gedächtnisübung / Schreibübungen / Rückschau und Rückwärts-Denken / Sich selber anschauen / Willensschwäche / Verzichtsübung / Übung des Für und Wider. Willensbeeinflussung / Urteilsverzicht.
Seite 173

© Die Farbfotos in diesem Heft sind von Thomas Höfer (Seite 61 u. 106), Sebastian Voß (Seite 60) und Wolfgang Weirauch (alle übrigen).

Verzeichnis der Übungen

Denkübungen, Schulung des Denkens	121 ff.
– Wahrnehmungsübung	123
– Vorstellungsbildung, Erfahrungsmehrung	129
– Begriffsbildung	132
– Praktische Ausbildung des Denkens	94 f., 132 f., 165 ff.
– Konzentration, reines Denken	133
Für die Tage der Woche	115 ff.
– Montag	115
– Donnerstag	116
Für und Wider-Übung, Entscheidungsfähigkeit	182
Gedächtnisübungen	117, 118, 170, 176
Meditation	38
Naturwahrnehmungen	63, 73
Nebenübungen	62 ff., 66 ff., 97 ff., 138 ff.
– Gedankenkontrolle	66, 140
– Initiativhandlung	67, 146
– Gleichmutsübung	68, 101, 149
– Positivitätsübung	68, 104, 152
– Unbefangenheitsübung	69, 108, 156
– Inneres Gleichgewicht	69, 158
Praktische Ausbildung des Denkens	94 f., 132 f., 165 ff.
– Beobachtung	95, 166
– Schlußfolgern auf die Zukunft	167
– Schlußfolgern auf die Vergangenheit	168
– Konzentration	168
– Gedächtnisübung	117, 170
– Handlungsfähigkeit, Planung	171

Regeln (4) als allgemeine Anforderungen	109 ff.
– 1. Alle Vorstellungen prüfen	109
– 2. Vorstellungen fortwährend vermehren	109
– 3. Sympathie und Antipathie überwinden	112
– 4. Scheu vor dem Abstrakten überwinden	114
Rückschau (auf den Tag) und Rückwärts-Denken	179
Rückschau auf das Leben	89, 90
Schreibübungen	177
Selbsterkenntnisübungen, allgemein	40 ff.
Selbsterkenntnisübungen	28 ff.
– 1. Übung	28
– 2. Übung	30
– 3. Übung; karmisch denken	31
– 4. Übung	33
Selbsterkenntnis, trinitarischer Übungsweg nach dem Grundsteinspruch	44 ff.
– Geist-Besinnen	47
– Geist-Erinnern	51
– Geist-Erschauen	55
Sich selber anschauen	180
Urteilsverzicht	185
Verzichtsübung	181
Willensübungen, allgemein	181

Zu den Steiner-Zitatangaben in diesem Heft: Die GA-Nummern beziehen sich auf die jeweilige Bibliographie-Nummer der Rudolf Steiner Gesamtausgabe im Rudolf Steiner Verlag, Dornach/Schweiz. Danach sind in der Regel das Erscheinungsjahr der benutzten Ausgabe, das Vortragsdatum bzw. Kapitel und die Seitenzahl angegeben, von der Autor-, Titel- und Ortsnennung wurde abgesehen. Nach Bibliographie-Nummern geordnet ist die Rudolf Steiner Gesamtausgabe im Katalog des Rudolf Steiner Verlags aufgeführt. Der Katalog ist durch den Buchhandel erhältlich.

Liebe Leserinnen und Leser!

Vorliegende Publikation widmet sich einem Thema, das uns alle angeht. Denn niemand von uns ist vollkommen, und demzufolge kann sich jeder auf den Weg machen, an sich und seinen eigenen Unzulänglichkeiten zu arbeiten. Die Übungen zur Selbsterziehung, die wir in diesem FLENSBURGER HEFT vorstellen, sind keine Meditationsübungen. Vielmehr ermöglichen sie jedem Menschen, sein Leben besser in den Griff zu bekommen und alltägliche Schwächen – wie z.B. Vergeßlichkeit, Konzentrationsschwäche oder Willenlosigkeit – zu erkennen und auf verschiedene Weise praktisch zu beheben bzw. Einseitigkeiten abzumildern.

Wir wollen Sie mit diesem FLENSBURGER HEFT ermuntern, aus den zahlreichen von Rudolf Steiner gegebenen Übungen eine oder mehrere auszuwählen und einen Übungsweg zu beschreiten.

Will man sein Leben immer bewußter selbst gestalten, sollte man auch zumindest eine Ahnung davon bekommen, wer man als Mensch selber ist. Deshalb widmen wir uns im ersten Teil des Heftes der Selbsterkenntnis des Menschen, es folgen persönliche Darstellungen des eigenen Übungsweges und schließlich Artikel, in denen weitere Übungen vorgestellt und genau beschrieben werden.

Damit Sie die Übungen nach Ihrer Lektüre auch wieder auffinden können, haben wir auf den Seiten 5 und 6 eine Übersicht aller in diesem Buch besprochenen Übungen angelegt. Integriert in den Text finden Sie 16 farbige Abbildungen – vorwiegend Abendstimmungen, Sonnenuntergänge, Wolkenbildungen sowie einige Pflanzen –, die sowohl als Ruhepol für das Auge zu verstehen sind, als auch zur Naturbetrachtung anregen mögen.

Wir planen, die Darstellung des Übungsweges in weiteren Heften fortzusetzen.

Es grüßt Sie
Ihre
FLENSBURGER HEFTE-Redaktion

Abonnementpreise 1995

Aufgrund gestiegener Kosten – insbesondere bei Papier und Porto – müssen wir die Abopreise für 1995 um DM 2,– erhöhen. Das Abo kostet jetzt: DM 56,– inkl. Porto und Verpackung (Ausland: DM 60,–). Auf Wunsch ermäßigt: DM 46,– (Ausland: DM 50,–).

Die Höllenfahrt der Selbsterkenntnis

Wolfgang Weirauch

Der Traum vom Leben

Eines Nachts hatte Jo einen gar seltsamen Traum: Er träumte, daß er in seinem Bett lag, hellwach war, sich aber nicht rühren konnte. Stille. Nichts regte sich, nicht einmal der Wecker tickte. Jo wunderte sich: „Es ist doch Nacht, warum ist es nicht dunkel?" Seine Gedanken begannen zu kreisen, aber er konnte sich nicht rühren, obwohl er sich merkwürdig leicht fühlte.

Plötzlich mußte er wie gebannt in eine der Zimmerecken schauen, denn als wäre dort eine sprudelnde Quelle, strömte eine Lichtwolke hervor, viel heller als das Licht im Zimmer. Aus der Mitte dieser Wolke strömten einzelne Lichtschichten, bunt wie ein Farbenreigen. Sanft und völlig geräuschlos schwebte das wolkige Lichtmeer auf Jo zu, bis er völlig von dem Licht umhüllt war und sein Zimmer um ihn herum gänzlich verschwand.

Eine Gestalt trat ihm entgegen, hellstrahlend, in einem Gewand aus Licht, und sie streckte Jo eine Hand entgegen: „Komm!" Jo fühlte sich sofort voller Vertrauen zu der ernsten, aber liebevollen Gestalt hingezogen, trat ihr entgegen, und gemeinsam glitten sie dahin. „Ich möchte Dir einige Menschen zeigen", erklärte sich die Gestalt. Und schon standen sie in einem Wohnzimmer.

Der Willenlose

Ein Mann lag auf seinem Bett, dumpf brütend an die Zimmerdecke starrend, neben sich einige leere Bierflaschen und einen mit Zigarettenkippen überquellenden Aschenbecher, in welchen er gerade mit lascher Bewegung seine Zigarette ausdrückte. Am Fuße seines Bettes stand eine Tafel, auf der fein säuberlich geordnet einzelne Stichworte aufgeschrieben waren.

„Schau dort hin!" Die Lichtgestalt ermöglichte Jo den Blick an eine Straßenecke, wo ungeduldig eine Frau stand und nervös auf ihre Uhr blickte. „Mit ihr hat er, der hier auf dem Bett liegt, eine Verabredung, aber er kann sich nicht aufraffen." – „Was ist denn mit ihm los?" fragte Jo erstaunt.

„Er hat während seines ganzen Lebens seine Willenskräfte vernachlässigt, und nun hat er seinen Willen fast gänzlich verloren. Er lebt nur noch in seinen Vorstellungen, und in ihnen glaubt er, alles zu schaffen, was er sich vorgenommen hat. Aber er schafft es nie. Er beruhigt sich damit, all das auf die Tafel zu schreiben, was er tun will."

In dem Moment klingelte das Telefon. Der auf dem Bett lag, griff zu dem Hörer: „Ja?" – „Wo sind die fertigen Arbeiten, die Sie mir versprochen haben?" tönte eine Stimme. – „Morgen werde ich sie Ihnen bringen, ich fange gleich damit an." – „Aber Sie haben sie mir zu heute versprochen! Bis morgen können Sie das gar nicht mehr schaffen!" kreischte es atemlos aus dem Hörer. – „Doch doch, kein Problem", sagte der Willenlose, „es steht ja schon auf der Tafel, was ich machen will."

Er legte den Hörer auf, griff zu einer neuen Schachtel Zigaretten, schnippte den Verschluß einer Bierflasche auf, schaltete den Fernseher an und lehnte sich wohlig zurück.

Der Unzufriedene

„Komm", sprach die Lichtgestalt, „ich zeige Dir einen weiteren Menschen." Und im Nu befanden sie sich auf einer belebten Straße, wo im Schatten kleiner Bäume ein Mann mittleren Alters auf einer grauen Mauer saß und mit traurigem, aber leicht empörtem Blick die Vorübergehenden musterte.

Viele fröhliche Menschen gingen an ihm vorüber, und mit jedem glücklichen Gesicht, das er erblickte, wurde er mißmutiger und zerknirschter. „Allen geht es gut, nur mir nicht", murmelte er mit verhaltenem Zorn vor sich hin, „alle laufen fröhlich herum, und niemand kümmert sich um mich!"

Und so fiel sein Blick auch auf eine ältere Dame, die schräg vor ihm auf einer Bank sitzend, genußvoll ihr Eis schleckte und ihrerseits belustigt und interessiert die Menschen beobachtete. „Ihnen geht es wohl auch zu gut, was?" brüllte er zu ihr hinüber, so daß sie sich erschrocken zu ihm umdrehte, und als sie sein zorniges Gesicht sah, fluchtartig in der Menge der dahinschlendernden Menschen verschwand.

Wieder fiel sein Blick auf die Spaziergänger, und da entdeckte er, wie sich ein frischverliebtes Pärchen in die Arme fiel und sich abküßte. „Mein Gott", stöhnte er, „warum bin ich bloß so häßlich. Ich bekomme nie eine Freundin. Das ist *so* ungerecht!"

Und Jo sah, wie er mit dem Fuß aufstampfte, sich mit beiden Händen durch die Haare fuhr und im übrigen finster vor sich auf den Boden stierte.

„Schau nur", sagte die Lichtgestalt zu Jo, „er fühlt sich dadurch beleidigt, daß andere glücklich sind. Er wühlt nur in seinen Gefühlen herum, vergleicht sich ständig mit anderen Menschen und glaubt, daß er ungerecht behandelt wird. Könnte er einmal von sich loskommen, so würde er auch ganz etwas anderes in seiner Umgebung bemerken, als nur dasjenige, was er sehen will. – Komm, jetzt schauen wir uns eine Frau an."

Die Entscheidungsschwache

Sie stand vor dem Spiegel, bearbeitete mit spitzen Fingern ihren letzten Mitesser, nahm dann eine kleine Pinzette und zupfte sich Augenbraue für Augenbraue über der Nase aus. Gerade wollte sie zur Wimperntusche greifen, da klingelte das Telefon. Als würde sie sich über diese willkommene Ablenkung freuen, hüpfte sie zum Apparat und riß den Hörer ab: „Ja?"
„Hallo, hier ist Klaus. Kommst Du mit spazieren? Es ist so schönes Wetter." – „Hallo. Ich hätte schon Lust, aber ich schreibe morgen eine wichtige Arbeit und habe noch nichts gelernt." – „Ach, sei kein Frosch, die paar Stunden! Nach Sonnenuntergang bist Du erfrischt zurück und kannst immer noch für morgen lernen." – „Na gut, ich komme."
Wieder ging sie zum Spiegel und griff erneut zur Wimperntusche. Da klingelte es. Vor der Tür stand Hermann. „Können wir los?" – „Ach du Schreck, ich habe ganz vergessen, daß wir auf die Fete wollten. Ich muß mich nur noch schnell zurechtmachen und mich umziehen."
„Den Spaziergang und die Arbeit am nächsten Morgen scheint sie völlig vergessen zu haben!" sagte Jo. – „Nein, vergessen hat sie gar nichts, aber sie kann ihren eigenen Willen nicht durchsetzen, sie vertendelt ihren Tag mit Nichtigkeiten und läßt sich treiben. – Schau einmal, was sich einige Stunden später ereignet."
Hermann betrat mit ihr die Wohnung, in der die Fete schon in vollem Gange war. Mit einem Male stand sie Daggi und Biggi gegenüber, zwei alten Freundinnen, die sie schon seit Jahren nicht mehr gesehen hatte. Stürmisch fielen sie sich in die Arme und bedeckten sich mit Küssen. „Hier ist es absolut öde", sprudelte Biggi unvermittelt los, „laß uns abhauen und einen Kneipenbummel wie früher machen." Und ohne sich zu besinnen, zogen die drei los.
„Sie hat schon wieder vergessen, was sie versprochen hat", empörte sich Jo. – „Nein, ich sagte Dir doch, sie vergißt ihre Verabredungen nicht." – „Aber warum zieht sie jetzt durch die Kneipen, anstatt für ihre Arbeit zu lernen?" – „Weil sie sonst über sich selber nachdenken müßte, und das würde sie sehr schmerzen. Also ist sie froh über jede Ablenkung. – Wir wollen jetzt schnell von hier verschwinden, ich zeige Dir jetzt eine besonders bemitleidenswerte Person."

Der nervöse Zucker

Mit einem Male waren sie inmitten einer Schulklasse. Gerade war der Lehrer dabei, etwas an die Tafel zu schreiben. Aber ehe er die Kreide zum Schreiben ansetzte, fuchtelte er wie wild mit der rechten Hand in der Luft herum. Dann erst begann er zu schreiben. Aber schon nach wenigen Worten stockte er, kratzte sich am Kopf und ließ die Hand mit der Kreide mehrere Male in einer Art Zick-Zack-Bewegung hin- und herschnellen, ehe er wieder zum Schreiben ansetzte.

Wenig später drehte er sich zur Klasse um, trat zu seinem Tisch und ergriff seine Aktentasche. Die Kinder starrten jetzt besonders aufmerksam zu ihm hinüber. Manche stießen sich gegenseitig an und lächelten wissend und verschmitzt, andere kicherten oder prusteten verhalten hinter ihren Händen. Kaum daß der Lehrer die Tasche öffnete, verzerrte sich sein Gesicht zu einem angestrengten Grinsen, er riß den Mund auf und streckte seine Zunge weit vor. Die ganze Zeit, während er Buch für Buch aus der Aktentasche zog, behielt er die Grimasse bei und nahm erst wieder normale Gesichtszüge an, als er sich aufstellte und zu sprechen begann.

Keine drei Sätze sprach er, da hob er die rechte Schulter, streckte seinen rechten Arm abrupt aus, winkelte ihn wieder an und ließ ihn zurück vor die Brust schnellen. Dabei blinzelte er mit den Augen und verhaspelte sich beim Sprechen. Alle drei Sekunden machte er diese Bewegung.

„Warum macht er das?" fragte Jo. – „Er hat eine Kriegsverletzung, seitdem ist sein inneres Gefüge durcheinandergeraten." – „Kann man ihm nicht helfen?" – „Doch, er müßte verschiedene Übungen machen. Damit könnte er sich selber helfen. – Schau Dir einmal die Menschen an, und Du wirst sehen, daß alle irgendwelche merkwürdigen Bewegungen und Zuckungen am Leibe haben."

Der Fehlerlose

Und wieder führte die Lichtgestalt Jo zu einer anderen Szene. Er sah ein Büro, indem ein Abteilungsleiter inmitten seiner Angestellten stand. In der Linken hielt er eine riesige Kaffeetasse, in der Rechten einige Papiere, mit denen er wild fuchtelnd auf seine Angestellten einredete. Während er im schnellen Stakkato auf sie einsprach, unterbrach er sich nur hin und wieder dadurch, daß er einige hektische Schlucke aus seiner Kaffeetasse nahm.

Seine Angestellten saßen leicht blaß oder mit offenen Mündern um ihn herum. Nur einer setzte zum Sprechen an: „Aber ..."

„Lassen Sie mich ausreden, hier sind immer noch einige Fehler im Text. Warum?" – „Wir können nun einmal nicht alles", entgegnete eine der Angestellten leicht widerborstig. – „Warum eigentlich nicht?" fuhr er sie an, „ich kann es doch auch."

Aber die Angestellte nahm allen ihren Mut zusammen und hielt ihm entgegen: „Auch Sie haben einen Fehler gemacht. Vorhin sagten Sie, ich solle vier Exemplare dieses Briefes ausdrucken, und nun wollen Sie nur noch drei haben."

Kurz stutzte der Abteilungsleiter, wahrscheinlich besann er sich, aber dann äußerte er mit leichtem Kopfschütteln und bestimmt: „Das kann ich ja gar nicht gesagt haben, denn ich wollte nur drei Exemplare haben; und was ich will und denke, das sage ich auch!"

„Was ist denn bloß mit dem los?" fragte Jo verblüfft. – „Er akzeptiert nicht die

Schwächen seiner Mitmenschen und glaubt, daß alle das können müssen, was er selber kann", erwiderte sein Begleiter, „darüber hinaus meint er, fehlerlos zu sein."

Die in der Vergangenheit lebt

Jo hatte nicht einmal Zeit, sich über diese Menschen zu wundern, denn flugs befanden sie sich in einer Wohnstube, in der eine Frau mittleren Alters eine alte Freundin zu Gast hatte. „Weißt Du noch", sagte die Frau, „wie wir früher in Finnland immer am Lagerfeuer saßen, unseren selbstgefangenen Fisch räucherten und dabei Pläne schmiedeten?" – „Warum sollte ich das vergessen?" entgegnete die Freundin leicht verwundert. – „Ja, ja. Damals hatten wir noch Ideale und wollten die Welt verbessern. Weißt Du noch, wie wir in die Slums nach Kalkutta gehen wollten, um dort ein Kinderheim aufzubauen?"

„Sehr witzig", entrüstete sich die Freundin, „ich habe das Kinderheim längst gegründet und arbeite dort seit zehn Jahren, während Du hier im Wohlstand erstickst. Warum steigst Du nicht endlich bei uns ein, so wie Du es früher gewollt hast?" „Ich weiß nicht, außerdem habe ich eine Familie." – „Glaubst Du etwa, daß ich keine Familie habe?"

Die Frau wand sich leicht peinlich berührt auf dem Sofa und entgegnete etwas schroff: „Du konntest schon immer alles." – „Ich glaube kaum, daß ich alles kann. Du aber träumst und bist in Deine Vergangenheit verliebt. Statt daß Du mit Deinem Arsch hochkommst und bei uns mit anpackst, liegst Du hier faul auf dem Sofa und brütest vor Dich hin und fliehst vor Dir selber." – „Ich habe schließlich meine Zweifel an dieser Arbeit. Man müßte noch einmal alles gründlich durchsprechen, so wie damals am Lagerfeuer. Auch suche ich immer noch jemanden, der mir genau sagen kann, ob diese Arbeit, die Ihr macht, auch wirklich richtig ist. – Komm, laß uns Dias von unseren Finnland-Abenteuern anschauen und in unseren Erinnerungen schwelgen."

Die Freundin starrte sie mit offenem Mund an. Sie war sprachlos.

Der Eitle

Ehe Jo etwas sagen konnte, waren sie wieder woanders, und zwar schaute er eine parkähnliche Landschaft mit einer schattigen Allee, auf der einige Menschen flanierten. „Schau dort drüben", die Lichtgestalt deutete in die Nähe eines Brunnens, „dort siehst Du ein ganz besonderes Menschenkind."

Jo erblickte eine große dünne Gestalt mit schwarzem Anzug und schwarzem Hut, die tiefsinnig vor sich hinblickend einherschritt. Mitunter hob dieser eigenartige Mann seinen Kopf und betrachtete die Menschen, die ihm begegneten. Manchmal verzog er dabei spöttisch seine Unterlippe, hin und wieder nickte er wissend und griff mit der Linken an das Buch, das er unter dem rechten Arm eingeklemmt hatte, so als wollte er sagen: „Glücklicherweise kenne ich durch dich die Wahrheit über all diese Unwissenden."

Langsam stolzierte er auf eine Parkbank zu, wischte die völlig saubere Holzfläche mit seinem Taschentuch ab, ließ sich nieder, schlug das Buch auf und las und las. Was um ihn herum vorging, bemerkte er nicht. Bis ihn ein Bettler aus seiner Ruhe störte, indem er sich neben ihn setzte und ihn unverblümt ansprach: „Hast Du mal eine Zigarette?"

Leicht angewidert, arrogant und von oben herab, preßte der Mann mit dem schwarzen Hut hervor: „Ich gehöre schon lange nicht mehr zu den Menschen, die es noch nötig haben, Zigaretten zu rauchen." Damit klappte er sein Buch zu, stand auf, klopfte sich seinen Anzug ab und stolzierte gehobenen Hauptes davon.

„Er glaubt zu wissen, warum den Bettler das Elend getroffen hat", sagte die Lichtgestalt zu Jo. „Angeblich steht das in seinem Buch. Er glaubt auch, daß es sein Verdienst ist, daß er so gebildet ist, und meint, alles über die Menschen zu wissen. Dabei ist er so eitel, daß er gar nicht bemerkt, daß er sein gesamtes Wissen nur aus den Büchern hat. Die Welt und die Menschen selber nimmt er überhaupt nicht mehr wahr; höchstens wenn sie ihn bei seinem Studium stören."

„Warum zeigst Du mir eigentlich alle diese Menschen?" fragte Jo. – „Damit Du Dich selbst erkennst!" war die knappe, aber entschiedene Antwort.

„Aber wie kann ich mich selbst erkennen, wenn Du mir nur andere Menschen zeigst. Sage mir doch lieber, was mit mir los ist", entgegnete Jo verwirrt. – „Du erkennst Dich nur, wenn Du in die Welt schaust. Wenn Du Dich nur mit Dir selber beschäftigst, wirst Du mancher Täuschung erliegen. Schaust Du Dir aber z.B. die Menschen Deiner Umgebung an, so wirst Du manchen Aufschluß über Dich selber erhalten."

Er und sie

Ehe Jo antworten konnte, waren sie schon wieder in einem Wohnzimmer. Eine Frau bügelte unentwegt körbeweise ihre Wäsche, während ein Mann mit versteinerter Miene gegenüber im Sessel saß, ihr zusah und sich hin und wieder genervt mit Daumen und Ringfinger die Schläfen rieb. Sie dagegen summte fröhlich Lied um Lied vor sich hin und hielt dem Mann mitunter ein gebügeltes Kleid entgegen: „Ist es nicht schön?"

Als sie ihm das siebente Kleid vorhielt, ihn aber ansonsten nicht weiter beachtete, platzte ihm der Kragen: „Ich sitze hier seit einer geschlagenen Stunde im Sessel, während Du unsere Zeit mit Bügeln verplemperst. Schließlich hatten wir verabredet, unser Problem zu besprechen, unser Problem zu besprechen."

„Ich finde es eben gemütlich, Dich um mich zu haben, während ich bügele."

„Das ist doch völlig unwichtig, immerhin sollten wir uns mal den entscheidenden Dingen widmen, den entscheidenden Dingen widmen", würgte er mit verhaltenem Grimm hervor.

„Aber ich möchte doch ..." Sie schwieg.
„Was möchtest Du?"
„Mir geht es darum, daß wir beide ..."
„Daß wir beide was?" fuhr er sie an. „Kannst Du nicht einmal Deine Sätze zu Ende sprechen. Ständig hörst Du mitten im Satz auf und zwingst mich zum Schweigen, weil ich auf den Rest Deines Satzes warten muß, auf den Rest Deines Satzes warten muß."
Aber pfiffig, wie sie war, entgegnete sie: „Und du wiederholst dauernd die Satzenden!"

Erschrocken und schweißgebadet fuhr Jo aus seinem Traum empor. Schlagartig wurde ihm klar, daß auch er immer die Satzenden wiederholte, die Satzenden wiederholte. „Das war ein kleines Stück Selbsterkenntnis", murmelte er und kochte sich einen Kaffee.

Zum Thema dieses Heftes

Das Leben, ein Traum? Gewiß nicht. Der Traum des Jo zeigt deutliche Schwächen, Krankheiten, Störungen bzw. Tics, die wir mehr oder weniger bei uns allen konstatieren können, gleich ob das nun Willensschwäche oder Entscheidungsunfähigkeit ist, pessimistische oder arrogante Selbstbespiegelung, Vergeßlichkeit, mangelnde Durchsetzungsfähigkeit, Kritikunfähigkeit bzw. die verschiedensten Tics wie z.B. nervöse Zuckungen.

Mit vorliegendem FLENSBURGER HEFT sowie weiteren, die voraussichtlich in lockerer Folge erscheinen werden, möchten wir den Versuch wagen, Ihnen die Übungen aus dem Gesamtwerk Steiners nahezubringen. Hierbei geht es zunächst nicht um den meditativen Schulungsweg. Meditative Übungen wären zwar eine Konsequenz der in diesem Heft dargestellten Übungen, aber das hieße, den zweiten Schritt vor dem ersten machen. Zwar wird der okkulte Schulungsweg bzw. die anthroposophische Meditationspraxis immer wieder berührt, der Schwerpunkt dieses Heftes liegt aber bei die Meditation begleitenden Übungen bzw. bei solchen, die man unabhängig davon oder im Vorfelde praktizieren kann.

Die Übungen sind einfach und schwer zugleich. Man muß sich nicht durch lange theoretische Ausführungen durchkauen, sondern kann sich ein oder zwei Übungen greifen und sie durchführen. Üben Sie mal! Aller Anfang ist leicht! Schwer wird es erst, wenn man die Übungen über längere Perioden durchhalten will. Die Bemühung aber wird sich lohnen.

Wir möchten mit diesem Heft bewirken, daß Sie Lust bekommen – vielleicht auch aus Einsicht –, eine oder mehrere Übungen durchzuführen.

Ehe wir aber zu den Übungen selbst kommen, bedarf es noch einer kleinen Anstrengung: Und zwar gilt es zu klären, was Rudolf Steiner meint, wenn er von Selbsterkenntnis spricht. Um die Selbsterkenntnis und um Übungen zur Selbsterkenntnis geht es vorwiegend in diesem Artikel sowie in dem folgenden Interview mit Cordula und Emanuel Zeylmans.

Selbsterkenntnis durch Welterkenntnis

Was ist Selbsterkenntnis? In den letzten Jahren ist es – auch auf anthroposophischem Felde – zur Mode geworden, sich in allen biographischen Schattierungen und Sequenzen beleuchten und bespiegeln zu lassen. Darin mag manche Berechtigung liegen, aber wenn es lediglich zu einem Wühlen in der eigenen Biographie ausartet – aus purer Egozentrik –, geht es sicherlich in eine falsche Richtung, zumindest ist es nicht das, was Rudolf Steiner unter Selbsterkenntnis verstanden hat.

„Suche im Umkreis der Welt:
Und du findest dich als Mensch;
Suche im eignen menschlichen Innern:
Und du findest die Welt."

„Erkenne dich selbst,
Und du findest die Geheimnisse der Welt.
Beschaue die Welt,
Und du findest die Geheimnisse des Selbst."

(GA 40/1961/S.249 u. S.252)

In diesen beiden Wahrspruchworten liegt eine auf den ersten Blick eigentümlich erscheinende Grundrichtung verborgen: Wer sich selbst erkennen will, muß in die Welt schauen, nicht auf sich selber. Was heißt denn das? Erkenne ich mich etwa, wenn ich Zeitung lese? Erfahre ich etwas über mich, wenn ich am Meer sitze und die Wellen beobachte? Erhalte ich Auskunft über mich selber, wenn ich die Menschen auf der Straße oder in meiner Umgebung beobachte? Ja! Auch wenn es ungewöhnlich klingt!

„Selbsterkenntnis wurzelt in Welterkenntnis;
Welterkenntnis sprießt aus Selbsterkenntnis."

„Willst du die Welt erkennen:
Blick ins eigne Innre;
Willst du dich selbst durchschauen:
Schau in die Welt."

(ebd./S.262 f.)

„Der Mann, der seine Frau mit einem Hut verwechselte"

In dem gleichnamigen Buch des Neurologen Oliver Sacks (Hamburg 1990) schildert er in einfühlsamer Weise Lebens- und Krankheitsgeschichten von Menschen, die auf die kurioseste Weise „nicht mehr normal" sind bzw. die verschiedensten Ausfälle haben, also z.B. den Verlust der Sprechfähigkeit, des Gedächtnisses, des Sehvermögens oder gar der eigenen Identität.

Der Mann, der seine Frau mit seinem Hut verwechselte, litt unter visueller Agnosie. Sacks beschreibt, wie der äußerst begabte Musiker, Sänger und Professor, Dr. P., in seine Praxis kommt, weil er – ansonsten völlig normal – die Gesichter seiner Studenten nicht mehr erkennt und Hydranten oder Parkuhren für Kinder hält und sie anspricht. In der Praxis von Sacks verwechselt er seinen Schuh mit seinem Fuß und greift statt nach seinem Hut an den Kopf seiner Frau, weil er letzteren für ersteren hält.

Nach und nach formt sich für Oliver Sacks das Bild eines Menschen, der die verschiedensten Gegenstände nicht mehr erkennt. Er kann sie nicht mehr als Ganzes erfassen und kommt nur zur Erkenntnis eines Gegenstandes oder eines bekannten Menschen, wenn er ihn an einer extravaganten Eigenschaft erkennen kann, den Studenten an der Stimme, den Bruder an den hervorstehenden Zähnen usw.

Dieser Musikprofessor besitzt zwar sämtliche Begriffe, die wir normalerweise haben, kann aber aufgrund einer Störung der rechten Gehirnhälfte nur Details, Ausschnitte und unzusammenhängende Wahrnehmungen der sinnlichen Welt erfassen. Es fehlt die Verbindung der einzelnen Wahrnehmungen mit dem Begriff. Ein Beispiel:

„'Was ist das?' fragte ich und zeigte ihm einen Handschuh. 'Darf ich das mal sehen?' bat er mich und untersuchte den Handschuh ebenso eingehend wie zuvor die geometrischen Körper.

'Eine durchgehende Oberfläche', sagte er schließlich, 'die eine Umhüllung bildet.' Er zögerte. 'Sie scheint – ich weiß nicht, ob das das richtige Wort dafür ist – fünf Ausstülpungen zu haben.'

'Ja', sagte ich vorsichtig. 'Sie haben mir eine Beschreibung gegeben. Sagen Sie mir nun, was es ist.'

'Eine Art Behälter?'

'Ja, aber für was?'

'Für alles, was man hineintut!' antwortete Dr. P. lachend. 'Da gibt es viele Möglichkeiten. Man könnte es z.B. als Portemonnaie verwenden, für fünf verschiedene Münzgrößen. Man könnte ...'

Ich unterbrach seinen Gedankenfluß. 'Kommt es Ihnen nicht bekannt vor? Könnten Sie sich vorstellen, daß es an einen Teil Ihres Körpers passen würde?'

Er machte ein ratloses Gesicht.

(Später, durch Zufall, schlüpfte er in den Handschuh und rief aus: 'Du liebe Zeit, das ist ja ein Handschuh!')
Kein Kind würde von 'einer durchgehenden Oberfläche, die eine Umhüllung bildet', sprechen, aber jedes Kind, selbst ein Kleinkind, würde einen Handschuh augenblicklich als solchen erkennen und in ihm etwas Vertrautes sehen, da seine Form der der Hand ähnelt. Nicht so Dr. P. Nichts, was er sah, war ihm vertraut. In visueller Hinsicht irrte er in einer Welt lebloser Abstraktionen umher." (Sacks, S.30 f.)

Die Welt als reine Erfahrung

Das ist genau die Welt, die Rudolf Steiner in seiner „Erkenntnistheorie der Goetheschen Weltanschauung" als erste Stufe der Weltbegegnung beschreibt: die Welt der reinen Erfahrung. Die Welt als reine Erfahrung ist Steiners Ausgangspunkt seiner Erkenntnistheorie: Man stelle sich der sinnlichen Welt gegenüber, entäußere sich aller Begriffe, man denke, fühle und wolle nicht, man nehme nur wahr. In diesem Zustand ist der Mensch normalerweise nicht, denn alle Wahrnehmungen – die Eindrücke, mit denen der Mensch in Kontakt tritt – belegt er sofort mit einem Begriff:

„Was ist Erfahrung? Jedermann ist sich dessen bewußt, daß sein Denken im Konflikte mit der Wirklichkeit angefacht wird. Die Gegenstände im Raume und in der Zeit treten an uns heran; wir nehmen eine vielfach gegliederte, höchst mannigfaltige Außenwelt wahr und durchleben eine mehr oder minder reichlich entwickelte Innenwelt. Die erste Gestalt, in der uns das alles gegenübertritt, steht fertig vor uns. Wir haben an ihrem Zustandekommen keinen Anteil. Wie aus einem uns unbekannten Jenseits entspringend, bietet sich zunächst die Wirklichkeit unserer sinnlichen und geistigen Auffassung dar. Zunächst können wir nur unseren Blick über die uns gegenübertretende Mannigfaltigkeit schweifen lassen.

Diese unsere erste Tätigkeit ist die sinnliche Auffassung der Wirklichkeit. Was sich dieser darbietet, müssen wir festhalten. Denn nur das können wir reine Erfahrung nennen. [...]

Reine Erfahrung ist die Form der Wirklichkeit, in der diese uns erscheint, wenn wir ihr mit vollständiger Entäußerung unseres Selbstes entgegentreten." (GA 2/ 1960/Kap. 4/S.27 f.)

Was Steiner als Ausgangspunkt seiner Erkenntnistheorie nimmt, daß die Sinneswelt als Gegebenes vorliegt und daß der erste Ansatz der Erkenntnis nicht im menschlichen Denken liegt, erlebt der Mann, der seine Frau mit seinem Hut verwechselt, in ausgeprägter, wenn auch krankhafter Form. Dr. P. hat einerseits den Begriff, andererseits die bunte Palette der einzelnen sinnlichen Wahrnehmungen; seine Abnormität kommt dadurch zum Ausdruck, daß er Begriff und Wahrnehmung nicht zur Deckung bringen kann.

Der menschliche Erkenntnisakt

So wie der Handschuh, dessen Begriff Dr. P. nicht mehr aus seinem Begriffsschatz hervorbringen und mit den einzelnen Wahrnehmungen des Handschuhs in Zusammenhang bringen konnte, so hat jedes Ding der sinnlichen Welt – natürlich auch der übersinnlichen – ihren eingeborenen Begriff. Begriff und Wahrnehmung sind ein Sein. Nur für den bewußt denkenden Menschen zerfällt die Welt in zwei Teile: Der Begriff der Dinge, z.B. der des Handschuhs, äußert sich nicht am sinnlichen Handschuh – irgendwo auf der Oberfläche, innen drinnen oder sonstwo –, sondern im denkerischen Bewußtsein des Menschen:

„Indem der Mensch sinnlich anschauend in der Welt auftritt, sondert er von der Wirklichkeit den Gedanken ab; dieser erscheint aber nur an einer anderen Stelle: im Seelen-Innern. Die Trennung von Wahrnehmung und Gedanke hat für die objektive Welt gar keine Bedeutung; sie tritt nur auf, weil der Mensch sich mitten in das Dasein hineinstellt. Für *ihn* entsteht dadurch der Schein, als ob Gedanke und Sinneswahrnehmung eine Zweiheit seien." (ebd./Anm. 1924/ S.138)

Der Erkenntnisakt des Menschen – und zur Erkenntnis ist nur der Mensch als einziges in einem physischen Leib inkarniertes und gleichzeitig denkendes Wesen fähig, also weder Hase noch Krokodil, weder Engel noch Teufel – ist es, Begriff und Wahrnehmung zur Deckung zu bringen:

„Bürger zweier Welten, der Sinnen- und der Gedankenwelt, die eine von unten an ihn herandringend, die andere von oben leuchtend, bemächtigt sich der Mensch der Wissenschaft, durch die er beide in eine ungetrennte Einheit verbindet. Von der einen Seite winkt uns die äußere Form, von der andern das innere Wesen; wir müssen beide vereinigen." (ebd./Kap. 13/S.79)

Selbsterkenntnis und Selbstgefühl

Wenn der Mensch Begriff und Wahrnehmung zur Deckung bringt, die Wahrnehmung aber wieder aus seinem Bewußtsein verschwindet, bleibt im menschlichen Innern eine Intuition von der Wahrnehmung zurück. Würde Dr. P. aus seinem Gedächtnis diese Intuition wieder in sein Bewußtsein rufen und auf die Wahrnehmung des Handschuhs beziehen, ohne diesen konkret vor sich zu haben, so hätte er die Vorstellung des Handschuhs:

„Die *Vorstellung* ist nichts anderes als eine auf eine bestimmte Wahrnehmung bezogene Intuition, ein Begriff, der einmal mit einer Wahrnehmung verknüpft war, und dem der Bezug auf diese Wahrnehmung geblieben ist. Mein Begriff eines Löwen ist nicht *aus* meinen Wahrnehmungen von Löwen gebildet. Wohl aber ist meine Vorstellung vom Löwen *an* der Wahrnehmung gebildet. Ich kann jemandem den Begriff eines Löwen beibringen, der nie einen Löwen gesehen hat. Eine lebendige Vorstellung ihm beizubringen, wird mir ohne sein eigenes Wahrnehmen nicht gelingen." (GA 4/1962/Kap. VI/ S.107)

Die Vorstellung lebt in meinem Innern fort und kann wiederum auf eine Wahrnehmung bezogen werden. Habe ich also die Wahrnehmung eines Handschuhs zum zweiten Male, so wende ich auf sie meinen individualisierten Begriff, meine Vorstellung an. Das Vorstellungsleben des Menschen steht also zwischen dem exakten Erfassen eines Begriffes einerseits und der vollständigen und exakten Wahrnehmung eines Wahrnehmungsobjektes andererseits.

Wäre der Mensch lediglich ein Denkender bzw. Erkennender, würde er nur Begriff und Wahrnehmung aufeinander beziehen, so wäre damit sein Leben erschöpft. Würden wir dieses Wesen, letztlich also uns selbst, erkennen, wäre es uns ebenso gleichgültig wie der Handschuh. Wir würden keine Gefühle, keine Willensimpulse, kein Engagement, kein Erschrecken, keine Scham auf es – unser Selbst – beziehen. Also kann das Wesen des Menschen nicht in seinem erkennenden Wesen erschöpft sein. Wir beziehen die Wahrnehmung nämlich nicht ausschließlich mit dem Denken auf den Begriff, sondern wir beziehen die Wahrnehmung auf unser individuelles Ich, auf unsere Subjektivität, auf unser Gefühls- und Willensleben.

Was mag alles in Dr. P. vorgegangen sein, als er die einzelnen Wahrnehmungen nicht mit dem Begriff Handschuh verbinden konnte? Erlebte er Zustände der Verwirrung, der Verwunderung, der Peinlichkeit? Was erlebte er schließlich in seinem Gefühlsleben, als er Begriff und Wahrnehmung zur Deckung bringen konnte? Zufriedenheit? Aha-Erlebnisse? Allgemeine oder individuelle Erinnerungen an verschiedene Erlebnisse mit Handschuhen?

„Unser Denken verbindet uns mit der Welt; unser Fühlen führt uns in uns selbst zurück, macht uns erst zum Individuum. Wären wir bloß denkende und wahrnehmende Wesen, so müßte unser ganzes Leben mit unterschiedloser Gleichgültigkeit dahinfließen. Wenn wir uns bloß als Selbst *erkennen* könnten, so wären wir uns vollständig gleichgültig. Erst dadurch, daß wir mit der Selbsterkenntnis das Selbstgefühl, mit der Wahrnehmung der Dinge Lust und Schmerz empfinden, leben wir als individuelle Wesen, deren Dasein nicht mit dem Begriffsverhältnis erschöpft ist, in dem sie zu der übrigen Welt stehen, sondern die noch einen besonderen Wert für sich haben." (ebd./S.109)

Dieses Gefühlsleben gehört zu meinem Eigenwesen, macht mich zu einem individuellen Wesen innerhalb des gesamten Weltgeschehens:

„Man könnte versucht sein, in dem Gefühlsleben ein Element zu sehen, das reicher mit Wirklichkeit gesättigt ist als das denkende Betrachten der Welt. Darauf ist zu erwidern, daß das Gefühlsleben eben doch nur für mein Individuum diese reichere Bedeutung hat. Für das Weltganze kann mein Gefühlsleben nur einen Wert erhalten, wenn das Gefühl, als Wahrnehmung an meinem Selbst, mit einem Begriffe in Verbindung tritt und sich auf diesem Umwege dem Kosmos eingliedert." (ebd.)

Zur Definition der Selbsterkenntnis

Wenn im weiteren von Selbsterkenntnis die Rede ist, so meine ich damit den gesamten Bereich dessen, was Steiner in seiner „Philosophie der Freiheit" Selbstkenntnis und Selbstgefühl nennt. Letztendlich umfaßt das nichts anderes als die gesamte Wesenheit des Menschen: vor allem natürlich sein höheres Selbst, andererseits aber auch alle übersinnlichen Wesensglieder sowie sämtliche Spuren, die dieses Selbst in allen Inkarnationen auf der Erde – bei der Bildung eines physischen Leibes sowie in der Begegnung mit Menschen und allen anderen Wesen – hinterlassen hat. Ich rechne also auch das gesamte Innenleben des Menschen hinzu, das sich dadurch gebildet hat, daß der Mensch im Laufe der verschiedenen Erdenleben umfangreich mit der Sinneswelt in Kontakt getreten ist, und dadurch das in der Wesenheit des Menschen entstanden ist, was wir gewöhnlich mit Trieben, Begierden, Leidenschaften, Schwächen usw. bezeichnen.

Dieser letzte Bereich nimmt in der Gesamtwesenheit des Menschen selbst einen enormen Raum ein, oft bestimmt er fast das gesamte Menschsein. Das höhere Selbst des Menschen, das eigentlich gar nicht erkannt werden kann – allerhöchstens wenn man auf dem Einweihungswege sehr weit fortgeschritten ist –, äußert sich dagegen oft nur sehr zaghaft – wie von außen – im menschlichen Leben. Es taucht mehr oder weniger in die Hüllen des Menschen – niederes Ich, Astralleib, Ätherleib, physischer Leib – ein bzw. kommt mit ihnen in Berührung, wenn der Mensch inkarniert ist, und wird durch diese Verstrickung mit den auf die materielle Seite des Daseins bezogenen Wesensgliedern des Menschen von seinen wirklichen Zielen abgelenkt. In dem Sinne wird der Mensch also erst wirklich Mensch – seinem höheren Selbst entsprechend –, wenn er sich aus der Verstrickung durch die Materie befreit und sich seinem eigentlichen Wesen annähert. Aber das ist ein langer Weg.

Also: Wenn im weiteren dieses Heftes von Selbsterkenntnis gesprochen wird, soll damit weniger die Erkenntnis des höheren Selbst, sondern mehr die Erkenntnis der Verstrickung mit der Materie beschrieben werden, die Erkenntnis, daß der

Mensch durch diese Verbindung ein ungeheures Potential an Leidenschaften, an Unaufgearbeitetem, an Kräften des Bösen in sich birgt.

Auf der Suche nach den Spuren des Menschen

Vielleicht ist noch nicht deutlich geworden, warum man, wenn man Selbsterkenntnis üben will, in die Welt schauen soll, nicht aber in das eigene Seeleninnere. Für den um Erkenntnis ringenden Menschen, so sagten wir, stellt sich die Welt als eine Zweiheit – nach Begriff und Wahrnehmung – dar. So wie Dr. P. mühsam um die Erkenntnis des Handschuhs ringen mußte, stehen wir mindestens so stotternd und um Erkenntnis ringend vor alledem, was zu unserer Eigenwesenheit gehört: Wir haben keinerlei Wahrnehmung unseres höheren Selbst, wahrscheinlich auch keinen Begriff, demzufolge auch keine Erkenntnis. Wir haben nur anfängliche, schattenhafte Wahrnehmungen unseres Gefühlslebens bzw. unserer gesamten Leidenschaften, Triebe, Unzulänglichkeiten, eingefahrenen Gewohnheiten. Vielleicht haben wir Begriffe von ihnen, aber wir schauen sie nicht übersinnlich, es mangelt uns also an der umfassenden Wahrnehmung, also haben wir keine Erkenntnis dieses gesamten Bereiches. Und so ist es im Grunde mit vielem, was unser Menschsein ausmacht.

Wegen dieser unvollkommenen Erkenntnis seiner selbst unterliegt der Mensch in bezug auf sich selber manchen Täuschungen. Diese gilt es zu vermeiden, deswegen muß der Blick von einem selbst auf die Welt gelenkt werden, will man Selbsterkenntnis üben. Denn – so sagten wir – eigentlich gehören Menschenwelt, das Ich bzw. das höhere Selbst und die Welt zum einen Sein, zu einem Ganzen. Ähnlich wie für jede Krankheit im Menschen im wahrsten Sinne des Wortes irgendwo auf der Welt ein Kraut zu ihrer Heilung gewachsen ist, steht alles, was den Menschen in seiner Vielgestaltigkeit ausmacht, mit dem jeweiligen Bereich des Kosmos in Verbindung.

Der Mensch kann überhaupt nicht denken, ohne daß gleichzeitig etwas in der Welt geschieht, sich z.B. ein geistiges Wesen mit seinem Bewußtsein verbindet. Der Mensch kann ebensowenig fühlen, ohne daß er dadurch etwas in der Welt auslöst, z.B. daß er sich für geistige Wesen öffnet oder aber auch einen anderen Menschen damit verletzt. Selbstverständlich kann der Mensch auch nicht nur isoliert in sich wollen oder eine Tat ausführen, ohne daß er Spuren in der Welt hinterläßt, die er selber vielleicht nicht einmal bemerkt, die aber doch zu ihm gehören.

Diese Spuren gilt es zu entdecken. Angenommen, ich habe eine Knieverletzung und schleife meinen rechten Fuß, ohne ihn richtig heben zu können, hinter mir her. Nehmen wir gleichzeitig an, ich sei mondsüchtig, es sei Winter und die Landschaft sei schneebedeckt. Eines Morgens wache ich auf, trete vor die Haustür und entdecke eine Fußspur, die aus meinem Haus in den nahen Wald und zurück führt. Ich schaue mir die Spur genauer an und entdecke, daß der linke Schuhabdruck klar im Schnee umrissen ist, während der rechte eine Schleifspur aufweist. Diese detektivische Entdeckung bringt mich – denn ich habe Begriff bzw. Vorstellung und Wissen meiner Knieverletzung und meines Schlafwandelns – zu der ziemlich sicheren Erkenntnis, daß ich nachts schlafwandelnd in den nahen Wald und zurückgegangen sein muß. Auf diese Weise wird Welterkenntnis zu einem kleinen Stück Selbsterkenntnis. Es gilt also auch, irgendwo Detektiv zu werden. Es gilt, die Welt so anzuschauen, daß sie sich ihrerseits ausspricht und mir etwas über mich selber sagt. Natürlich ist das nicht immer so einfach wie bei den Spuren im Schnee.

Diesen Blick in die Welt, losgelöst von uns selber, benötigen wir, wenn wir mehr Aufschluß über uns erlangen wollen:

„Wie kommt der Mensch dazu, dasjenige zu erkennen, das vom Morgen bis zum Abend in seinem physischen Leibe wohnt und sich der physischen Organe bedient, wie kommt der Mensch zu einer Erkenntnis des Wesens des Ganzen oder des Selbst? – Leicht kann da geglaubt werden, daß der Mensch nun in sein Inneres blicken muß, daß er sozusagen sich selbst erforschen muß. Da kommen wir nun an alle möglichen Arten der Selbsterkenntnis, die da gepflogen und angeraten werden. Zum Beispiel soll der Mensch beobachten, was er tut, was seine Eigenschaften sind und seine Fehler, er soll hineinbrüten in sein Inneres und zu erkennen suchen, wieviel er wert sei, wie tüchtig er zu dieser oder jener Handlung sei und dergleichen. Hier beginnen schon die Gefahren der falschverstandenen Selbsterkenntnis, und darum müssen wir von den Gefahren sprechen. Wir haben ja immer im Auge, daß der Mensch versuchen soll, hinaufzukommen in die höheren Welten. Wir wissen auch, daß dieses Hinaufsteigen etwas ist, was aus dem Menschen etwas ganz anderes macht, als er heute ist, und deshalb ist es natürlich, daß da manche Hindernisse in den Weg treten. Durch falsche Selbsterkenntnis wird der Aufstieg ebenso gefahrvoll, wie er möglich wird durch eine richtige Selbsterkenntnis. Diese Art Selbsterkenntnis, die mancher ein Bebrüten seines alltäglichen Ichs nennen möchte, ein Achtgeben auf seine Fehler, ist eine falsche und eine Gefahr, die ihn tatsächlich eher zurückwirft, weil nämlich der umfassende Maßstab für das Urteil fehlt." (GA 108/1970/23.11.1908/S.28)

Die Begegnung mit dem Hüter der Schwelle

Eigentlich ist die gesamte Anthroposophie eine umfassende Selbsterkenntnis, vor allem natürlich der Schulungsweg, der uns zu einer übersinnlichen Schau des Seins – auch von uns selbst – führen kann. Auf diesem Weg liegen manche Gefahren, z.B. daß man diesen Weg aus Neugier, Sensationslust oder Machtgelüsten beschreitet. Selbstloses Üben wäre hier angebracht, mehr nicht.

Eine erste Übung zur Selbsterkenntnis ist es, sich überhaupt anhand der Anthroposophie ein Wissen über die verschiedensten Zusammenhänge anzueignen, die mit dem Menschen zu tun haben. Das ist schon unbequem genug. Erfährt man einige dieser Unannehmlichkeiten über sich aus der Anthroposophie, so hat man zwar ein anfängliches Wissen über sich, aber damit hat man sich noch lange keine Organe geschaffen, mit denen man sich als übersinnliches Wesen schauen könnte. Es ist so, als würde man in einen Spiegel blicken. Man meint, sich selber zu schauen, aber es ist nur Schein, nur ein Spiegelbild. Hinter diesem Spiegel – in unserem Inneren – liegt unsere eigentliche Wesenheit. Wir schauen sie genausowenig, wie wir die astrale und geistige Welt erkennen können.

Denn davor steht ein Wesen, der Hüter der Schwelle, der uns davor bewahrt, unvorbereitet in die geistige Welt bzw. in unser Inneres zu schauen. Die wirkliche Schau von uns selbst, mit allen unseren Abgründen, könnten wir nicht ertragen.

Diese Zusammenhänge habe ich ausführlich in FLENSBURGER HEFTE 45, „Hüter der Schwelle. Der Mensch am Abgrund", dargestellt. Nur auf einen Aspekt möchte ich noch hinweisen.

Es wird zunehmend die Aufgabe der Menschen werden, sich durch Meditationsübungen Organe zum Wahrnehmen der höheren Wirklichkeit anzueignen. Dazu bedarf es neben allen Übungen zur geistigen Schulung einer möglichst umfassenden Selbsterkenntnis und der Aneignung einer geistdurchtränkten Begrifflichkeit. Man muß sich Begriffe erwerben, die sich nicht nur auf das materielle Sein beziehen, sondern mit denen man in der Lage ist, wirklich den Geist zu denken.

Steiner schildert in einer ergreifenden Szene seine Schau von der Begegnung der heutigen Menschen mit dem Hüter der Schwelle und was geschehen würde, wenn die Menschen unvorbereitet mit einer Begrifflichkeit, die nichts Geistiges umfaßt, dem Hüter bewußt begegnen würden:

> „Dieser Hüter der Schwelle in die geistige Welt ist ja im Laufe der Menschheitsentwickelung den Menschen in der mannigfaltigsten Weise vor das Bewußtsein getreten. Manche Legende, manche Sage – denn in solcher Form erhalten sich ja die wichtigsten Dinge, nicht in der Form der geschichtlichen Überlieferung –, manche Legende, manche Sage weist eben darauf hin, wie in älteren Zeiten diese oder jene Persönlichkeit dem Hüter der Schwelle begegnet ist und von ihm die Unterweisung bekommen hat, wie sie hineinkommen soll in die geistige Welt und wiederum zurück in die physische Welt. Denn alles richtige Hineinkommen in die geistige Welt muß begleitet sein von der Möglichkeit, in jedem Augenblick wiederum zurückkehren zu können in die physische Welt und in ihr wirklich auf beiden Beinen zu stehen als ein durchaus praktischer, besonnener Mensch, nicht als ein Schwärmer, nicht als ein schwärmerischer Mystiker.

Das wurde im Grunde genommen gegenüber dem Hüter der Schwelle durch all die Jahrtausende des Menschenstrebens in die geistige Welt hinein verlangt. Aber insbesondere im letzten Drittel des 19. Jahrhunderts, da sah man kaum Menschen, die im wachen Zustande an den Hüter der Schwelle herangelangten. Um so mehr als in unserer Zeit, wo es der ganzen Menschheit historisch auferlegt ist, in irgendeiner Form am Hüter der Schwelle vorbeizukommen, um so mehr findet man, wie gesagt, bei entsprechenden Wanderungen in der geistigen Welt, wie die schlafenden Seelen als Iche und astralische Leiber an den Hüter der Schwelle herankommen. Das sind die bedeutungsvollen Bilder, die man heute bekommen kann: der ernste Hüter der Schwelle, um ihn herum Gruppen von schlafenden Menschenseelen, die im wachenden Zustande nicht die Kraft haben, an diesen Hüter der Schwelle heranzukommen, die an ihn herankommen, während sie schlafen.

Dann, wenn man die Szene sieht, die sich da abspielt, dann bekommt man einen Gedanken, der gerade verbunden ist mit dem, was ich das Aufkeimen einer notwendigen großen Verantwortung nennen möchte. Die Seelen, die so im schlafenden Zustande an den Hüter der Schwelle herankommen, sie fordern mit demjenigen Bewußtsein – für das wache bleibt es unbewußt oder unterbewußt –, das der Mensch im Schlafe hat, den Einlaß in die geistige Welt, das Hinüberwandern über die Schwelle. Und in zahllosen Fällen hört man dann die Stimme des ernsten Hüters der Schwelle: Du darfst zu deinem eigenen Heile nicht hinüber über die Schwelle. Du darfst nicht den Einlaß gewinnen in die geistige Welt. Du mußt zurück. – Denn, würde der Hüter der Schwelle solchen Seelen ohne weiteres den Einlaß in die geistige Welt gewähren, sie würden über die Schwelle hinübergehen, sie würden in die geistige Welt hineinkommen mit den Begriffen, die ihnen die heutige Schule, die heutige Bildung, die heutige Zivilisation überliefert, mit den Begriffen und Ideen, mit denen der Mensch heute aufwachsen muß zwischen dem sechsten Jahre und – im Grunde genommen – dem Ende seines Erdenlebens.

Diese Begriffe und Ideen, sie haben die Eigentümlichkeit: Wenn man mit ihnen, so wie man mit ihnen geworden ist durch die gegenwärtige Zivilisation und Schule, in die geistige Welt eintritt, wird man seelisch paralysiert. Und man würde zurückgelangen in die physische Welt in Gedanken- und Ideenleerheit. Würde der Hüter der Schwelle nicht erst diese Seelen zurückstoßen, viele Seelen der gegenwärtigen Menschen zurückstoßen, würde er sie hinüberlassen in die geistige Welt, dann würden sie, wenn sie wiederum aufwachend zurückkommen, beim entscheidenden Aufwachen zurückkommen, das Gefühl haben: Ich kann ja nicht denken, meine Gedanken ergreifen mein Gehirn nicht, ich muß gedankenlos durch die Welt gehen. – Denn so ist die Welt der abstrakten Ideen, die der Mensch heute anknüpft an alles: Man kann mit ihnen hinein in die geistige Welt, aber nicht wieder mit ihnen heraus. Und wenn man diese Szene sieht, die wirklich heute im Schlafe mehr Seelen erleben, als man gewöhnlich glaubt, dann sagt man sich: Oh, wenn es nur gelänge, diese Seelen davor zu behüten, daß, was sie im Schlafe erleben, sie nicht auch im Tode erleben müssen. – Denn wenn der Zustand, der so erlebt wird vor dem Hüter der Schwelle, lange genug fortdauern würde, das heißt, wenn die menschliche Zivilisation lange unter demjenigen bliebe, was man heute in den Schulen aufnehmen, durch die Zivilisation überliefert erhalten kann, dann würde aus dem Schlafe Leben werden. Die Menschenseelen würden hinübergehen durch die Pforte des Todes in die geistige Welt, aber nicht wieder eine Kraft der Ideen in das nächste Erdenleben bringen können. Denn man kann hinein mit den heutigen Gedanken in die geistige Welt, nicht aber mit ihnen wieder heraus. Man kann nur seelisch paralysiert wieder herauskommen." (GA 260/1963/ 01.01.1924/S.257 ff.)

Der Mensch wird zur Welt

In der gegenwärtigen Zeit schauen wir normalerweise nichts Übersinnliches. Das liegt daran, daß unser Bewußtsein zu sehr von unserer Leiblichkeit beeinflußt wird und wir uns unbewußt aus Angst vor jeder übersinnlichen Schau drücken:

„Für gewöhnlich gehen die Menschen so weit, daß sie gerade bis zu der Grenze kommen, wo sozusagen der Hüter der Schwelle steht. In solchem Augenblick aber tritt mit den Seelen etwas sehr Eigentümliches ein. Die Seele erlebt nämlich diesen Augenblick im Dämmerzustand zwischen Bewußtheit und Unbewußtheit, sie läßt ihn nicht ganz zum Bewußtsein kommen. Die Seele neigt dazu, an der Grenze sich selber zu sehen, wie sie ist, wie sie hängt an der physischen Welt mit ihren Schwächen und Mängeln. Aber die Seele kann das nicht ertragen, und noch früher, als der ganze Vorgang zum Bewußtsein kommen kann, betäubt sich sozusagen diese Seele das Bewußtsein durch den Abscheu, den sie hat." (GA 147/1969/31.08.1913/S.139)

Wer sich aber bereits so weit geschult hat, daß er fortgeschrittene Erlebnisse in den übersinnlichen Welten hat, der erlebt mit vollem Bewußtsein dasjenige, was wir alle nach dem Tode erleben: Wir werden selber zur Welt.

Die meisten von Ihnen kennen wohl die Schilderungen Raymond A. Moodys oder George Ritchies der Erlebnisse von klinisch toten, dann aber reanimierten Menschen. Sie erlebten einerseits das Lebenspanorama, in welchem das ganze Leben gleichzeitig in Bildern ausgebreitet vor dem Bewußtsein erscheint. Das ist bereits der Anfang dessen, daß wir uns in der Welt erleben, aber es ist noch eine Bildgestalt, wenn auch eine lebendige.

Moody schildert aber auch (siehe FLENSBURGER HEFTE 11, „Über Tod und Sterben", Interview mit R.A. Moody, S.20 f.), wie manche Menschen bereits in das Erleben eines anderen Menschen übergehen, z.B. eines Menschen, dem sie

Schmerz zugefügt haben, und aus ihm heraus, in ihm den Schmerz empfinden, den sie diesem Menschen selber beigebracht haben.

Das ist der Beginn des Kamaloka. Man bekommt ein peripheres Bewußtsein, man wird zur Welt und schaut aus dem Umkreis auf seine eigene übersinnliche Gestalt. Man erlebt in der Welt, z.B. in den anderen Menschen, ihren eigenen Schmerz, ihre eigene Freude, die sie im Zusammenhang mit uns selber erlebt haben. Wer den okkulten Schulungsweg geht, kann dies anfänglich auch erleben. Steiner schildert in einem Vortrag anhand seiner Mysteriendramen, vor allem an der Figur des Johannes Thomasius, wie man sich im Zuge seiner Schauungen gänzlich von sich losreißen, sich selber gegenüber fremd werden muß und dann zuerst in das Leid der anderen Person hineinschlüpft:

„Es ist eine tiefe Wahrheit, daß der, der eine Entwickelung durchmacht, Selbsterkenntnis nicht durch Hineinbrüten in sich selbst erlangt, sondern durch Untertauchen in einzelne Wesenheiten. Wir müssen durch Selbsterkenntnis erfahren, daß wir aus dem Kosmos herkommen. Nur dann können wir untertauchen, wenn wir uns in ein anderes Selbst verwandeln. Wir werden zuerst in das verwandelt, was uns im Leben einmal nahe war.

Es ist ein Exempel des Erlebens des eigenen Selbstes im anderen, wenn Johannes zuerst, da er tiefer in sein Selbst gekommen ist, mit diesem in Selbsterkenntnis untertaucht in ein anderes Wesen, in das Wesen, dem er bitteren Schmerz gebracht hat. So sehen wir, wie in dieser Selbsterkenntnis Thomasius untertaucht. Theoretisch sagt man: Willst du die Blüte erkennen, so mußt du hinuntertauchen in die Blüte. – Aber am besten ist die Selbsterkenntnis zu erlangen, wenn wir in die Begebenheiten untertauchen, in denen wir auf andere Weise selber darin gestanden haben." (GA 125/1973/17.09.1910/S.104)

Während Johannes also in die Seelen anderer Menschen untertaucht und ihre inneren Erlebnisse durchmacht, wird er selber ein Stückweit zur Welt und sich selber entfremdet. Er wird quasi zu einem Nichts, weil er gänzlich in ein anderes Wesen untertaucht. Dieses Meditationserlebnis ist pure selbstdurchlittene Selbsterkenntnis. Ebenso wie in die Menschen taucht Johannes in alle äußeren Wesen bzw. in das, was ihnen geistig zugrunde liegt, unter:

„Johannes geht als Sich-selbst-Erkennender in allen äußeren Wesen unter. Er lebt in Luft und Wasser, in Felsen und Quellen, aber nicht in sich selber." (ebd./S.106)

Man erlebt den Schmerz anderer Menschen dadurch, daß man sich selber fremd wird, daß man sich von sich selber losreißt, also tatsächlich objektive Selbsterkenntnis eintritt:

„Wenn wir alles zusammennehmen, finden wir, daß der gewöhnliche, normale Mensch ein ähnliches nur erlebt in dem Zustand, den wir Kamaloka nennen. Der Einzuweihende muß das, was der normale Mensch in der geistigen Welt erlebt, schon in dieser Welt erleben. Er muß das, was Kamaloka-Erlebnisse sind, was sonst außerhalb des physischen Leibes erlebt wird, innerhalb des physischen Leibes erleben. Daher sind alle Eigenschaften, die man als Kamaloka-Eigenschaften aufnehmen kann, als Erlebnisse der Initiation da. So wie Johannes untertaucht in die Seele, der er Leid gebracht hat, so muß der normale Mensch im Kamaloka in die Seelen untertauchen, denen er Schmerz gebracht hat. Wie wenn ihm eine Ohrfeige zurückgegeben wird, so muß er Schmerz empfinden. Diese Dinge sind nur mit dem Unterschied behaftet, daß der Initiierte sie im physischen Leib erlebt, der andere Mensch nach dem Tode. Wer sie hier erlebt, lebt in ganz anderer Weise dann im Kamaloka. Aber auch das, was der Mensch im Kamaloka erleben kann, kann so erlebt werden, daß er sozusagen noch nicht wirklich frei geworden ist. Und das ist eine schwierige Aufgabe, völlig frei zu werden. Der Mensch fühlt sich wie gefesselt an die physischen Verhältnisse.

In unserer Zeit gehört es zu den wichtigsten Entwickelungserlebnissen [...], daß der Mensch erleben kann, wie unendlich schwierig es ist, von sich loszukommen. Daher ist ein wichtiges Initiationserlebnis ausgedrückt in den Worten, wo sich Johannes an den eigenen niederen Leib gefesselt fühlt, wo sein eigenes Wesen ihm erscheint wie ein Wesen, an das er angeschmiedet ist:

> Ich fühle Fesseln,
> Die mich an dich gefesselt halten.
> So fest war nicht Prometheus
> Geschmiedet an des Kaukasus Felsen,
> Wie ich an dich geschmiedet bin.

Das ist etwas, was mit Selbsterkenntnis verbunden ist, ein Geheimnis der Selbsterkenntnis. Wir müssen es nur im richtigen Sinn auffassen." (ebd./ S.108 f.)

Was Rudolf Steiner in seinen Mysteriendramen schildert, sind Meditationserlebnisse, in Worte gegossene wirkliche Erlebnisse, die eine Seele hat, wenn sie übersinnlich schauen lernt, bzw. es entspricht dem, was alle Menschen nach dem Tode im Kamaloka erleben. Hier wird der Zusammenhang von Selbst- und Welterkenntnis zu einem realen Erlebnis, denn man selber wird zur Welt. Man lebt an und in der Welt mit. Und wenn man ohnehin Teil der Welt ist, ist es deutlich, warum man auf dem Wege über die Welterkenntnis zur Selbsterkenntnis kommt.

„Johannes Thomasius mußte zuerst das durchmachen, was man gewöhnlich das Kamaloka nennt. Das ist diejenige Welt, in der uns das, was wir selber sind, sozusagen wie in einem Spiegelbilde erscheint. Das ist wieder etwas, was ausgesprochen leichter sich ausnimmt, als wenn es in Wirklichkeit auftritt. Und tritt es in Wirklichkeit auf, so sagt uns nicht ein im Raum beschränktes Bild, was es ist, sondern dann raunt es uns das aus allen Gebieten der Welt zu. Dann ist die ganze Welt *wir*. Deshalb hören Sie in der Szene, wo dargestellt ist, wie Johannes Thomasius in die Tiefen seiner Seele hinuntersteigt, wo er unter Felsen und Quellen ist, daß nicht irgendein einzelnes Spiegelbild, das er beschwört, aus seiner Seele zu ihm spricht, sondern da tönt es ihm aus allem zu, aus Felsen und Quellen, aus der ganzen Umgebung. Und zwar werden in einem solchen Moment die Worte, die so zahm durch die Weltentheorien, durch die philosophischen und geisteswissenschaftlichen Werke gehen, zu furchtbaren Gewalten. Denn sie ertönen aus der ganzen Welt, wie reflektiert von überallher aus dem unendlichen Raum und sich fangend in den einzelnen Geschehnissen der Natur: 'O Mensch, erkenne dich!' So ertönen sie, wenn sie gehört werden, nachdem sie Jahre und Jahre in der Seele gelebt haben. Dann steht die Seele in ihrer Einsamkeit, in ihrer großen Verlassenheit sich selbst gegenüber. Nichts ist da als die Welt. Aber diese Welt ist sie selber. Und in dieser Welt ist das darinnen, was sie selber ist, die Seele; auch das, was ihr Karma ist, alles, was sie verübt hat." (ebd./31.10.1910/S.143 f.)

Im alltäglichen Leben hat der Mensch diese Erlebnisse nicht, auch wenn sicherlich zunehmend mehr Menschen nahe an der Schwelle zu derartigen Erlebnissen stehen, denn die Seele ängstigt sich vor den Schauungen der eigenen Abgründe und drückt diese deshalb aus dem Bewußtsein weg. Eine Tendenz, die wir auch bei vielen Menschen im Alltagsbewußtsein erleben! Wer hat schon den Mut, sich offen und ganz sachlich bis in all seine Abgründe zu beleuchten?

Übungen zur Selbsterkenntnis

Da es in diesem FLENSBURGER HEFT vorwiegend um Übungen geht, beginnen wir mit einigen Übungen zur Selbsterkenntnis, die Rudolf Steiner in frühen Jahren gegeben hat.

1. Übung

Stellen Sie sich vor, Sie – Ihr Ich, Ihr Selbst – wären Anfang dieses Jahrhunderts in einem Dorf Nordafrikas, am Rande der Wüste, geboren worden. Versuchen Sie, alles dasjenige, was durch Ihre derzeitige Geburt in die gegebenen Zeit- und Ortverhältnisse an Gedanken, Gefühlen, an Gewohnheiten, Anschauungen usw. entstanden ist, ferner ihren Wissensstand und die daraus resultierenden Ansichten auszulöschen und nur noch das gelten zu lassen, was auch in dem Wüstendorf zu Ihrer Welt gehören würde. Gehen Sie das einmal Stück für Stück durch, und Sie werden sehen, daß nicht viel übrigbleibt:

„Sie kommen am leichtesten dazu, sich das ganz genau vorzustellen, wenn Sie einmal darüber reflektieren, wie vom Morgen bis zum Abend Ihre Vorstellungen und Empfindungen laufen, wieviel bei diesem abhängt davon, wann und wo Sie in die Welt geraten sind. Versuchen Sie, sich einmal genau eine Rechnung zu machen, ziehen Sie vom Inneren der Seele alles ab, was nicht bedingt ist von dem Wann und Wo der Geburt. Alle diese Vorstellungen werfen Sie aus dem Seelenleben hinaus. Versuchen Sie einmal darüber nachzudenken, was dann noch bleibt, und versuchen Sie vor allen Dingen noch nachzudenken, wieviel von diesen Vorstellungen vom Morgen bis abends durch die Seele ziehen, wie viele überhaupt Gültigkeit und Wert haben außer Ort und Zeit Ihres Lebens zwischen Geburt und Tod. Da werden Sie sehen, wie bedeutsam es ist für das Ich, wohl darauf zu achten, wie weit es unter den Einflüssen des Wann und Wo steht. Das lernen Sie nicht erkennen dadurch, daß Sie in Ihr Inneres hineinbrüten, sondern das lernen Sie kennen durch eine gute Berücksichtigung des Dichterspruches: Willst du dich selbst betrachten, lerne dich durch die anderen kennen! –, durch die Umgebung. Und so werden wir in eigenartiger Weise vom Bebrüten der Seele ab und dazu geführt, daß wir sagen: Wir müssen, um unser Ich kennenzulernen, uns ein offenes Auge, einen offenen Sinn schaffen für die Eigenart des Weltinhalts, in den wir nach Wann und Wo hineingeboren sind. Je mehr wir uns bemühen, diesen offenen Sinn zu haben für die Außenwelt, für das, was um uns ist, desto mehr kommen wir im geisteswissenschaftlichen Sinne zu dem, was wir auf diesem niedersten Gebiete Selbsterkenntnis nennen können. Lernen wir durch freien Blick sozusagen die ganze Tonfärbung unserer eigenen Zeit kennen; versuchen wir einmal, wie es uns in der mannigfachsten Weise zur Verfügung steht, das Eigenartige unseres Zeitalters, unseres Ortes, in dem wir leben, klarzumachen. Höchst eigenartig ist diese Selbsterkenntnis, die uns hinweist von unserem Selbst auf unsere Umgebung. Lernen wir diese kennen, unsere Außenwelt, versuchen wir in ihren Geist einzudringen, das zu erforschen, was uns herauskristallisiert hat, dann werden wir wie ein Spiegelbild unser Ich erkennen. Das ist ein objektiver Weg. Das Hineinschauen in sich selbst ist eine Gefahr. Man soll erkennen die Ursache, warum man so und so ist. Die kann man in der Umgebung kennenlernen; dadurch werden wir von uns abgelenkt. Da haben wir also zunächst das, was uns die Fähigkeit gibt, uns zu erkennen, soweit wir ein Ich sind, das sich des physischen Organs bedient, um mit seiner Mitwelt zu leben." (GA 108/1970/23.11.1908/S.29 f.)

Diese Übung dient dazu, sich klarzumachen, was alles durch die Tatsache, daß man in einem physischen Leib inkarniert ist – und natürlich auch zu einer entsprechenden Zeit, an einem bestimmten Ort geboren wurde –, beeinflussend auf uns einwirkt. Aber dieser physische Leib ist nicht unser Selbst. Trotzdem gehört es zur Selbsterkenntnis, daß man sich klarmacht, inwieweit man in Vorstellungs- und Empfindungshüllen steckt, die durch unsere jeweilige Inkarnation entstehen.

Für einen äußerst wichtigen Baustein auf dieser Stufe der Selbsterkenntnis halte ich die Beschäftigung mit der Politik und sämtlichen Tagesereignissen, also das regelmäßige Studium einer oder mehrerer Tageszeitungen sowie entsprechende Sendungen in den Medien. Das Interesse für das aktuelle Zeitgeschehen ist meines Erachtens ein Muß für denjenigen, der sich aufraffen will, nicht nur im eigenen Saft zu schmoren, sich nicht nur mit der eigenen Biographie oder den eigenen Eheproblemen zu beschäftigen. Natürlich sollte alles weitere darüber hinausgehende Interesse für die Welt hinzukommen.

2. Übung

Die menschliche Individualität steckt nicht nur in der Hülle des physischen Leibes, sondern auch in einem Ätherleib. Auch dort finden wir nicht unser Selbst, auch wenn er schon mehr mit uns selber zu tun hat, weil der Ätherleib Grundlage verborgener Fähigkeiten und Talente ist, die wir uns in den vergangenen Erdenleben geschaffen haben:

„Äußerlich angesehen, indem man einfach den Menschen oberflächlich betrachtet, stellt sich besonders am Ätherleibe dasjenige dar, was wir als Talente, Anlagen, besondere Fähigkeiten des Selbst zu bezeichnen haben, und hier sind wir schon in einer gewissen Beziehung auf einem schwierigeren Gebiete der Selbsterkenntnis. Obwohl sie gegen das, was auf den höheren Stufen der höheren Entwickelung Selbsterkenntnis ist, eine verhältnismäßig noch niedere Stufe ist, wird der Mensch auch da nicht weit kommen, wenn er hineinbrütet in sein Inneres und sich klarwerden will: Welches sind deine Talente und Fähigkeiten?

Es würde heute zu weit führen, aus dem Wesen des Menschen heraus die Begründung zu geben zu dem, was ich jetzt sagen werde. Es lauern da der Selbsterkenntnis die schlimmsten Feinde auf, wenn der Mensch beginnt, sich klarwerden zu wollen über seine Talente und Fähigkeiten durch Selbstbebrütung. Gerade da muß er seine Betrachtungen von sich heraus auf die Umgebung, vom Persönlichen auf das Unpersönliche hinüberziehen." (ebd./S.31)

Mit dieser Übung empfiehlt Steiner also zu versuchen, in der Betrachtung alle die Eigenschaften abzustreifen, die wir durch unsere Vererbung mitbekommen haben, ferner die Eigenschaften des Volkes, soweit sie noch vorhanden sind. Natürlich darf es nicht bei einer bloßen Erkenntnis seiner Abstammung bleiben, denn das wäre keine wirkliche Übung, keine Anstrengung. Um den Menschen unabhängiger von seinen Talenten und Fähigkeiten zu machen – natürlich soll man diese nicht aufgeben –, empfiehlt Steiner, sich für Lebensgebiete zu öffnen, die einen überhaupt nicht interessieren:

„Dieses Heilmittel sieht dem, was es erreichen soll, gar nicht ähnlich, doch ist es das Heilmittel. Wenn der Mensch versucht, ein warmes, inniges Gefühl sich anzueignen für das, was ihn zunächst wenig interessiert, für das, was ihm Mühe macht, sich dafür zu interessieren, und namentlich, wenn er sein Interesse vielseitig macht, dann wird er seine Individualität herausarbeiten." (ebd./ S.33)

Man braucht sich nur etwas zu greifen, was einem überhaupt nicht liegt und sich vielleicht eine Viertelstunde – oder weniger – pro Tag damit zu beschäftigen. Der Sinn liegt darin – wie auch bei vielen anderen Übungen, die in diesem Heft noch geschildert werden –, daß man sich von seinen Gewohnheiten losreißt, daß man willentlich aktiv ohne äußeren Zwang – nur weil man selber es will – etwas in den Mittelpunkt seiner Aufmerksamkeit stellt. Das Ergebnis ist ein erweiterter Blick für die Welt und eine damit einhergehende anfängliche Selbsterkenntnis.

3. Übung: Karmisch denken

Eine dritte Übung wäre die Betrachtung unserer Astralleibhülle, in der das Selbst sein Karma auslebt. Wahrscheinlich liegen in diesem Bereich die größten Selbsttäuschungen vor, besonders dann, wenn man sich mit esoterischen Fragen beschäftigt. Wem wäre noch nicht hin und wieder der Gedanke durchs Bewußtsein geschossen, man sei der oder die im letzten Leben gewesen? So zu denken, ist natürlich ein Irrweg und beruht meist auf den eigenen Vorlieben. Deswegen setzt die dritte Übung zur Selbsterkenntnis, die uns zu einem objektiveren Standpunkt gegenüber unserem Karma führen kann, folgendermaßen an:

„Es ist notwendig, soll Karma nicht eine abstrakte Idee bleiben, soll sie wirksam werden, daß man daran geht, diese Karmaidee probeweise in das Leben einzuführen, probeweise wenigstens, weil man schon der Mannigfaltigkeit und der Unruhe unseres alltäglichen Lebens wegen nicht ständig in Selbstbeobachtung bleiben kann. Es ist notwendig, daß man sich die Frage vorlegt, was heißt das: Karmisch denken?

Nehmen wir einen radikalen Fall als Beispiel an: Jemand hat einem anderen – mir zum Beispiel – eine Ohrfeige versetzt. Was heißt in einem solchen Falle 'karmisch denken'? Ich war in einem früheren Leben da, der andere auch. Ich habe vielleicht damals, in dem früheren Leben, ihm zu seiner jetzigen Handlungsweise die Ursache gegeben, ihn dazu gedrängt, ihn erst gleichsam abgerichtet dazu. Ich will nicht theoretisieren, ich will eine Hypothese aufstellen, die eine Lebenshypothese werden soll. Gibt er mir nun den Schlag, wenn ich so denke? Nein, er gibt ihn mir gar nicht. Ich selbst gebe ihn mir, denn ich habe ihn selbst dahin gestellt auf den Platz, ich habe die Hand, die er gegen mich aufhob, selbst erhoben.

Nunmehr kann das Weitere nur die Erfahrung geben, und die gibt folgendes: Wenn der Mensch versucht, ernsthaft so die Karmaidee ins Auge zu fassen, ab und zu solch eine Frage zu stellen, in vollem Ernste und in voller Würde, wird er tatsächlich sehen, daß er einen Erfolg davon hat. Das kann Ihnen kein Mensch beweisen. Sie müssen es sich selbst beweisen, indem Sie es tun. Da werden Sie sehen, daß tatsächlich Ihr inneres Leben ein ganz anderes wird, Sie bekommen ganz andere Gefühle, Willensimpulse über das Leben, und ein ganz anderes inneres Leben zeigt seine Konsequenzen; es wird sich zeigen an einer ganz anderen Stelle. Wo Sie großen Schmerz, Enttäuschungen erfahren hätten, nehmen Sie den Schmerz ruhig hin; Sie sind äquilibrial deswegen, weil Sie das so getan und gedacht haben. Es tritt die Folge ein, daß über das ganze Seelenleben eine merkwürdige Ruhe kommt, eine Art gesetzmäßigen Erfassens der Geschehnisse, keineswegs eines fatalistischen." (ebd./S.37 f.)

Deutlich weist Rudolf Steiner darauf hin, daß man diese dritte Übung, karmisch zu denken, *durchführen* müsse. Ein bloßes Reflektieren nütze gar nichts. Man kann diese Übung z.B. so durchführen, daß man abends, wenn man die Rückschau absolviert, sich anschließend ein Ereignis kurz herausgreift, bei dem man sich ungerecht behandelt gefühlt hat, und kurz, aber intensiv über dieses so nachdenkt, daß man selber gewollt habe, daß dieses Geschehnis einen treffe. Mangels Gelegenheit wird man bei anfänglichem Üben nicht unbedingt immer ein Ereignis im zur Neige gegangenen Tag aufspüren können. Ausweichend empfiehlt es sich dann z.B., ein weiter zurückliegendes vorzunehmen. Wenn man sich möglichst lebhaft zu verdeutlichen versucht, daß man dieses Ereignis ganz genauso gewollt hat, wird diese Willensanstrengung, diese Bemühung ihre Resultate auf einem ganz anderen Gebiet des Seelenlebens zeigen.

Auf ein Problem möchte ich hinweisen: Oben Beschriebenes ist eine *Übung*. Es heißt nicht, daß alle Erlebnisse, die uns von früh bis spät widerfahren, auch wirklich von uns gewollt wurden. Sicherlich trifft das auf vieles zu – weil man sich im Leben zwischen Tod und neuer Geburt dergleichen vornimmt –, aber eben nicht auf alle Ereignisse, denn sonst gäbe es nichts Neues in der Welt, was dann wiederum zukünftiges Karma schafft. Aber wir wissen nicht, was unser Karma ist, es nützt auch keinerlei Spekulation oder Wunschtraum. Deswegen ist diese dritte Übung so wichtig, denn wiederum übt man, sich aus seinen eingefahrenen Vorstellungen loszureißen und sich aus dem Blickwinkel der Welt, aus dem Blickwinkel anderer Menschen selber anzuschauen.

Wer diese Übung eine Zeitlang durchführt, öffnet sich für etwas Neues, vor allem für geistige Ideen, für neue Impulse:

„Es wäre eine gute Übung für so manchen, der auf geistigem Gebiete strebt, wenn er ab und zu im Leben, immer wieder und wiederum, zum Beispiel das Folgende machte, wenn er sich sagte: Ich will die letzten drei, vier Wochen oder besser Monate zurückdenken, will mir wichtige Tatsachen vor Augen führen, wo ich mancherlei getan habe. Ich will ganz systematisch absehen von alledem, was mir Unrechtes passiert sein könnte. Ich will alles das ausschalten, was ich sonst so oft sage zur Entschuldigung dessen, was mir passiert ist, daß der andere schuld sei. Ich will niemals darauf reflektieren, daß ein anderer schuld sein könnte als ich selber. – Wenn man bedenkt, wie leicht die Neigung der Menschen ist, stündlich für das, was ihnen nicht paßt, den anderen verantwortlich zu machen und nicht sich selber, so wird man ermessen, wie gut eine solche Rückschau auf das Leben ist, wo man selbst dann, wenn einem Unrecht geschehen ist, wissentlich den Gedanken an dieses Unrecht ausschaltet und nichts aufkommen läßt an Kritik, daß der andere Unrecht gehabt haben könnte. Man probiere eine solche Übung und man wird sehen, daß man innerlich ein ganz anderes Verhältnis zur geistigen Welt gewinnen wird. Solche Dinge ändern vieles an der wirklichen Verfassung, an der wirklichen Stimmung der menschlichen Seele." (GA 147/1969/31.08. 1913/S.141 f.)

4. Übung

Eine vierte Übung wäre es, sich den Zusammenhang unseres Selbstes mit der ganzen Erdentwicklung klarzumachen: daß unser Ich zur Erde gehört, in welcher Weise die Erde sich entwickelt hat usw. Steiner faßt zusammen:

„Wir kommen zu einer Erkenntnis des Tag-Ich, wenn wir die Umgebung nach Wann und Wo untersuchen. Die Erkenntnis, wie sich das Ich im Ätherleibe auslebt, finden wir, wenn wir die Vererbungslinie betrachten. Die Erkenntnis, wie das Ich sich im Astralleibe auslebt, finden wir, wenn wir das Karma leben, und die letzte Erkenntnis, wenn wir uns Welterkenntnis verschaffen; denn da ist ausgebreitet, was zusammengedrängt im punktuellen Ich des Menschen ist. Welterkenntnis ist Selbsterkenntnis." (GA 108/1970/ 23.11.1908/S.39 f.)

Schlußbetrachtung

Wer die oben geschilderten Übungen durchführt bzw. diejenigen, die wir im nachstehenden Interview mit Cordula und Emanuel Zeylmans besprechen – vor allem die Nebenübungen und die Wahrnehmungsübungen anhand der Pflanzenwelt –, wird sich selbst schon bald mit ganz anderen Augen ansehen, Konflikte mit vielen Menschen können vermieden bzw. anders angeschaut werden, vielerlei eigene Unzulänglichkeiten werden einem bewußter, und vor allem wird die Welt heller, sie wird vielseitiger, Einzelheiten werden deutlicher und völlig neue Details und Fragen kommen einem zum Bewußtsein.

Friedrich Rittelmeyer

Meditation

Zwölf Briefe über Selbsterziehung
Mit einem Vorwort von Emil Bock
13. Auflage 1995, 301 Seiten,
Leinen, ca. DM 39,–

Ein Weg zur meditativen Selbsterziehung, aus dem Geist unserer Zeit und des europäischen Bewußtseins konzipiert. Ein Klassiker unter den anthroposophischen Büchern zum Thema des inneren Schulungswegs.

Aus dem Inhalt:

Innerer Gang des Meditierens / Meditation und Gebet / Grundmeditation für Tag und Nacht / Innere Führung / Übertreibung des Meditierens / Tagesrückblick / Ich-Krankheiten und ihre Heilung / Erziehung des Gefühlslebens / Schmerz und Weisheit / Das Kreuz Christi als Meditationsinhalt / Der Zusammenhang mit dem Weltgeheimnis und mit dem Alltag / Liebe und Friede im kosmischen Sinn

VERLAG Urachhaus

Johannes Kiersch

Fragen an die Waldorfschule

148 Seiten, kart., DM 19,80
ISBN 3-926841-33-8

Im Umkreis jeder Waldorfschule leben Fragen – oft auch kritische – die der Klärung im Gespräch bedürfen. Hierfür liefert das Buch praxisnahe Anregungen. Die Fachdiskussion im Bereich der Erziehungswissenschaft ist nach neuestem Stand berücksichtigt.

Aus dem Inhalt

Waldorfpädagogik im Überblick / Zeugnisse, Abschlüsse / Ist das Abitur an der Waldorfschule schwerer? / Zum Lehrplan / Gründung einer Waldorfschule / Elternrechte / Konfliktbewältigung / Weiterentwicklung der Waldorfschule / Schulkosten / Ist die Waldorfschule mit dem christlichen Glauben vereinbar? / Müssen sich Waldorfeltern mit Anthroposophie befassen, Lehrer Anthroposophen sein? / Audiovisuelle Medien / Wird den Kinder eine heile Welt vorgetäuscht? / Der modernen Technik, Zivilisation und Wissenschaft feindlich gesinnt? / Dürfen Waldorfschüler Fußball spielen und fernsehen? / Beruft sich die Waldorfpädagogik auf absolute Wahrheiten? / Ist sie wissenschaftlich haltbar? / Zur Lehrerausbildung u.v.a.m.

Johannes Kiersch ist Dozent am Institut für Waldorfpädagogik in Witten/Ruhr.

Flensburger Hefte Verlag

Wenn die Welt zu sprechen beginnt

Interview mit Cordula und Emanuel Zeylmans van Emmichoven

von Wolfgang Weirauch

Cordula und Emanuel Zeylmans van Emmichoven *lernten sich 1964 am Stuttgarter Seminar der Christengemeinschaft kennen, wo zu dieser Zeit Friedrich Benesch, Rudolf Frieling, Gottfried Husemann, Dieter Lauenstein und andere Pioniere lehrten. 1965 begann Cordula Zeylmans das Eurythmie- und Heileurythmiestudium bei Trude Thetter in Wien. 1966 wurde Emanuel Zeylmans zum Priester geweiht. Zwei Jahre später heirateten sie in Holland, wo Emanuel Zeylmans bis 1973 als Gemeindepfarrer tätig war. Dann zogen sie mit ihren beiden Söhnen nach Deutschland. Emanuel Zeylmans war dann ab 1977 in Reutlingen tätig; dort wurde auch eine Tochter geboren.*

Cordula Zeylmans ist die Tochter des Landschaftsmalers Lothar Schmidt. Sie kam 1940 in Leipzig zur Welt. Zehn Jahre später konnte die Familie nach dem Westen ausweichen. Erst gegen Ende ihrer Schulzeit ging ein lang gehegter Wunsch in Erfül-

lung, indem Cordula Zeylmans, vor dem Abitur am Gymnasium, noch anderthalb Jahre die Basler Waldorfschule besuchte. Nach Praktika in der Wegmanklinik, am Sonnenhof (Arlesheim), der Husemannklinik und einem Musikstudium in Freiburg i.B. kam sie 1964 ans Stuttgarter Priesterseminar.

Emanuel Zeylmans entstammt einer Anthroposophenfamilie (sein Vater, der Psychiater Willem Zeylmans, wurde 1923 von Rudolf Steiner als Generalsekretär der Anthroposophischen Gesellschaft in Holland eingesetzt). Er wurde 1926 in Den Haag geboren. Nach Jahren als Buchhändler, Redakteur und Verleger gründete er 1951 die Zeitschrift Castrum Peregrini (Amsterdam); er war maßgeblich beteiligt an der Gründung der Zeitschrift Jonas (ebenfalls Amsterdam). 1979 veröffentlichte er seine Biographie über seinen Vater (Natura Verlag, Arlesheim) und 1990/92 das dreibändige Werk „Ita Wegman. Eine Dokumentation" (heute durch den Verlag Freies Geistesleben, Stuttgart, vertrieben).

1980/81 setzten Cordula und Emanuel Zeylmans sich für die Zeitschrift Info3 ein, in der Cordula Zeylmans während drei Jahren Aufsätze über Naturbeobachtungen schrieb, später war sie als Heileurythmistin tätig und arbeitete an einem bisher nicht veröffentlichten Buch, „Meditationen der Eurythmie", über die Wirkung der Planeten und des Tierkreises in den Naturreichen und in der Sprache.

Seit 1994 leben die zwei mit der Tochter auf dem Lande in der Nähe von Kassel, wo Cordula Zeylmans in einem Therapeutikum mitarbeitet und wo beide ihre Studien über Persephone fortsetzen. Emanuel Zeylmans bereitet zur Zeit eine Schrift über die Organisationsgestaltung der Anthroposophie vor.

Haben Sie sich schon einmal gefragt, woran es liegen mag, daß sich die Menschen so häufig streiten, gerade auch innerhalb der anthroposophischen Bewegung? Wahrscheinlich fallen Ihnen viele Antworten ein. Eine dagegen wird oft nicht beachtet, weil sie scheinbar so nebensächlich ist: Die Nebenübungen werden nicht gemacht.

Haben Sie schon einmal darüber nachgedacht, ob es wohl ein Heilmittel in der Welt gibt, das einem aus der körperlichen und seelische Zermürbung durch die alltäglichen Sorgen und Ermüdungen heraushelfen kann, das einem Kräfte gibt, die man dort so ohne weiteres nicht vermuten würde? Dieses Heilmittel ist die Pflanzenwelt.

Wer in der rechten Weise Selbsterkenntnis üben will, indem er versucht, sich selber zum Schweigen zu bringen, für den wird sich die Welt nach und nach offenbaren, sie wird zu sprechen beginnen und ihn über sich selbst aufklären. Diesen Selbsterkenntnisweg können wir an der Pflanzenwelt erlernen.

Über die zentrale Bedeutung der sogenannten Nebenübungen oder sechs Eigenschaften für den übenden Menschen, für die Selbsterziehung und Charakterschulung eines jeden Menschen spreche ich in dem folgenden Interview mit Cordula und Emanuel Zeylmans. Aus der Erfahrung jahrzehntelangen Übens berichten sie über Meditation, Selbsterkenntnis und Naturwahrnehmungen; auch über die Schwierigkeiten, die die verschiedenen Übungswege mit sich bringen. Gerade die persönliche Note, die aus ihren Darstellungen spricht, ermöglicht den Zugang zu schwierigen erkenntnistheoretischen Fragen und kann Sie – liebe Leserinnen und Leser – ermutigen, sich selbst als Übende oder Übender auf den Weg zu machen.

Das Selbst als Kern des eigenen Menschseins

Wolfgang Weirauch: Für den spirituell suchenden Menschen sollte es heute Bestrebung sein, gleichzeitig Wege der Selbsterkenntnis übend zu beschreiben. Nun ist das von Rudolf Steiner immer wieder erwähnte Wort „O Mensch, erkenne dich" ein altes Mysterienwort. Könnten Sie kurz schildern, was dieses Mysterienwort bedeutet?

Emanuel Zeylmans: Rudolf Steiner hat dieses Wort immer wieder in seinen Vorträgen und Büchern gebracht. Es stammt aus den alten griechischen Mysterien, vor allem aus den delphischen Mysterien, den Apollomysterien. Allerdings hat Rudolf Steiner zur Weihnachtstagung 1923, als die Anthroposophische Gesellschaft neu begründet wurde, darauf hingewiesen, daß dieses Wort für unsere Zeit so nicht mehr gelte, sondern daß der Mensch sich auf eine neue Art anschauen lernen müsse, weil er durch die Anthroposophie wieder als ein dreigegliedertes Wesen – nach Leib, Seele und Geist – angeschaut und erkannt werden kann.

W.W.: Was ist das Selbst, läßt es sich überhaupt erkennen?

Emanuel Zeylmans: Erkenntnis des Selbst ist ohne weiteres in unserem Kulturverständnis nicht möglich, wenn man bedenkt, daß das Selbst etwas ist, was nicht irdisch ist. Der Mensch hat Wesensglieder, die mit der Erde verbunden sind, vor allem seinen physischen Leib, aber auch seinen Ätherleib, auch wenn dieser von übersinnlicher Gestalt ist. Ebenso ist der Verstand auf das Irdische ausgerichtet. Die Seele ist dagegen etwas, was man nicht ohne Schulung erkennen kann. Strikt genommen ist die Psychologie eine übersinnliche Erkenntnismethode, denn die Seele ist etwas Außersinnliches. Die Seele kann ich nicht wahrnehmen, auch wenn ich sie studieren kann, aber dazu brauche ich eine Seelenwissenschaft. Das Selbst entzieht sich auch der irdischen Betrachtungsweise, denn es ist der Kern des eigentlichen Menschseins. Das, was uns wirklich zum Menschen macht, ist in unserem Selbst gegründet. Das Selbst ist eine Art überirdischer Gast, der in uns einzieht. Wenn ich mich also auf den Weg der Selbsterkenntnis machen will, muß ich akzeptieren, daß ich neue Erkenntnismethoden suchen, entwickeln und ergreifen muß. Selbsterkenntnis – im Sinne einer Erkenntnis des Selbst – ist also ohne weiteres nicht möglich.

Wenn das Eigendenken zum Schweigen kommt

W.W.: Damit haben Sie im Grunde den Weg der Meditation angesprochen, denn durch meditative Übungen schafft man in sich Erkenntnismittel, um sich als übersinnliches Wesen erkennen zu können. Wie meditiert man im Steinerschen Sinne?

Emanuel Zeylmans: Das Wort Meditation hängt mit dem Begriff „messen" zusammen. Bei der Meditation wird man täglich zu einer bestimmten vorgenommenen Stunde über längere Zeit hinweg immer wieder das gleiche versuchen. Das wäre Meditieren im anthroposophischen Sinne. Dazu kann man die unterschiedlichsten Ausführungen Rudolf Steiners lesen, denn er hat über 20 Jahre darüber geschrieben und vorgetragen.

Zunächst möchte ich es folgendermaßen beschreiben: Man begibt sich in eine ruhige Situation, in der man nicht unterbrochen werden kann, also nicht gestört wird, und auf eine innere Ruhe hinarbeitet. Steiner hat auch von einem „gedanklichen Ruhen" gesprochen. Wenn man das versucht, wird man sehr schnell bemerken, daß man normalerweise mit einer Art Vorstellungsdenken lebt, dessen man sich sonst gar nicht bewußt wird. Beim Meditieren sollte man bemüht sein, dieses Vorstellungsdenken in den Griff zu bekommen und zum Schweigen zu bringen. Man erreicht das dadurch, daß man seine Konzentration, seine Wachheit, seine Geisteskraft auf einen Gegenstand richtet. Steiner hat hierfür oft Sprüche genommen, die sogenannten Mantren. Weiterhin geht es darum, daß sich meine Seele ganz extrem schult, dieses Mantram wahrzunehmen. Man kann das auch mit einer Blume, einem Baum, mit der Vorstellung eines Baumes oder mit einem Bild, einem sogenannten Mandala machen. Immer aber geht es darum, daß sich die Seele bewußt in ihrer Wahrnehmungsfähigkeit schult. Dadurch kommt das Eigendenken zur Ruhe und wird möglicherweise voll beherrscht, so daß es schweigen kann.

Die Wahrnehmungswelt hat mir etwas zu sagen

W.W.: Bei der Meditation macht also die Seele eine Bewegung von sich zu einem Objekt – im Grunde ist es eine Wahrnehmungstätigkeit –, indem sie sich immer wieder in einen Inhalt der Welt versenkt?

Emanuel Zeylmans: Ja, genauso ist es. Dieses Versenken ist aber kein Verlieren bzw. ein Vor-sich-Hinstarren, sondern ein ganz bewußtes, vom Willen getragenes und gefördertes Wahrnehmen des Objektes, so daß dieses Gelegenheit bekommt, sich selber auszusprechen. Wenn man einzelne Sprüche meditiert, ist das zunächst eine schwierige Sache. Bei längerer Übung kann man aber bemerken, daß das, was man in den Mittelpunkt seines Bewußtseins stellt, auch etwas ist, was sprechen möchte. Bei einer Pflanze ist das im Grunde selbstverständlich, trotzdem machen sich die meisten Menschen nicht klar, daß ein solches Naturwesen auch etwas zu sagen hat. Dieses Naturwesen kann aber nicht sprechen, wenn ich nicht selber zum Schweigen komme und ich meine Denkfähigkeiten dem Objekt zur Verfügung stelle, damit es sich aussprechen kann.

Ich selber arbeite vor allem mit Sprüchen. Eines Tages entdeckte ich dabei, daß ein Spruch, dem ich meine meditative Aufmerksamkeit widmete, einem etwas zu sagen hat. Das kann z.B. der Satz aus dem Johannesevangelium sein: „Im Urbeginne war das Wort". Ein solcher Satz braucht mich sogar, um sich aussprechen zu können. Denn die Sätze des Johannesevangeliums sind nicht bloße Worte, sondern dahinter lebt etwas, was sprechen möchte.

Unter Umständen ist dazu eine jahrelange Arbeit nötig, um sich selber so zu trainieren, daß man seine Sprache wirklich diesem Gegenüber anvertraut, zur Verfügung stellt. Dann entsteht etwas, was der normale Verstand überhaupt nicht kennt, nicht einmal in einem vertraulichen Gespräch, höchstens während einer Gesprächstherapie: daß man sich ausschließlich das Fremde anhört, seine Fähigkeiten so zur Verfügung stellt, daß mein Gegenüber mit meinen eigenen Worten, mit meinen eigenen Mitteln zur Darstellung kommt.

1924 hat Rudolf Steiner noch einmal vor den anthroposophischen Ärzten ausgeführt, wie man meditiert. Wer diese Aufgabe leisten will, soll sich zunächst hinsetzen, ganz zur Ruhe kommen, sich selber zum Schweigen bringen und sich dann vorstellen, daß von hinten etwas an ihn herankommt, ihm zugesprochen wird, daß etwas von hinten in meine Richtung gesprochen wird. Das ist zugleich ein Hilfsmittel, einem anderen ganz und gar zuzuhören. Auf die Dauer kann es dann zur Erfahrung werden, daß ein Mantram in mir zum Leben erwacht, in mir beginnt, sich darzuleben. Dadurch erfahre ich etwas, was ich bisher nicht kannte.

W.W.: Erfahre ich dadurch auch etwas über mich selber?
Emanuel Zeylmans: Das ist eine Begleiterscheinung, die sicherlich auch auftreten wird. Deswegen entsteht mit der Selbsterkenntnis im Grunde die Frage nach der Selbsterziehung.
W.W.: Wenn Rudolf Steiner über Selbsterkenntnis spricht, so sagt er immer wieder, daß man diese nicht durch ein Hineinbrüten in sich erlange, sondern daß man seine Blickrichtung bzw. seine meditative Tätigkeit auf die Welt richten solle. Das ist im Grunde das, was Sie eben ausgeführt haben.
Emanuel Zeylmans: Auf jeden Fall gehört es dazu. Obwohl er, wenn er in seinen früheren Jahren so gesprochen hat, sich an seine theosophischen Zuhörer gewandt hat, und darunter waren Menschen, die von Grund auf neu erzogen werden mußten, weil in der alten theosophischen Strömung diese Selbsterziehung wenig vorkam, es war eine sehr populäre Bewegung. Allerdings hat Steiner bei dem Thema der wirklichen tieferen Selbsterkenntnis bei einer Theosophin angeknüpft, nämlich bei Mabel Collins. In den „Anweisungen für eine esoterische Schulung" findet man eine kleine Exegese Steiners von Texten Mabel Collins. Mabel Collins, die später Anthroposophin geworden ist, war eine erleuchtete Persönlichkeit, die auch Aufträge von einem Meister im okkulten Bereich ausgeführt hatte. Gerade in diesem Punkt der Selbsterkenntnis knüpft Steiner bei Mabel Collins an, und er bringt das auf die Formel: „Kehre deinen Willen um".

Gemeint ist damit, daß der eigene Wille zum Schweigen kommt, daß man seinen eigenen Willen so umwendet und zur Verfügung stellt, daß das Objekt (das Gegenüber) sich aussprechen kann. Das ist natürlich ein außersinnlicher Vorgang, und wer darüber nur nachliest, wird es wahrscheinlich als eine vollkommen uninteressante Sache ablegen. Bedeutung hat es nur für denjenigen, der es macht. Wenn man allerdings diese Übungen durchführt, geht es sehr tief, wie Rudolf Steiner auch am Ende seines Lebens in „Mein Lebensgang" beschrieben hat. Er hat dort seine neue Meditationspraxis in aller Ausführlichkeit dargestellt. Hier sollte der Anthroposoph anknüpfen.

Sich selber vergessen, damit etwas anderes in die Welt hereinwirken kann

W.W.: Sie sagten, Rudolf Steiner habe in seinen frühen Vorträgen zur Selbsterkenntnis im Grunde nur zu den Theosophen gesprochen. Ich meine aber, daß diese Ausführungen auch heute für uns ganz wertvoll sind und weitgehend mit dem übereinstimmen, was Sie als ein Ziel der Meditationspraxis dargestellt haben: sich ganz einem Objekt zur Verfügung zu stellen. Selbsterkenntnis – vielleicht sollte man besser von Hüllenerkenntnis, von der Erkenntnis der eigenen Schwächen und Unzulänglichkeiten sprechen – kann doch auch dadurch anfänglich vollzogen werden, daß man übt, sich im Umfelde seiner Mitmenschen möglichst zum Schweigen zu bringen und sich durch die anderen wie in einem Spiegel reflektiert zu bekommen. Ist aber das nicht auch schon eine anfängliche Selbsterkenntnis?

Emanuel Zeylmans: Dabei ist es natürlich eine Frage, mit welchen Motiven man diesen Weg geht, mit welchen Impulsen man diese Selbsterkenntnis sucht. Wenn man Steiner genau liest und auch vergleicht, was er in den verschiedenen Schriften und Vorträgen geäußert hat, so ist es nie ein Weg, sich selber besser kennenzulernen. Natürlich kann man verschiedene Wege gehen, und auch in Rudolf Steiners Anthroposophie sind viele Wege gezeigt. Auch in bezug auf die Selbsterkenntnis und der daraus resultierenden Meditation hat Steiner mehrere Wege beschrieben. Wenn man Wissenschaftler ist, so geht man einen anderen Weg, als wenn man z.B. einen religiösen geht. Letzteren hat Steiner vielfältig als den johanneischen Weg beschrieben, mit dem er auch sehr verbunden gewesen ist.

Im Laufe der Reise auf diesem Weg lernt man sich natürlich auch als Begleiterscheinung selber besser kennen, aber es geht vorrangig darum, daß man ermöglicht, daß etwas anderes durch mich in diese Welt hereinwirken kann. Das Ziel dabei ist eine erhöhte Selbstlosigkeit. Daß ich dabei auch schmähliche Erfahrungen über mich selber mache, auch mich selber nach und nach objektiver sehen lerne – auch wenn das sehr schwer ist –, ist eine selbstverständliche Begleiterscheinung. Aber sich wirklich als Fremder gegenüberzustehen, ist ein hohes Ideal und ist erst dann wirklich möglich, wenn man sich dafür überhaupt nicht mehr interessiert, sondern für etwas ganz anderes.

Es handelt sich dabei immer um einen Entwicklungsweg, der in sich gewisse Mautstellen, Grenzpfosten eingebaut hat. Und man kommt auf diesem Weg nur dann weiter, wenn man sich an diesen Mautstellen auf die Bedingungen des nachfolgenden Wegstückes einläßt. Man lernt dann, daß es der Sinn des anthroposophischen Erkenntnisweges ist, daß es nicht mehr um mich selber geht, sondern um das Wirken einer höheren Macht in mir, so wie es die alten Rosenkreuzer zusammengefaßt haben: „Ich weiß nichts, ich kann nichts, ich will nichts, mir geliebet nichts, ich rühme mich nichts, ich erfreue mich nichts, ich lerne nichts, ich suche nichts, ich begehre auch nichts im Himmel und auf Erden: ohn allein das lebendige Wort, das Fleisch worden, Jesum Christum den Gecreutzigten." (Aus: „Einfältig ABC-Büchlein" 1785, Faksimiledruck 1919). Das geht in die Richtung des Pauluswortes: „Nicht ich, sondern der Christus lebt in mir." Gemeint ist damit, daß man sich immer mehr so erzieht, daß es nicht mehr um eine Selbsterkenntnis geht, sondern um das Äußern einer höheren Erkenntnis durch mich. Dabei wird man zu einem Diener, nicht zu einem Forscher. Die ganze Meditation hat das Ziel, daß man mehr zu einem Diener als zu einem autobiographischen Forscher wird. Deswegen sind die anthroposophischen Methoden auch nicht populär geworden.

Selbsterkenntnis ist Welterkenntnis

W.W.: Aber das ist im Grunde doch genau das gleiche, was Rudolf Steiner in seinen früheren Jahren ausgesagt hat, wenn er darstellt, daß Selbsterkenntnis im Grunde Welterkenntnis sein müsse, denn wenn man sich in dieser Weise der Welt zuwendet, vergißt man sich ebenfalls selber.

Emanuel Zeylmans: Das ist natürlich richtig.

W.W.: Man studiert schließlich auch Rudolf Steiner und liest dabei, daß man nach seinem Tode selber zur Welt wird, ein peripheres Bewußtsein bekommt und sich selber in seinen ganzen Abgründen schauen muß. Sich damit auseinanderzusetzen, so denke ich, ist bereits in diesem Leben anfängliche Erziehung zur Selbsterkenntnis.

Emanuel Zeylmans: Die Frage ist nur: Warum tut man dieses? Will man sich nämlich nur selber erkennen, so wird man sehr schnell bei einer der schon angesprochenen Mautstellen an einen Schlagbaum gelangen und nicht weiterkommen. Das Ziel ist nicht die Selbsterkenntnis, sondern ein anderes.

W.W.: Selbstverständlich, aber sind nicht die ersten Stufen der Selbsterkenntnis – um im Bilde zu bleiben – die ersten Mautstellen, die ich absolvieren muß, um überhaupt ein Wissen über mich zu haben? Wenn ich mich selber liebe, wenn ich meine, daß ich fehlerlos und ein ganz toller Kerl bin, wenn ich nicht begreife, daß in mir ganz schreckliche Abgründe schlummern, daß ich potentiell zu jedem Verbrechen fähig bin, daß in mir letztendlich sogar eine Drachengestalt schlummert, dann absolviere ich nicht die ersten Mautstellen auf dem Weg zu dem Ziel, das Sie anstreben. So verstehe ich die anfängliche Selbsterkenntnis.

Emanuel Zeylmans: Damit bin ich einverstanden.

Cordula Zeylmans: Ich möchte noch etwas von den Mysterien von Ephesus hinzufügen: Wenn der Schüler in vorchristlicher Zeit zum Tor kam, das in dieses Heiligtum führte, so wurde ihm gesagt: „Mensch rede, und es offenbart sich durch dich das Weltenwerden." Der Mensch lernte im Sprechen erfahren und erleben, daß eigentlich Weltenkräfte durch ihn hindurchsprachen, wenn er selber redete. Dabei fragte der Schüler nach Selbsterkenntnis, und er mußte lernen, welche Kräfte es waren, die durch ihn hindurchsprachen.

Wenn ich das im Bewußtsein halte und in unserer jetzigen Zeit nach Selbsterkenntnis frage, so muß ich darüber hinaus wahrnehmen lernen, welche widersprüchlichen und mich irreführenden Mächte sich heute in mir breitmachen. Es muß mir klarwerden, daß ich auch ein Schauplatz für Wesenheiten bin, die ich nicht erkennen kann, ehe ich mich nicht dem übersinnlichen Bereich, d.h. der geistigen Welt zuwende, in dem diese Mächte zu Hause sind.

Es ist also wichtig zu unterscheiden, wenn man einen Weg der Selbsterkenntnis geht, welches dafür die Vorzeichen sind: Geht man von einem moralischen Impetus aus – „Du sollst so oder so sein" –, oder beschreitet man diesen Weg wie in den alten ephesischen Mysterien, daß man wahrnehmen lernt, welche Kräfte kosmischer Wesen in die menschheitliche Entwicklung hereinwirken?

W.W.: Im Grunde meinen wir alle das gleiche. Ich verstehe Selbsterkenntnis – bevor man übersinnliche Schauungen hat – als ein Wissen über sich selbst, das man als notwendigen Baustein benötigt, um einen Weg beschreiten zu können, sich ganz einem Objekt hinzugeben. Denn lebt man in einer Illusion über sich, so wird man auch diesen Weg nicht richtig vollziehen können.

Emanuel Zeylmans: Damit bin ich auch einverstanden.

Wenn Selbsterkenntnis nicht tief genug geht

W.W.: Eine möglichst schonungslose Aufklärung der eigenen Abgründe und Schwächen zu erhalten, halte ich für alle geistig strebenden Menschen für eine unabdingbare Notwendigkeit.

Ich kann mich noch genau entsinnen, nachdem ich mich als Jugendlicher schlagartig für die Anthroposophie begeistert habe, daß ich im Zuge dessen auch „Wie erlangt man Erkenntnisse der höheren Welten?" durchgenommen habe und natürlich gleich eine bestimmte Zeitspanne die Samenkornmeditation durchführte. Dabei hatte ich auch deutlich die Aufforderungen zur Selbsterkenntnis und Charakterschulung gelesen: Drei Schritte auf dem Weg der Moral bzw. Selbsterkenntnis, einen Schritt auf dem Wege der Meditation. Ich nahm diese Aufforderungen zur Selbsterkenntnis natürlich zur Kenntnis, aber sie gingen mangels eines umfassenden Verständnisses nicht tief genug. Ich denke, daß es vielen Menschen so geht: Man sieht irgendwo ein, daß Selbsterkenntnis und Charakterschulung notwendig sind, aber man übt sie allein deswegen schon nicht, weil man gar nicht versteht, was damit gemeint ist.

Emanuel Zeylmans: Genau.

W.W.: Die Notwendigkeit eines mehr und mehr schonungslosen Betrachtens seiner selbst ist mir erst nach und nach im Umgang mit anderen Menschen, vor allem auch, wenn sie anthroposophisch orientiert waren, klar geworden, nämlich anhand der offenkundigen Schwächen, die wir alle haben.

Zum anderen ist es mir dadurch klar geworden, daß ich mich intensiv durch das Studium der Werke Rudolf Steiners mit den Abgründen des Menschen (siehe FLENSBURGER HEFTE, Sonderheft Nr.12, „Schwarze und weiße Magie", und FLENSBURGER HEFTE 45, „Hüter der Schwelle. Der Mensch am Abgrund") beschäftigt habe. Indem mir deutlich vor Augen stand, welche Zerstörungskräfte und welche Drachengestalt in jedem Menschen stecken, hatte ich erstmals das genügend tiefgehende Verständnis, daß Selbsterkenntnis wirklich nötig ist, und wußte, weswegen sie dringend erforderlich ist. Vorher hatte ich es nicht tiefgehend genug realisiert. Es reicht sogar das tägliche Studium der Zeitung, um zu erfahren, wie diese Drachengestalt des Menschen zur Erscheinung kommt, und der Schluß, daß man selbstverständlich die gleiche Drachengestalt in sich hat, liegt auf der Hand. Dieses Wissen ist für mich die erste Stufe der Selbsterkenntnis, quasi eine Art Werkzeug, um den weiteren Weg, den Sie beschrieben haben, gehen zu können.

Emanuel Zeylmans: Damit illustrieren Sie eine Schwierigkeit, die auftreten kann, wenn man die frühen Vorträge Rudolf Steiners liest, die in der Hauptsache vor Mitgliedern gehalten worden sind. Dem heutigen Leser dieser Nachschriften ist meist nicht bewußt, daß unter diesen Zuhörern Menschen waren, die er persönlich schulte. Bei dieser persönlichen Schulung war das Entscheidende und Ausschlaggebende, daß er diesen Menschen die Selbsterziehungsseite dieses Weges der Selbsterkenntnis sehr streng abforderte. Die Menschen hatten damals sämtliche Grundschriften, so weit sie schon veröffentlicht waren, und zusätzlich von Steiner handschriftlich die sechs Nebenübungen bzw. die sechs Eigenschaften.

Als Rudolf Steiner einsah, daß die Schulung dieser Menschen etwas wurde, was er auf Dauer nicht ständig begleiten konnte, und wo er zusätzlich die ganzen Schwierigkeiten in der anthroposophischen Bewegung – z.B. während des Ersten Weltkrieges und kurz danach – sah, hat er darauf hingearbeitet, daß eine ganz eindeutige Grundmethode für alle Menschen bekannt wurde, die sich meditativ und auf dem Wege der Selbsterkenntnis bemühten.

Die trinitarische Selbsterkenntnismethode

Bei aller Selbsterkenntnis muß man zunächst drei Dinge zu Herzen nehmen: Ich muß mein Besinnen auf Geistiges erüben, mein Erinnern auf geistige Dinge richten und mein ganzes Wahrnehmungswesen, das Schauen, auf Geistiges lenken. Mit dieser trinitarischen Methode kann man, ohne Steiner als Lehrer, zurechtkommen. Und das illustriert genau das, was Sie eben ausgeführt haben. Sie haben alles zur Kenntnis genommen, aber Sie taten es dann doch nicht, es ging nicht tief genug. Warum nicht? Weil die strenge trinitarische Grundmaxime dazugehört.

Zunächst einmal muß ich mich besinnen, ich muß ein geistiges Besinnen lernen. Von dort aus muß ich das gesamte Erinnerungswesen – nicht nur in der Rückschau – erlernen, und auf das Zukünftige hin muß ich die Willenskraft der geistigen Betrachtung lenken. Das ist ein Lehrpfad, ein dreifältiger Lehrpfad. Wenn man diesen Weg geht, wird man auch den Grundsteinspruch, in den Rudolf Steiner diese dreifältige Übung eingebaut hat, auswendig lernen, und schon ist man auf dem Wege einer eigentlichen Selbsterkenntnis.

W.W.: Könnten Sie diesen dreifältigen Weg der Selbsterkenntnis schildern?

Emanuel Zeylmans: Aus dem Grundsteinspruch heraus lautet er folgendermaßen (GA 260/1963/25.12.1923/S.54 f.):

„Menschenseele!
Du lebest in den Gliedern,
Die dich durch die Raumeswelt
In das Geistesmeereswesen tragen:
Übe *Geist-Erinnern*
In Seelentiefen,
Wo in waltendem
Weltenschöpfer-Sein
Das eigne Ich
Im Gottes-Ich
Erweset;
Und du wirst wahrhaft *leben*
Im Menschen-Welten-Wesen.

Menschenseele!
Du lebest in dem Herzens-Lungen-Schlage,
Der dich durch den Zeitenrhythmus
Ins eigne Seelenwesensfühlen leitet:
Übe *Geist-Besinnen*
Im Seelengleichgewichte,
Wo die wogenden
Welten-Werde-Taten
Das eigne Ich
Dem Welten-Ich
Vereinen;
Und du wirst wahrhaft *fühlen*
Im Menschen-Seelen-Wirken.

Menschenseele!
Du lebest im ruhenden Haupte,
Das dir aus Ewigkeitsgründen
Die Weltgedanken erschließet:
Übe *Geist-Erschauen*
In Gedanken-Ruhe
Wo die ew'gen Götterziele
Welten-Wesens-Licht
Dem eignen Ich
Zu freiem Wollen
Schenken;
Und du wirst wahrhaft *denken*
In Menschen-Geistes-Gründen."

Unmittelbar nach dem ersten Aufruf an die Menschenseele heißt es in den drei Strophen „Übe *Geist-Erinnern* ...", „Übe *Geist-Besinnen* ...", „Übe *Geist-Erschauen* ...". Wenn man diesen Grundsteinspruch als Grundlage für sein inneres Leben nimmt, hat man einen Ausgangspunkt auf der Suche nach Selbsterkenntnis, und man kann mit einer täglichen Besinnung auf diesen Auftrag beginnen: „Übe Geist-Erinnern, Geist-Besinnen, Geist-Erschauen".

Man wird dann bemerken, daß sich die Aufforderung des Übens zunächst darauf bezieht, sich selbst auf die gesamte Situation, in der man in seiner Umwelt lebt, zu besinnen. Allein schon dieses Wort: „Übe Geist-Besinnen im Seelengleichgewichte", ist eine Aufforderung zum Meditieren.

Dabei fragt man sich natürlich, was mit Seelengleichgewichte gemeint ist, und wird bemerken, daß man an manchen Tagen überhaupt nicht in diesem Seelengleichgewicht ist. Ich bemerke z.B., daß ich in meinem Tun oder in meinem Denken aus dem Gleichgewicht gerate und daß dies im Grunde ständig so ist. Bereits bei dieser Betrachtung übe ich ein kleines Stückchen Selbsterkenntnis. Man merkt dabei, daß man diesem Seelengleichgewichte oftmals nicht genügt und daß es auf dem anthroposophischen Schulungsweg gar nicht ohne das differenzierte Üben geht.

Cordula Zeylmans: Ich möchte noch etwas Persönliches hinzufügen. Im jahrelangen Umgang mit dem Grundsteinspruch fühlte ich immer wieder diese Ohnmacht, *wie* man denn nun genau üben soll. Da heißt es in dem Rhythmus vom Freitag, wo zum ersten Mal das Worte „übe" meditiert wird:

„Übe Geist-Erinnern ...
Denn es waltet der Vater-Geist der Höhen
In den Weltentiefen Sein-erzeugend"

und:

„Übe Geist-Besinnen ...
Denn es waltet der Christus-Wille im Umkreis
In den Weltenrhythmen Seelen-begnadend".

Ich werde also beim übenden Erinnern durch das getragen, was mir die reine physische Lebensgrundlage dazu gibt, was mir die Kräfte gibt, die der Vatergrund in sich trägt. Zum Geist-Besinnen hilft mir die Wärme- bzw. Liebekraft meiner Seele, mich für anderes zu interessieren, und ich kann üben, mich in das, was mich umgibt, hineinzuversetzen. Wenn die Seele also in der eigenen Ohnmacht zu versinken droht, kann sie sich an Kräfte wenden, die ihr helfen werden. Natürlich muß die eigene Aktivität der Seele da sein, aber wenn sie sich dabei an diese helfenden Kräfte richtet, wird manches möglich, was ohne diese helfenden Kräfte unmöglich ist. Wenn ich bemerke, daß sich der Geist überall, wenn auch in verschleierter Form, offenbart – sei es nun ein Mensch, ein Tier, eine Pflanze oder ein Stein – und dringend darauf wartet, daß ich ihn erkenne, so kann dies ein übender Impuls für meine Seelenaktivität sein:

„Übe Geist-Erschauen ...
Denn es walten des Geistes Weltgedanken
Im Weltenwesen Licht-erflehend".

Emanuel Zeylmans: Das scheint mir eine grundlegende Erfahrung zu sein, auf die man immer wieder aufmerksam machen sollte: Wir leben heute so egozentrisch, werden auch durch die ganze moderne Zivilisation dazu gedrängt, egozentrischer zu werden, so daß man Mühe hat, beisammen zu bleiben. Die Umwelt stürmt durch Informationen und Wahrnehmungen auf einen ein, so daß man in eine Art Selbstbehauptungshaltung gedrängt wird. Aber diese Haltung ist genau das Entgegengesetzte von dem, worüber wir gerade sprechen. Denn bei den Fragen der Selbsterkenntnis und der Meditation geht es gerade darum, daß man übt zu entdecken, daß die ganze Welt um uns herum schweigend darauf wartet, gehört, entdeckt und erkannt zu werden. Diese Entdeckungen verhindere ich fortwährend durch meinen Selbstbehauptungswillen. Im Grunde ist es eine Umkehr des Willens, es ist der Gegenpol zu der Haltung des Geist-Besinnens.

Übungen zum Geist-Besinnen

W.W.: Nun werden manche Leserinnen und Leser natürlich denken, daß das schön und gut ist, sich aber auch fragen: Wie übe ich denn ganz konkret Geist-Besinnen?

Emanuel Zeylmans: Mein erster Rat wäre, zunächst keine Vorträge von Rudolf Steiner zu lesen, sondern ein von ihm geschriebenes Buch zu diesem Thema. Menschen, die in der Anthroposophie ein wenig belesen sind, wissen, daß die Bücher so geschrieben sind, daß die Komposition der Sätze eine Wirkung auf die Seele des Menschen hat. Ich habe erfahren, daß ich in Zeiten, in denen ich nicht konzentriert genug war, das Buch „Wie erlangt man Erkenntnisse der höheren Welten?" genommen habe, um von Anfang an zu lesen, was Rudolf Steiner schreibt. Wenn man das eine Viertelstunde durchführt, geht eine erstaunliche Wirkung von diesem Buch aus, und die Seele ist konzentrierter und ruhiger als zuvor.

W.W.: Man könnte es also als eine Übung ansehen, eine Viertelstunde pro Tag eine grundlegende Schrift Steiners zu lesen und die Komposition der Sätze auf sich wirken zu lassen?

Emanuel Zeylmans: Ja. Das gilt aber nur für die von ihm geschriebenen Bücher und Aufsätze, nicht für seine Vorträge. Es ist besonders dann zu raten, wenn man nicht weiß, wo man zu lesen oder zu üben anfangen soll. Wenn man die Übung des Geist-Besinnens weitermachen will, ist es hilfreich, sich nicht ausschließlich an Wortlaute Rudolf Steiners zu klammern, sondern sich etwas vorzunehmen, mit dem man bei sich anknüpfen kann. Ich selber liebe die Dichtung und schreibe auch gerne, deswegen war es für mich hilfreich, mir ein kleines Büchlein anzulegen, in welches ich Sprüche aus der Weltliteratur, auch Sprüche von Steiner und aus dem Evangelium, sehr sorgfältig und liebevoll hineingeschrieben habe. Anschließend habe ich sie auswendig gelernt. Dabei habe ich entdeckt, daß es manche von Steiners Sprüchen in sich haben. – Besonders deutlich war es bei dem Spruch:

„Sieghafter Geist
Durchflamme die Ohnmacht
Zaghafter Seelen.
Verbrenne die Ichsucht,
Entzünde das Mitleid,
Daß Selbstlosigkeit,
Der Lebensstrom der Menschheit,
Wallt als Quelle
Der geistigen Wiedergeburt."

(GA 245/1968/S.81)

Damit hatte ich einen Spruch, für den ich mich erwärmen konnte, den ich immer im Herzen präsent hatte und mit dem ich jahrelang täglich gelebt habe. Dabei habe ich entdeckt, daß dieser Spruch eine ganze Menge zu sagen hat, was er zunächst überhaupt nicht preisgegeben hat. Zum Beispiel werden verschiedene Qualitäten von Feuer und Wärme angesprochen.

Auf Entdeckungsfahrt durch einen Spruch

W.W.: Könnten Sie ein wenig schildern, wie Sie im einzelnen mit diesem Spruch umgegangen sind?

Emanuel Zeylmans: Nachdem ich den Spruch abgeschrieben und auswendig gelernt hatte, habe ich ihn mir so eingeprägt, daß ich ihn rückwärts, von hinten nach vorne, aufsagen konnte. Fernerhin habe ich den Spruch nach dem Metrum laufend abgeschritten. Dabei habe ich gemerkt, daß ich manche Worte anfänglich gar nicht tief genug verstanden habe, z.B. daß der Geist auch wirklich durchflammen kann. Es wurde mir bildhaft klar, daß der Geist meine Seele durchflammen kann.

Ebenfalls entdeckte ich, daß meine Seele ursprünglich tatsächlich zaghaft gewesen ist. So vollführte ich eine Art Entdeckungsfahrt innerhalb dieses kleinen Spruches. Diese Entdeckungen waren allerdings für mich von biographischer

Entscheidungskraft: „Sieghafter Geist, durchflamme die Ohnmacht zaghafter Seelen, verbrenne die Ich-Sucht". Das war ein Stück Selbsterkenntnis, denn ich mußte zugeben, daß auch in mir ein Stück Ich-Sucht lag und daß der Geist offenbar diese Ich-Sucht verbrennen will.

Wenn man mit so einem Spruch lebt, kommt man in ein umfangreiches Gebiet geistiger Anschauungen, die man alle auf sich selber beziehen kann. Die nächste Zeile heißt dann: „Entzünde das Mitleid". Zwar hatte ich viele Buddha-Reden gelesen, trotzdem hatte ich mir überhaupt nicht klargemacht, was es heißt, wirklich mitzuleiden, z.B. daß man mit seinem Mitmenschen zusammen ist, wirklich bei ihm ist und mit ihm mitleidet. Ich war zu damaliger Zeit auch in einer ziemlich schweren Krise meines Lebens, und erfahrungemäß dringen solche Worte in einer derartigen Phase des Lebens tiefer in die Seele ein.

Im weiteren lautet der Spruch: „Daß Selbstlosigkeit, der Lebensstrom der Menschheit, wallt als Quelle der geistigen Wiedergeburt".

Mit diesem Spruch habe ich die Erfahrung gemacht, daß ich wirklich längere Zeit in der Wahrnehmung solcher Worte verweilt habe. Wunderlicherweise – so muß ich jetzt in der Rückschau bekennen – hat es jahrelang gedauert, bis ich gemerkt habe, was dieser Spruch enthalten hat: daß Selbstlosigkeit der Lebensstrom der Menschheit ist. Aber in diesem Spruch steht das so einfach. Später erkannte ich dann auch, *wer* dieser Lebensstrom ist.

„Ich wüßte nicht, wie ich durch meine Tage käme ..."

Ich las dann auch bei Friedrich Rittelmeyer, wie er einst Rudolf Steiner gefragt hat, wie man Christus erkennen könne. „Gibt es ein Mittel", so fragte Friedrich Rittelmeyer, „Christus zweifelsfrei zu erkennen?" Rudolf Steiner antwortete: „Ja, er ist die reine Selbstlosigkeit." Insofern ist Christus der Lebensstrom der Menschheit. Wenn man so etwas entdeckt, bekommt man eine solche Freude und Erwärmung für das ganze Gebiet, das Sie jetzt hier ansprechen, daß dann auch der Wille ein wenig mehr erweckt wird. Auch die geschilderte Ohnmacht wird etwas abgeschmolzen. Ich wüßte heutzutage gar nicht, wie ich durch meine Tage kommen sollte, wenn ich mich nicht diesem großen Quellgebiet, diesem Quellgrund hinwenden würde. Ich wüßte auch keinen Rat. Aber jetzt brauche ich mir keinen Rat mehr zu holen, denn ich habe den Zugang zu diesem Quellgrund gefunden. – Natürlich ist dieser Weg immer von dem Empfinden begleitet, daß man ihn nicht genügend beschreitet.

W.W.: Durch einseitige Übungen könnte das Seelengleichgewicht außer Fugen geraten.

Emanuel Zeylmans: Genau das ist ein Punkt, auf den man jeden Übenden hinweisen sollte, daß man dieses Seelengleichgewicht von Anfang an im Auge behalten muß. Denn man kann auf dem Wege der Übung schon rasch gewaltige

Erlebnisse bekommen, so daß man nicht im Gleichgewicht bleibt. Deswegen ist die Warnung von Rudolf Steiner, anfänglich nicht mehr als fünf bis zehn Minuten zu meditieren, sehr ernstzunehmen.

Übungen zum Geist-Erinnern

W.W.: Kommen wir zu unserem Hauptgedanken zurück: Wie übt man ganz konkret Geist-Erinnern?

Emanuel Zeylmans: In „Wie erlangt man Erkenntnisse der höheren Welten?" kommt Rudolf Steiner immer wieder darauf zurück, daß man seinen eigenen Werdegang anschauen lernen soll. Möglicherweise kann man am Ende des Tages einen Augenblick auf dem vergangenen Tag verweilen.

Ein Familienmitglied von mir, auch eine Steiner-Schülerin, hatte eine Konstitution, daß sie diese Rückschau am Abend nicht mehr vollziehen konnte. Sie war so erledigt, daß sie die Anweisungen Steiners zur Rückschau nicht mehr schaffte. Steiner hat ihr dann individuell aufgeschrieben, wie sie diese Rückschau am nächsten Morgen machen könne. Steiner war also nicht dogmatisch, und weil er einsah, daß es für diese Frau schädlich gewesen wäre, die Rückschau am Abend zu machen, riet er ihr, sie am nächsten Morgen zu absolvieren.

Ähnlich beweglich und undogmatisch soll man meines Erachtens mit vielen Anweisungen Rudolf Steiners umgehen. Wenn es im Grundsteinspruch heißt: „Übe Geist-Erinnern", so sollte man das nicht sogleich mit der eigenen Biographie üben, sondern z.B. mit den Jahres- oder Festeszeiten. Das praktiziere ich in den letzten Jahren sehr häufig. Jetzt kommt wieder die Adventszeit, in der ich mich dann übungsweise ganz stark mit der Passionszeit beschäftige. Ich übe das deswegen, damit das Rückschauen und die Kräfte des Erinnerns auf Erden auch in geistiger Weise gepflegt werden. Dabei ist mir aufgegangen, daß Rudolf Steiner eine gewaltige Erinnerungsfähigkeit hatte, was man besonders an seinem Buch „Mein Lebensgang" bemerkt. Dieses Buch ist ein Kulturphänomen ersten Ranges! Denn er beschreibt sein eigenes Leben anhand seiner Erinnerungen an seine Mitmenschen. Von ihm selber steht gar nicht so sehr viel in diesem Buch. Das Buch „Die Geheimwissenschaft im Umriß" ist darüber hinaus eine gewaltige Erdenerinnerung.

In der Erinnerung sind Lebenskräfte verborgen. Seitdem ich älter geworden bin, bemerke ich zunehmend, daß ich diese Erinnerungskräfte, die auch mit den Lebenskräften zusammenhängen, noch viel mehr pflegen muß, weil ich weiß, daß nach dem Tode ein notwendiges Gesamterinnern auf mich zukommen wird. Dann aber habe ich ein Tableau vor mir, an dem ich nichts mehr ändern kann, während ich jetzt in meinen Erinnerungen je nach Temperament oder Stadium meiner Selbsterkenntnis angenehme oder unangenehme Erinnerungen selbst steuere. Wenn man das Ideal hat, der Bewußtseinsseele zu dienen, selber vielleicht

auch daran mitzuarbeiten, daß Bewußtseinsseelenkräfte, also objektive Geisteskräfte in meiner Seele wirksam werden, dann sollte man mehr und mehr Erinnerungskräfte auf die Wirklichkeit richten, die vergangen ist.

Die Qual als Lehrmeister

W.W.: Haben Sie Vorschläge, wie man diese Erinnerungsfähigkeit praktisch üben kann?

Emanuel Zeylmans: Ich habe z.B. oft Schwierigkeiten mit Menschen gehabt. Früher ist mir das gar nicht klar geworden, und erst später habe ich gemerkt, daß das eine fehlende Selbsterkenntnis gewesen ist. Bis ich dann eines Tages Schwierigkeiten mit einem Menschen bekommen habe – es war mein Chef –, die so fürchterlich waren, daß ich das Geschäft, in dem ich tätig war, nach fünf Jahren verlassen mußte, weil ich diese Schwierigkeiten nicht mehr aushielt. An diesem Fall bin ich dafür aufgewacht, daß ich die Schwierigkeiten mit manchen Menschen ganz ernst nehmen muß. Mein ehemaliger Chef hat dann noch eine ganze Zeit gelebt, ist schließlich gestorben, und erst nachdem er tot war, fühlte ich mich frei genug, an diesem schlechten Verhältnis mit ihm innerlich zu arbeiten. Im Zuge dessen ist mir klar geworden, daß so etwas möglich ist, und seitdem ist es für mich zu einer echten Pflichtarbeit geworden. Ich war dem anderen gegenüber auch dazu verpflichtet, denn aus dem weiteren Verlauf meines Lebens mußte ich mir sagen, daß das Verhalten meines ehemaligen Chefs der Segen meines Lebens gewesen ist. Daß er mir fünf Jahre meines Lebens jeden Tag Schwierigkeiten gemacht hat, hat mich zum Aufwachen gebracht. Zwar hat er es spontan und naiv gemacht, schicksalsmäßig ist es aber für mich die Rettung gewesen. Im Laufe meiner Erinnerungsarbeit ist deswegen in mir eine Umwendung entstanden, und ich mußte mich fragen, warum dieser Mann sich derart über mich geärgert hat, warum er mir den ganzen Tag über so sehr in die Quere gekommen ist, und dadurch entstand in mir ein Bild, wie ich damals gewesen bin, und ich habe Impulse bekommen, zunehmend selber an mir zu arbeiten. Schließlich war ja dieses teilweise sich bis zu Haßgefühlen steigernde Verhältnis zu diesem Menschen eine große Qual. Ich habe die Qual als Lehrmeister genommen. Das war allerdings nach meinem 35. Lebensjahr.

W.W.: Wie haben Sie das praktisch vollzogen? Haben Sie das in der täglichen Rückschau gemacht, oder haben Sie sich dieses besondere Verhältnis zu Ihrem ehemaligen Chef gezielt vorgenommen? Haben Sie es so gemacht, wie Rudolf Steiner es in einem früheren Vortrag nennt – „karmisch denken" –, daß man Lebenssituationen so betrachten lernen soll, als hätte man sie selber genau so gewollt?

Emanuel Zeylmans: So ähnlich. Jeder bringt natürlich seinen Rucksack mit in das Leben, z.B. das Temperament. Mein Temperament ist außerordentlich sanguinisch, und ich habe es immer sehr schwer – vielleicht zusätzlich auch noch dadurch, daß ich Waldorfschüler bin – mit einem stringenten, auch auf Leistung bezogenen Denken gehabt. Deswegen habe ich mich bemüht, mein sanguinisches Temperament vor den Wagen zu spannen. Was einen behindert, muß man wie ein Zugtier vor den Wagen spannen. So habe ich dann immer, je nach Laune, sobald mir eine Erinnerung qualvoll einfiel, an dieser Erinnerung gearbeitet.

Zeitweise habe ich auch dadurch Hilfe gefunden, daß ich Tagebuch führte. Ich merkte, daß meine Altersgenossen sehr wenig Interesse daran hatten, sich meine inneren Erlebnisse anzuhören, und so bin ich dann mehr aufs Schreiben gekommen. Zwar habe ich jetzt bei meinem Umzug eine große Menge dieser Papiere entsorgt, aber ich habe doch gemerkt, daß es als Hilfsmittel sehr gut ist, seine Gedanken aufzuschreiben. Diese schriftlichen Äußerungen habe ich ganz spontan durchgeführt, und zwar auf verschiedene Weise, z.B. als Anklage oder auch als Gedicht. Ich habe das Rumoren der Seele fixiert. Zwar war das ein langwieriger Prozeß, aber man findet dabei doch den Erzieher in sich.

W.W.: Wie haben Sie im Erinnerungsprozeß bemerkt, daß die Steine, die Ihnen Ihr Chef in den Weg gelegt hat, stark mit Ihnen selbst zu tun hatten? Wie haben Sie bemerkt, daß die Ursache für die Rettung Ihres zukünftigen Lebens in diesem schwierigen Verhältnis gelegen hat? Wie sind Sie dieser Beziehung zwischen Wirkung in der Außenwelt und ursprünglicher Ursache bei Ihrem innersten Wesen auf die Spur gekommen?

Emanuel Zeylmans: Später habe ich erst bemerkt, daß Rudolf Steiner diese Zusammenhänge mehrfach dargestellt hat und daß ich verrückterweise just diese Texte von Steiner in der Zeit, in der ich die Schwierigkeiten mit meinem Chef hatte, studiert habe. Ich habe mir überhaupt nicht klargemacht, daß ich das, was ich bei Steiner las, in der gleichen Zeit durchmachte. Erst später habe ich mir klargemacht, daß mein Chef mir mit meinem eigenen Wollen aus der Außenwelt entgegengekommen ist. So etwas ist eine grandiose Bestätigung dessen, was man bei Steiner lesen kann.

W.W.: Das ist genau das, was ich vorhin meinte, daß viele Aufforderungen Steiners zur Selbsterkenntnis nicht tief genug gehen und erst dann wirklich begriffen werden, wenn man sie selber am eigenen Leibe erlebt.

Übungen zum Geist-Erschauen

Als dritte Stufe bleibt uns noch das Geist-Erschauen. Wie kann man das praktisch üben?

Emanuel Zeylmans: Nachdem am ersten Tag der Weihnachtstagung 1923 der Grundsteinspruch als Ganzes erklang, hat Rudolf Steiner in den folgenden sieben Tagen jeweils ein Stück dieses Spruches zusammengestellt und dazu eine kleine Erläuterung von wenigen Zeilen gegeben. Das sind die sogenannten sieben

Rhythmen. In einer dieser Erläuterungen spricht er von einem „gedanklichen Ruhen". Jedes Meditieren ist ein gedankliches Ruhen. Bei mir hat es sehr lange gedauert, bis mir aufging, daß hier ein erkenntnistheoretisches Aha-Erlebnis enthalten ist. Erst in späteren Jahren habe ich am Priesterseminar der Christengemeinschaft bei Friedrich Benesch die „Erkenntnistheorie der Goetheschen Weltanschauung" erlebt, drei Wochen lang mehrere Stunden pro Tag, und ich bemerkte, daß die meisten Mitstudenten, die größtenteils jünger als ich waren, sehr wohl mitbekamen, was Rudolf Steiner in diesem Buch darstellt, während ich vor einem geschlossenen Tor stand. Ich hatte es in dieser Zeit sehr schwer mit mir, habe sogar darüber nachgedacht, ob ich nicht normal bin und ob es mir an einem bestimmten Organ zum Verständnis dieser „Erkenntnistheorie" mangelt.

Mit der „Erkenntnistheorie" ins Hochgebirge

Ich habe dann wegen des Seelengleichgewichtes radikal gehandelt und bin in das Hochgebirge gegangen, habe nur die „Erkenntnistheorie der Goetheschen Weltanschauung" mitgenommen und viele Stunden pro Tag mehrere Wochen lang ausschließlich dieses Büchlein von vorne nach hinten und von hinten nach vorne durchgeackert. Ich habe einfach nicht verstanden, was Rudolf Steiner mit dieser Schrift wollte! Eigentlich ist es ja eine Jugendschrift von ihm, es ist sein erstes Büchlein. Ich konnte nicht verstehen, wovon er redet. Ich habe dann den Text mit sieben oder acht Farbstiften durchgearbeitet und den Worten gleicher Kategorie jeweils eine bestimmte Farbe gegeben. Diese Methode hatte ich von einem Kommilitonen am Priesterseminar abgeschaut, der das mit Texten von Plato gemacht hatte.

Durch diese Methode habe ich mich gezwungen, so intensiv in den Text hineinzusteigen, daß ich Abschnitt für Abschnitt tatsächlich verstand, was Rudolf Steiner sagen wollte. Auf diese Weise habe ich das ganze Buch durchgeackert und konnte es auch zusammenfassen.

Im nachhinein muß ich sagen, daß das eine Rettung für mich gewesen ist, denn nur durch dieses Buch habe ich überhaupt ein Verhältnis zur Meditation bekommen, denn Meditieren ist ein vollkommenes Zur-Ruhe-Kommen des gesamten Gedankenwesens. Zunächst war das eine verrückte Entdeckung und Erfahrung. Man muß wirklich erfahren, daß das gesamte Denkwesen zum Schweigen kommt. Im Zuge dessen habe ich auch gemerkt, daß ich früher wiederholt geistige Schauungen auf leicht atavistische Weise gehabt habe. Aber ich habe es erst in späteren Jahren erkannt. Ich wußte also, wie es ist, wenn auf atavistische und unwillkürliche Weise Imaginationen vor der Seele aufsteigen, so daß ich eine Orientierung bekam, was Rudolf Steiner mit Geist-Erschauen meint.

Hat man dies einmal erfaßt, so bemerkt man sofort den Zusammenhang mit Rudolf Steiners Erkenntnistheorie, namentlich in den Anmerkungen, die er für eine Neuauflage 1924 hinzugefügt hat: daß Ich und Welt miteinander in ein Gespräch kommen können, und zwar so, daß ich mit der Welt so umgehe, daß mein Denken das Gesprächsmedium zwischen mir und der Welt wird, wodurch dann Wirklichkeit entsteht. Wenn man das einem heutigen Philosophiestudenten vortragen würde, so würde er es wahrscheinlich für Wahnsinn halten. Die gesamte zeitgenössische Philosophie läßt Rudolf Steiner total unter den Tisch rollen, während seine Erkenntnismethode für mich zur eigentlichen Entdeckung des Denkwesens geworden ist.

„Das Wühlen im eigenen Leben ist ein Holzweg"

W.W.: Welche Gefahren sehen Sie bei einer falsch verstandenen oder übertriebenen Selbsterkenntnis, sowohl im nicht-meditativen wie im meditativen Bereich?

Emanuel Zeylmans: Ich habe vorhin schon angedeutet, daß wir durch unsere gesamte westliche Zivilisation immer eine Haltung von Selbstbehauptung und Selbstschutz aufweisen. Daraus entsteht auch eine gewisse Verkrampfung, immer selber an sich denken zu müssen. Wenn man beginnt, sich mit dieser Haltung und in dieser Gesinnung tiefer mit sich selber zu beschäftigen, dann wird diese Selbstbezogenheit zu einer großen Gefahr. Im anthroposophischen Sinne ist man selber natürlich auch ein Stück von der Welt, genauso wie Sie und alle anderen Menschen zur Welt gehören, aber ich bin in der eigenartigen Situation, daß ich mich wie jeder Mensch ebenfalls *mit mir selber* beschäftigen kann. Sich in gleicher Weise mit einem anderen zu beschäftigen, erfordert schon ein großes Potential an Opferbereitschaft oder Interesse. Das Wühlen im eigenen Leben ist vom anthroposophischen Gesichtspunkt aus gesehen ein Holzweg.

Deswegen hat mir ein Mensch in einer Krisis meines Lebens auch geraten, mich eine Zeitlang in einer Gärtnerei halbtot zu arbeiten. Bei dieser Arbeit hatte ich überhaupt keine Zeit mehr, an mich selber zu denken und meinen eigenen Problemen nachzuhängen. Diese eineinhalb Jahre mit den täglichen Erschöpfungen haben dann zum ersten Mal dazu geführt, daß ich die Erde und das Pflanzenwachstum echt wahrgenommen habe. Und diese Arbeit hat mich von mir selber abgelenkt und mich geheilt.

Wüste Seelenäußerungen

Meistens beschäftigt man sich dann mit sich selber, wenn man in Schwierigkeiten steckt. Die Gefahren der Selbsterkenntnis auf meditativem Gebiet sind völlig anderer Art, und man sollte sie grundsätzlich von den eben geschilderten unterscheiden. Bei der Meditation bringe und zwinge ich mein Seelengefüge zum Schweigen und gehe ein wenig aus mir heraus. Dabei wird meine Seele sich selber

überlassen. Damit sollte man sehr vorsichtig umgehen, auch wird man zur Genüge durch Rudolf Steiner gewarnt, denn die Seele kann sich unwillkürlich und sehr plötzlich unbeherrscht äußern. Ich denke dabei z.B. an wilde Entscheidungen, unbeherrschte Entschlüsse, vor allem natürlich wüste Äußerungen oder Beschimpfungen, durch die man plötzlich ein Verhältnis mit einem lieben Mitmenschen ruinieren kann, indem man einfach etwas Falsches sagt, ohne es gründlich überlegt zu haben. Die Seele ist also in der Lage, eine unkontrollierte Selbstaktivität zu entwickeln. Namentlich diese Aktivität wird gefördert, wenn man nicht darauf achtet, was Steiner dazu sagt.

Wenn man ernsthaft versucht, im Steinerschen Sinne zu meditieren, gründlich eine Schulung beginnt, bemerkt man oft nicht mehr, was die Seele alles an Unkontrolliertem produzieren kann. Die Seele rast immer wieder ohne Zügel durch die Landschaft, aber diese Zügellosigkeit darf nicht sein. Wenn man das bei sich bemerkt, wird man wahrscheinlich einen ziemlichen Schrecken bekommen, gleichzeitig wird man aber auch ernstnehmen, was Steiner in „Wie erlangt man Erkenntnisse der höheren Welten?" bei späteren Neuauflagen hinzugefügt hat. Das gehört zu den interessantesten Äußerungen über dieses Problem. Er beschreibt, daß man, wenn man dieses Problem nicht beachte, in der Vorstellung leben könne, ein ganz hingegeben Übender auf dem Wege der Selbsterkenntnis zu sein, in Wirklichkeit aber in eine Situation kommen könne, in der man nicht mehr in der Lage sei, Wahrheit und Lüge voneinander zu unterscheiden.

Das ist natürlich nur ein Beispiel. Aber dadurch sind mir verschiedene Schwierigkeiten und die merkwürdigsten Phänomene innerhalb der anthroposophischen Bewegung klargeworden. Während ich meine Wegman-Bücher schrieb, habe ich die anthroposophische Bewegung in ihrer Historie studiert und erkannt, daß die meisten Schwierigkeiten hier ihre Erklärung finden.

Die Nebenübungen bzw. sechs Eigenschaften

W.W.: Begleitend zu den meditativen Übungen hat Rudolf Steiner die Nebenübungen gegeben. Können Sie kurz erklären, was diese Nebenübungen sind und worin ihr Sinn begründet liegt?

Emanuel Zeylmans: Die Bezeichnung Nebenübungen stammt von Rudolf Steiner aus der Zeit 1904–1905. In dieser Zeit hat er die Nebenübungen für seine esoterischen Schüler selber aufgezeichnet. Es ist selten, daß Steiner über einen okkulten Gegenstand selber etwas niedergeschrieben hat. In Vorträgen hat er zwar viel darüber gesprochen, aber hier hatte man wirklich den Wortlaut vor sich. Gegenüber seinen Schülern hat er von Nebenübungen gesprochen, nicht aber in seinen Publikationen, sondern statt dessen von den sechs Eigenschaften. So ist das Eigenartige entstanden, daß wir heute den Begriff Nebenübungen haben, der impliziert, daß es auch Hauptübungen gibt. Die Hauptübungen, die Rudolf

Steiner seinen Schülern gegeben hat, waren je nach Persönlichkeit verschieden. Im allgemeinen war das ein Meditationsspruch oder in ganz früher Zeit auch eine Bildmeditation. Also zu Steiners Zeiten gab es für jeden Schüler eine Hauptübung und dazu die sechs Eigenschaften als Nebenübungen. In der Einleitung zu diesen Nebenübungen formuliert Steiner folgendermaßen:

„In dem Folgenden werden die Bedingungen dargestellt, die einer okkulten Entwickelung zugrunde liegen müssen. Es sollte niemand denken, daß er durch irgendwelche Maßnahmen des äußeren oder inneren Lebens vorwärtskommen könne, wenn er diese Bedingungen nicht erfüllt. Alle Meditations- und Konzentrations- und sonstigen Übungen werden wertlos, ja, in einer gewissen Beziehung sogar schädlich sein, wenn das Leben nicht im Sinne dieser Bedingungen sich regelt." (GA 245/1976/S.15)

Steiner ist in dieser Beziehung ganz radikal. Und in der Erfahrung habe ich gemerkt, daß diese Nebenübungen sechs ganz radikale Eigenschaften sind, die von einem verlangt werden. Allerdings wird es für jeden Menschen ein ganz individueller Weg sein, damit umzugehen.

W.W.: Wie ist es für Sie persönlich gewesen?

Die Teufelsfratze

Emanuel Zeylmans: Ich wurde auf diese Übungen dadurch aufmerksam, daß ich berufliche Schwierigkeiten hatte, vor allem die Schwierigkeiten mit meinem Chef. In dieser Zeit habe ich zu meditieren begonnen. Ich hatte gerade einen Vortrag von Rudolf Steiner gelesen, in dem ein tiefsinniger Meditationsspruch enthalten war. Während meiner Meditation saß ich im Bett und konzentrierte mich auf diesen Spruch. Aber statt daß diese Meditation etwas Schönes, Inspirierendes, Anregendes bewirkte, hatte ich direkt vor meinem Gesicht eine ganz schauerliche Teufelsfratze, und zwar von einer unbeschreiblichen erschreckenden Scheußlichkeit. Ich bekam natürlich einen Schock. Noch heute sehe ich diese Fratze vor mir, so scheußlich war sie.

Ich stürzte sofort zu meinem Vater, denn ich wußte, daß er Kenntnisse des Meditierens besaß. Er war Steiner-Schüler und hatte somit aus erster Hand gelernt, wie man mit Meditationssprüchen umgeht; außerdem war er Psychiater. Es lag also auf der Hand, einen solchen Menschen zu befragen. Ich beschrieb ihm diese Fratze, und er hörte sich meine Schilderung in für mich unvergeßlicher Ruhe an, war überhaupt nicht verwundert, fragte ganz genau nach, wie diese Fratze aussah, in welchem Moment dieses Erlebnis auftrat usw. Er ging ganz analytisch vor und gab mir dann einen Rat: „Wenn Du solche Erlebnisse hast wie das geschilderte, mußt Du Naturwahrnehmungen aufsuchen, z.B. von Pflanzen oder Bäumen. Wahrnehmungen von Blumen schützen vor erschreckenden Erlebnissen der geistigen Welt."

Weil ich damals in einem Haus wohnte, zu dem auch ein Garten gehörte, habe ich mir das zu Herzen genommen. Ich widmete den Pflanzen im Garten manche Zeit, um sie wirklich und gründlich anzuschauen, mir auch klarzumachen, was ich genau sehe und versuchte, meine Wahrnehmungen in Worte zu bringen, während ich die Phänomene des Wesens von allen Seiten anschaute. Dabei habe ich entdeckt, daß das eine ganz andere Kraft gibt als wenn man meditiert. Aber nur zunächst! Später ist mir aufgegangen, daß es genau das gleiche ist, aber dazu muß man erst entdecken, wie man Sprüche meditiert.

Die Pflanzenwelt als Heilmittel

Seitdem habe ich dieses Problem der erschreckenden Erlebnisse, die noch hin und wieder auftraten, bewältigt. Ich wußte sofort, was ich machen sollte. Es war mir dann immer klar, daß ich zu wenig Naturwahrnehmungen gemacht hatte. Die Pflanzenwelt ist ein permanent uns umgebendes Heilmittel. Selbst wenn man in der Stadt wohnt, kann man sich ein Blümchen kaufen oder sich aus einem Park einen Zweig holen, und sogar im Krankenhaus kann man sich noch eine Blume bringen lassen. Im Grunde ist es ganz einfach, jeder Mensch ist dazu imstande! Es ist ganz leicht, mit einem Pflänzchen Freundschaft zu schließen und es wirklich ganz echt wahrzunehmen. Diese Übung ist immer und sofort eine ganz segensreiche Hilfe bei der Meditation.

Auf diese Weise habe ich die Wahrheit von Rudolf Steiners ersten Sätzen, die er einleitend zu den Nebenübungen geschrieben hat, bemerkt und habe dann ganz radikal – ähnlich wie Steiner es fordert – diese sechs Eigenschaften geübt.

In der Seele schlummern Dynamitkräfte

W.W.: In dem Vortragszyklus „Vor dem Tore der Theosophie" (GA 95/1978/ 02.09.1906/S.112) heißt es, daß man sich durch die okkulte Entwicklung Kräfte entziehe, die man durch die Nebenübungen, wenn man sie rhythmisch vollziehe, wieder ersetzen könne, weil Rhythmus Kraft gebe. Woher rührt die kräftigende Wirkung des Rhythmus?

Emanuel Zeylmans: Das Wesen der Seele besteht zunächst aus Denken, Fühlen und Wollen. Denken, Fühlen und Wollen sind Wesen, sind ganze Reiche. Was ich denken kann, ist im Grunde ein ganzes Weltwesen; entsprechend ist es natürlich mit dem Fühlen und dem Wollen. Ich habe Weltwesen in mir, die meine Seele sind. Wenn man sich okkult entwickelt, geraten diese Wesen auseinander. Bei einer Persönlichkeit, die sich nie okkult betätigt, sind diese Seelenkräfte noch weitgehend beisammen. Wer etwas denkt, fühlt auch gleichzeitig etwas. Man sieht es auch bei Menschen, die noch wie aus einem Stück geschneidert sind: Wenn sie einmal etwas gedanklich erfaßt haben, dann kommt auch gleichzeitig der Willensimpuls.

Denken, Fühlen und Wollen werden allerdings durch die meditative Tätigkeit mit solchen Bewußtseinskräften konfrontiert, daß ihr spontanes Wesen, eigentlich sogar ihr Lebenswesen ein wenig angenagt wird. Mein Denken wird anders, wenn ich mich okkult betätige. Man kann das auch erfahren, und ich wünsche jedem, der den anthroposophischen Schulungsweg geht, auch immer wieder einmal solche schrecklichen Erlebnisse zu bekommen, wie ich sie hatte. Man kann sich daran klarmachen, daß in der Seele Dynamitkräfte schlummern, die von einer wüsten Gewalt sind. Durch meditative Tätigkeit bekommen diese Kräfte Eigentätigkeit und verlieren den Zusammenhang, der sie vorher miteinander verband. Es besteht ein Lebensband zwischen Denken und Wollen, es besteht auch ein lebendiges Band zwischen Fühlen und Denken. Alle drei sind lebensmäßig miteinander verbunden.

Ich würde sogar behaupten, daß jemand, der heutzutage nicht meditiert, Heilung dadurch erhält, daß er lediglich diese Nebenübungen durchführt, denn dadurch kommt das Seelengefüge wieder in ordnende Bahnen. Mein Leben wird ohnehin jede Nacht durch den Schlaf unterbrochen, ich verlasse dann sowieso meinen Körper und mein Lebenswesen, und am nächsten Morgen muß ich es wieder irgendwie bewohnen. Wenn ich das mit einer Kette selbstgewählter Initiativtaten begleite, und zwar rhythmisch wiederholt, dann fördere ich ähnlich wie dieses Pflänzchen hier vor uns auf dem Tisch, das bildgewordener Rhythmus ist, die heilenden Kräfte in mir. Die sechs Eigenschaften sind ein ganz großes, noch gar nicht richtig entdecktes Allheilmittel für unsere Zeit. Es ist die leichteste, auch im praktischen Leben ohne weiteres anzueignende anthroposophische Übung, die wirklich sofort Resultate bringt. Man kann in dieser Sache Welten entdecken.

Die allerwichtigste Entdeckung habe ich erst vor verhältnismäßig kurzer Zeit gemacht, nämlich daß diese Übungen von dem Wort „initiativ" durchzogen sind. In allen sechs Übungen taucht immer an entscheidender Stelle dieses Wort auf. Und es sind auch wirkliche Initiativübungen.

Die erste Nebenübung erzieht zu sachgerechtem Denken

W.W.: Springen wir gleich einmal in die erste Nebenübung hinein: Könnten Sie für einen Leser, der die Nebenübungen machen will, die Technik der ersten Übung – der Gedankenkontrolle – darstellen?

Emanuel Zeylmans: Ich nehme mir irgendeinen Gegenstand, z.B. einen Kaffeelöffel, und spreche mich dann selber als Lehrer an, indem ich mir sage: „Mein Lieber, nenne mir rasch zehn Eigenschaften, zehn äußere Bemerkungen über dieses Löffelchen. Jede Bemerkung muß sachgerecht und folgerichtig sein." Dieses Löffelchen, das ich gerade in meiner Hand halte ist aus Metall, es ist kleiner als manche Artgenossen, es hat Rillen usw. Oft habe ich dann gemerkt, daß ich nach fünf oder sechs Eigenschaften, die ich aufgezählt habe, nichts mehr zu sagen hatte.

Ich habe mir dann klargemacht, daß ich ein schlechter Schüler bin, und von mir gefordert, noch vier weitere Eigenschaften zu nennen. – Am nächsten Tag habe ich dann eine Kaffeetasse genommen, am dritten Tag einen Schreibstift usw. Dabei habe ich mich selber erzogen, jedes Mal zehn Äußerungen, die sachlich auf diesen Gegenstand bezogen sind, zu nennen. Das habe ich monatelang gemacht, besonders weil ich als junger Mensch immer Schwierigkeiten mit dem logischen und sachgerechten Denken hatte. Schließlich hat Steiner das so betont und radikal gefordert, selbst von solch alten und ehrwürdigen Herren wie Friedrich Rittelmeyer, dem er auch geraten hat, diese Übungen einige Monate durchzuführen. Rittelmeyer hat es gemacht und dabei entdeckt, welch ein geheimes Mittel das ist.

W.W.: Diese Übung erzieht auch zur Bescheidenheit, weil man bemerkt, wie wenig man eigentlich von den einfachsten Dingen weiß. Ein Nebenprodukt dieser Übung ist es insofern, daß man dadurch kenntnisreicher wird, daß man anschließend an diese Übung sein beschränktes Wissen auffrischt, indem man z.B. in einem Lexikon nachschlägt.

Emanuel Zeylmans: Genau. – Wenn man von Menschen, die in schwierigen Lebenslagen sind, angesprochen wird, dann ist es als Berater zusätzlich außerordentlich hilfreich, wenn man entsprechend dieser ersten Übung mit dem anderen das Gespräch übend vollzieht. Wenn sachlich und logisch über Lebensdinge nachgedacht wird, lernt man auch initiativ fragen, man bekommt auch einen gewissen Mut, um Dinge zu formulieren.

Sinnlose Taten mit großer Wirkung

W.W.: Bei der zweiten Übung geht es um eine kleine Willenstat, die man bewußt in sein Leben stellt, z.B. ein Buch aus dem Regal nehmen und woanders hinlegen. In den folgenden Tagen sollten weitere derartige Taten hinzukommen, am zweiten Tag z.B. einen Schluck Wasser trinken. Macht man an diesem zweiten Tag beide Übungen, die erste mit dem Buch also noch einmal, oder zwei neue oder nur jeweils einen Initiativakt pro Tag?

Emanuel Zeylmans: Es geht darum, daß man überhaupt auf die Idee kommt, diese Handlung durchzuführen, am besten in dem Moment, den man sich vorgenommen hat. Man braucht also wieder die Initiative, daß einem diese Übung überhaupt einfällt. Wenn man die Neigung hat, diese Übung ständig zu vergessen, kann man sich mit einem kleinen Trick helfen, indem man sich z.B. einen kleinen Zettel parat legt, der einen auf diese Übung hinweist.

Für mich war es ein weiteres Stück Selbsterkenntnis, daß ich bei dieser zweiten Übung sehr schwach bin. Weil ich auf diesem Gebiet der zweiten Übung ein schlechter Schüler bin, habe ich eine Zeit versucht, mich sehr extrem zu schulen, und zwar habe ich jede Stunde das gleiche gemacht. Ich hatte einen Topf mit Reißnägeln und habe dann aus diesem Topf jede Stunde einen Reißnagel daneben gelegt. Wenn ich nicht zu Hause war, so habe ich z.B. Punkt 11 Uhr während einer Sitzung einen Knoten in mein Taschentuch geknotet. Zu einer anderen Zeit habe ich einen Stock, der unter meinem Bett lag, jeweils dreimal in die Luft geschwenkt. Diese kleine Tat der zweiten Übung muß eine absolut sinnlose Tat sein, die keinen Zusammenhang mit dem Beruf oder der Tätigkeit, die man gerade ausübt, haben darf. Aber es ist nicht so gemeint, daß man jeden Tag unbedingt eine neue Tat hinzufügen sollte, sondern es kommt darauf an, daß man initiativ handelnd diese kleine Tat in den Tageslauf einbaut, ohne daß sie in irgendeinem Zusammenhang zu etwas anderem steht. Als Rudolf Steiner diese Nebenübung 1905 seinen lieben anthroposophischen bzw. theosophischen Freunden riet, gehörte es damals noch zu den Möglichkeiten, die man leicht absolvieren konnte, während es heute schon für die meisten Menschen eine große Schwierigkeit bedeutet, diese Übung durchzuführen.

Mit den Nebenübungen aufstehen

W.W.: Mir ging es immer wieder so, daß ich die beiden ersten Übungen ohne weiteres absolvieren konnte, während es bei den folgenden haperte, und zwar deswegen, weil man sie sich mangels Gelegenheit nicht zu dem Zeitpunkt vornehmen kann, an dem man sie machen will. Nehmen wir z.B. die dritte, die Gleichmutsübung. Übt man sie im Rückblick auf eine entsprechende Situation oder bemüht man sich, sie aktuell in dem entsprechenden Moment zu üben oder beides?

Emanuel Zeylmans: Ich achte diese Nebenübungen außerordentlich hoch und stelle sie mit in die oberste Reihe der okkulten Übungen. Ich denke sogar, daß sie zu dem allergewichtigsten gehören, was es überhaupt in der Anthroposophie gibt. Deswegen meine ich, daß man mit der jeweiligen Übung aufstehen sollte. Man sagt sich dann z.B. morgens früh, wenn man aufsteht, daß man jetzt im dritten Monat ist, daß man sich vorgenommen hat, das Seelengleichgewicht zu üben, also daß man irgendwann im Laufe des Tages darauf achtet, nicht himmelhoch jauchzend bzw. zu Tode betrübt zu sein. Und man nimmt sich dann am Morgen vor, darauf zu achten, nicht in derartige Zustände zu geraten. Wenn man sich am Morgen auf diese Übung kurz besonnen hat, kann man sie auch wieder loslassen. Am Abend kann man sich zusätzlich darauf besinnen, daß man am nächsten Morgen wiederum mit dem Plan aufwachen will, die dritte Übung im Selbstauftrag durchzuführen.

W.W.: Die Positivitätsübung wird oft dergestalt mißverstanden, daß man sich jeglicher Kritik enthalten solle und berechtigt zu kritisierende Dinge positiv sehen solle. Das kann doch wohl nicht damit gemeint sein?

Emanuel Zeylmans: Nein, das denke ich auch nicht. Vielmehr geht es darum, daß man eine Gelegenheit suchen sollte, in der man normalerweise spontan negativ reagiert, z.B. bei einem Zeitungsbericht oder in der Begegnung mit einem Menschen, in der man sich aber mit aller Kraft, ganz extrem zwingen sollte, im Zusammenhang mit dieser Situation etwas zu suchen, was positiv ist. Ich muß und soll trotz allem etwas finden! Meistens geht das, trotzdem fiel es mir oft sehr schwer, vielleicht auch, weil ich mir immer sehr extreme Beispiele vorgenommen habe. Aber daran habe ich gemerkt, daß es vorwiegend um die Anstrengung dieser Übung geht.

Festgefahrene Seelenstrukturen werden geöffnet

W.W.: Zur Unbefangenheitsübung: Angenommen, jemand teilt einem etwas mit, was schier unmöglich scheint. Wie setzt diese Übung jetzt an? Reicht es, daß man sich im Inneren kurz den Gedanken bildet: „Ich will es nicht gänzlich ausschließen, obwohl es unmöglich erscheint"?

Emanuel Zeylmans: Sie selbst kommen in Ihrem Beruf viel mit Menschen zusammen und begegnen vielleicht jeden Tag jemandem, bei dem Sie diese Übung ansetzen können. Normalerweise ist es aber so, daß man nicht jeden Tag dazu Gelegenheit hat. Deswegen sollte man auch diese Übung aus der Initiative heraus aufgreifen, indem man sich eine Angelegenheit sucht, von der man ziemlich genau weiß, daß sie nicht stimmt. Man kann z.B. in der Zeitung eine Sache suchen, die doch recht unglaubwürdig ist. Daran kann man dann üben, ob es nicht vielleicht doch so ist, wie es in der Zeitung steht oder wie es jemand erzählt hat. Selbst dann, wenn meine gesamte innere Sicherheit mir sagt, daß es völlig unmöglich ist, daß es mit den Naturgesetzen nicht in Einklang zu bringen ist, sollte man diese Übung durchführen.

Cordula Zeylmans: Kannst Du ein Beispiel bringen?

Emanuel Zeylmans: Ich habe mir z.B. den Bach neben unserem Haus vorgenommen und mir vorgestellt, ob das Wasser nicht doch bergauf fließen könnte. Ich stelle mir dann vor, daß mir morgens jemand mitteilt, daß dieser Bach jetzt in umgekehrter Richtung fließe.

W.W.: Oder man stellt sich vor, daß es eines schönen Morgens nach oben regnet.

Emanuel Zeylmans: Genau, solche Situationen kann man sich vorstellen, und sie erweitern ein zu festgefahrenes und einseitiges Seelenleben ungemein. Es entstehen neue Öffnungen und Bewegungen innerhalb der Seele. Vielleicht ist da der Humor ein Helfer!

Der Organismus der sechs Eigenschaften
im Herzen der Anthroposophie

W.W.: Wie kann man als sechste Übung diese fünf Eigenschaften am besten in einem Gleichgewicht zusammen üben?

Emanuel Zeylmans: Das müßte man sehr ausführlich beschreiben, was während dieses Interviews nicht möglich ist. Es gibt nämlich einen ganz tiefsinnigen Zusammenhang zwischen diesen fünf Übungen. Im Grunde ist es eine gesamte Menschenkunde, die in diese Übungen hineingeheimnißt ist. Deswegen hat Rudolf Steiner auch mit Nachdruck darauf gedrängt, daß die Übungen in dieser Reihenfolge durchgeführt werden sollen. Man sollte nicht die zweite vor der ersten Übung, oder weil einem die dritte so leicht fällt, diese als erste machen. Das hängt damit zusammen, daß zwischen Denken und Wollen ein ganz spiritueller Zusammenhang besteht. Es gehen einem Welten auf, wenn man das bedenkt. Mir selbst sind diese Welten im Vollziehen dieser Übungen aufgegangen. Genauso besteht ein Zusammenhang zwischen dem Fühlen und Wollen.

Im Grunde sind diese sechs Eigenschaften ein Organismus. Es sind eigentlich fünf Eigenschaften, die wie in einem Fünfstern miteinander zusammenhängen. Die sechste Übung ist wie ein Kreis, der diesen Fünfstern umfaßt. Das Besondere an diesen Übungen ist, daß Rudolf Steiner sie mit dem zwölfblättrigen Lotus in Zusammenhang bringt, also mit dem Herzlotus. Es gehen einem wirklich Welten auf, wenn man bedenkt, daß Rudolf Steiner ganz im Stillen diese Lehre der sechs Eigenschaften in sein gesamtes Leben und sein gesamtes Werk hineingeheimnißt hat. Aber ihren Ort haben diese Eigenschaften im Herzen, nämlich auch im Herzen der Anthroposophie.

In meinen Ita Wegman-Büchern habe ich darüber auch geschrieben, und ich bin der Überzeugung, daß die hauptsächlichsten Krisen der anthroposophischen Bewegung vor allem damit zusammenhängen, daß die Menschen diese Nebenübungen nicht geübt haben. Ich habe das erst im Laufe meiner Studien entdeckt, aber es ist meine Überzeugung geworden.

Steiners Ringen um die Wahrnehmung

W.W.: In „Mein Lebensgang" (22.–26. Kapitel) beschreibt Steiner sein eigenes Ringen um die wahrnehmende Erfassung der Sinneswelt, die ihn bis zu seinem 36. Lebensjahr große Schwierigkeiten bereitete. Sein Ideal war es, die Sinneswelt so kennenzulernen, daß sie ihr Wesen so ausspricht, wie sie ist, ohne daß der Mensch mit seinen eigenen Vorstellungen und Gefühlen dazwischenkommt. Warum vermischen die Menschen die gedankliche und sinnliche Seite der Welt und können beide so schwer in reiner Form erfassen?

Cordula Zeylmans: Ich kann an mir selber wahrnehmen, daß ich Vorstellungen habe, die sich zwischen mich und die Welt stellen. Dies ist ein allgemeines menschliches Problem. Die menschlichen Vorstellungen sind häufig so fest, daß oft sogar der Wille fehlt, diese Vorstellungen in Frage zu stellen. Auf der anderen Seite erleben wir heute den immer stärker werdenden Angriff auf sämtliche Sinneswahrnehmungen, denn überall schiebt sich das Surrogat dazwischen, sei es im

Hören, im Sehen oder beim Kind bereits schon im Bereich der Tastwahrnehmung. Vor die Sinneswelt, die uns über unsere Sinne ihre Realität vermitteln möchte, wird etwas Künstliches geschoben, was die Wirklichkeit von uns ablöst.

Emanuel Zeylmans: In Steiners „Rätsel der Philosophie" beschreibt er, daß in der Menschheit notwendigerweise ein Prinzip entwickelt werden soll, nämlich daß der Mensch auf sein durch sein Ich gegründetes Selbstbewußtsein zu stehen kommt, sozusagen eine Eigenheit im Weltenwesen werden soll. Dadurch hat sich der Mensch aber auch die Zweiheit von Ich und Welt selber geschaffen. Normalerweise hat jeder Mensch ein spontanes Selbstbewußtsein und empfindet sich selber als in sich drinnen, draußen dagegen die Welt.

Steiner ging es darum, dieses eigenartige isolierte Ich-Bewußtsein auszubilden, damit irgendwo ein neuer Anknüpfungspunkt entsteht. Die Weltgeschichte hätte sonst nicht weitergehen können. Das hat mir als Übender eingeleuchtet. Man muß sich erst einmal einen festen Punkt schaffen, einen Pfahl in die Landschaft einhauen. Später kann ich dann ein Haus darum bauen, selbst wenn ich diesen Pfahl wieder hinausziehen muß, weil ich ihn nicht mehr brauche. Er war aber als Beginn notwendig, um mein Vorhaben ausführen zu können. Mit diesem Pfahl wird jeder Mensch geboren, und er hat die Möglichkeit, dieses isolierte Bewußtsein – „Hier bin ich, hier ist meine Innenwelt" – auszubilden. Aus diesem Ich-Bewußtsein muß man dann das ganze Gebiet dessen, was wir in diesem Gespräch bereden, ergreifen. Das geht dann so weit, daß man sich selber lediglich als einen Standpunkt erkennt, der schon Störung genug in der Welt verursacht. Es geht aber darum, daß der Mensch auch einen Beitrag zur Weltentwicklung bringt. Sofern er allerdings nur so bleibt, wie er ist, wird er eine weitgehende Störung für die Weltentwicklung sein.

Der Mensch als Lösung der Welträtsel

W.W.: Ein Zitat aus „Mein Lebensgang":

„Ich stellte, um meditativ das rechte Verhältnis zur Welt zu gewinnen, immer wieder vor meine Seele: Da ist die Welt voller Rätsel. Erkenntnis möchte an sie herankommen. Aber sie will zumeist einen Gedankeninhalt als Lösung eines Rätsels aufweisen. Doch die Rätsel – so mußte ich mir sagen – lösen sich *nicht durch Gedanken*. Diese bringen die Seele auf den Weg der Lösungen; aber sie enthalten die Lösungen nicht. In der wirklichen Welt *entsteht* ein Rätsel; es ist als Erscheinung da; seine Lösung ersteht ebenso *in der Wirklichkeit*. Es tritt etwas auf, das Wesen oder Vorgang ist; und das die Lösung des andern darstellt.

So sagte ich mir auch: die ganze Welt, außer dem Menschen, ist ein Rätsel, das eigentliche Welträtsel; und *der Mensch ist selbst die Lösung.*

Dadurch konnte ich denken: der Mensch vermag in jedem Augenblick etwas über das Welträtsel zu sagen. Was er sagt, kann aber stets nur so viel an Inhalt über die Lösung geben, als er selbst über sich als Mensch erkannt hat." (GA 28/ Tb. Stuttgart 1975/Kap. 22/S.225)

Was meint Steiner mit der Lösung der Welträtsel?

Emanuel Zeylmans: Es bedeutet, daß ich mir die Entdeckung der Welt zu Herzen nehme und schaue, daß ich in meinem Menschsein eine Antwort auf sie finde. Für Steiner ging die Lösung der Welträtsel aus dem Sinnesbeobachten hervor. Sobald er die Wesenhaftigkeit der Sinneswelt nicht dachte, sondern sinnlich schaute, wahrnahm, wurden die Rätsel im Menschen zu einer wirklichkeitsgemäßen Erkenntnis.

W.W.: Was meint Steiner in dem eben verlesenen Zitat mit Wirklichkeit?

Emanuel Zeylmans: In diesem Falle meint er die Außenwelt. Er beschreibt in diesem 22. Kapitel den Werdegang der „Philosophie der Freiheit" bzw. überhaupt den Gang seiner Erkenntnistheorie.

W.W.: Und warum ist der Mensch die Lösung der Welträtsel?

Cordula Zeylmans: Dabei geht es um die Tätigkeit des Menschen, sich der äußeren Welt mit Hingabe hinzuwenden und die Rätsel der Welt fragend hervorzubringen. Natürlich kann der einzelne Mensch jeweils nur einen Teilaspekt der Welträtsel lösen. Aber durch die Erkenntnis wird der Mensch nicht ausschließlich zu einem Abbildner, Nachschaffer der Welt, sondern zu einem Mitschöpfer. Insofern ist er derjenige, der die Welträtsel zu lösen versucht.

W.W.: In diesem Vorgang finden wir die Substanz dessen, was wir in unserem Gespräch bewegt haben: Mensch und Welt sind fortwährend in einem Gespräch miteinander, Welterkenntnis wird zur Selbsterkenntnis. So viel wie man von der Welt erkennt, so viel erkennt man von sich selber.

Emanuel Zeylmans: Ich denke auch, daß Steiner – wie so oft mit scheinbar allgemein verständlichen Worten – hier mit dem Wort *Mensch* etwas viel umfassenderes meint als wir landläufig darunter verstehen. Mit *Mensch* meint er etwas, was in jedem Menschen potentiell als Möglichkeit schlummert, wozu er erwachen und sich hinaufbilden kann und was ich *Menschheit* nennen möchte. Ich meine das so, wie es im Grimmschen Wörterbuch heißt: „Christus kam zur Erde und bekleidete sich mit der Menschheit."

In diesem Sinne kann man die Menschheit als Eigenschaft verstehen, eine Eigenschaft, die man in sich entdecken kann. Steiner zielt mit seinen Ausführungen auf etwas ab, was es nur im Menschen gibt. Das ist etwas Einmaliges im Weltall. Nur der Mensch kann die unerlösten Phänomene der äußeren Wirklichkeit mit seinen Erkenntnismöglichkeiten in Verbindung bringen und dadurch etwas Neues schaffen. Es ist wie Joseph Beuys gesagt hat, daß die eigentliche Rettung der Seele die ist, daß sie entdeckt, daß sie etwas Schöpferisches ist, daß sie ein Schaffender, ein Künstler ist. „Jeder Mensch ein Künstler" nennt Joseph Beuys diesen Prozeß. Das ist ganz einmalig und aktuell formuliert; ich halte das für einen ganz wunderbaren Ausspruch. – Steiner zielt in den von Ihnen verlesenen Abschnitten darauf ab, daß der Mensch etwas kann, was es sonst im gesamten Weltall nicht gibt.

Wahrnehmungsübungen

W.W.: Steiner beschreibt in „Mein Lebensgang", wie er bei seinem Ringen um die Wahrnehmungswelt zu einer dritten Art der Erkenntnis gekommen ist: Die erste Erkenntnis ist die an der Sinnesbeobachtung gewonnene Begriffserkenntnis, die mit der Gedächtniskraft wiederholt werden kann; die zweite Erkenntnisart ist das Erleben einer geistigen Wirklichkeit innerhalb der eigenen Begriffswelt, indem Begriffe nicht an der Sinnenwelt erworben werden; während die dritte Art der Erkenntnis ein Weg ist, wie man sich in Vorstellungen einlebt, die aus der Sinneswelt gebildet werden.

Emanuel Zeylmans: Das ist genau der Weg, den meine Frau in ihren Übungen beschreitet, wenn sie vormacht, wie man ein Pflänzchen beschreibt, bei diesen Beschreibungen ganz in die Pflanze hineinschlüpft, so daß diese sich selber aussprechen kann.

W.W.: Könnten Sie eine Wahrnehmungsübung schildern, bei der man versucht, die eigenen Empfindungen und Vorstellungen zurückzustellen und das Wahrnehmungsobjekt, z.B. einen Löwenzahn, so sprechen läßt, daß es sich selber zur Geltung bringt?

Cordula Zeylmans: Das kann man nur machen, wenn der Löwenzahn wirklich vor uns steht. Die Realität muß vorhanden sein. Deswegen schlage ich vor, daß wir es jetzt anhand dieser Pflanze durchführen, die vor uns auf dem Tisch steht.

Blatt und Stiel

Am besten berühren Sie zuerst mit geschlossenen Augen die Form ihrer Blättchen und beschreiben Sie diese.

W.W.: Es ist eine glatte Oberfläche, die Blätter sind ziemlich fest und robust, aber trotzdem sehr elastisch und biegsam. Die Form ist annähernd oval, an den Seiten sehr hartkantig, an den Enden wie abgehackt, in der Mitte der Blätter verdickt, nach außen verjüngt. Allgemein sind die Blätter von fast gummiartiger Konsistenz mit leicht wächserner Oberfläche.

Cordula Zeylmans: Ja, sehr gut. So beginnt unsere Methode, wenn wir wissenschaftlich vorgehen: Hier sind wir, dort draußen ist die Sinneswelt, die wir z.B. mit Hilfe der Tastwahrnehmung beschreiben können.

Mein Bemühen ist es jetzt, gegenüber allem, was ich bei einer Pflanze wahrnehme, mir klarzumachen, mit welchen Sinnen ich das tue. Wenn ich den Versuch mache, nun innerlich zu ertasten, was sich in einer Pflanze als Lebenskräfte ausdrückt, dann gelangt man noch eine Stufe weiter. Vergleichen Sie es mit diesen zarten Blättchen einer anderen dazwischen wachsenden Pflanze, einer Bryophyllum, und versuchen Sie, diese Lebenskraft zu beschreiben. Den wirklichen Unterschied würden Sie bemerken, wenn Sie ein welkes Blatt daneben hätten. Versuchen Sie einmal, diese Lebenskraft zu beschreiben, auch wenn das sehr viel schwerer ist.

W.W.: Das welke Blatt kann ich mir jetzt nur vorstellen: Es würde sich hart und ausgemergelt anfühlen oder schlaff und bei leichter Berührung zerbrechen und in seine Einzelbestandteile zerfallen. Die Pflanze vor uns hat dagegen noch eine erfüllte Form, die einen Widerstand gibt, und sie hat eine Ganzheit. Die Blätter sind kraftstrotzend, wenn auch verhalten.

Cordula Zeylmans: Genau. Bei dieser Methode bemühen wir uns, von innen, von dem Blatt her etwas zu spüren, was das Blatt tut, indem es seine Kraft entfaltet. Aber das ist eine Wahrnehmung, die rein im Tasten bleibt und im Grunde nicht richtig beschrieben werden kann. – Gehen wir noch eine Stufe weiter und schauen uns an, auf welche Weise dieses Pflänzchen aus dem Boden wächst. Verfolgen Sie es dann nach oben hin und nehmen Sie hinzu, was Sie sehen. Versuchen Sie zu beschreiben, was die Pflanze selber will.

W.W.: Dort, wo die Pflanze aus der Erde wächst, ist sie sehr hart. Die Pflanze streckt sich zuerst eindeutig nach oben, fächert sich dann auf, strebt zum Licht.

Cordula Zeylmans: Obwohl sie nicht, wie die meisten Pflanzen unserer Umgebung, einen Stiel hat, der sie nach oben streben läßt, sucht sie doch zuerst ihre Richtung von unten nach oben. Umgekehrt orientieren sich die Wurzeln auf verschiedene Weise zum Mittelpunkt der Erde, auf eine Mitte, während die entgegengesetzte Richtung, in die der Stiel strebt, nach allen Seiten in den Umkreis hinein fortgesetzt wird.

W.W.: Eine eindeutige ununterbrochene Strebensrichtung hat der Stiel dieser Pflanze nicht, denn er besteht aus Segmenten, aus einzelnen Blättern. Ein Blatt folgt an das andere, dazwischen liegt ein jeweiliger Ansatz, der wiederum zum Stiel gehört.

Cordula Zeylmans: Es fehlt zwar jetzt das Tageslicht, aber können Sie im Blattbereich noch etwas Stielähnliches entdecken?

W.W.: Zum einen die Stielelemente zwischen den Blättern, an denen sie wie an einer Kette aufeinandersitzen, zum anderen scheint es, als ob dieser Stiel längs durch das gesamte Blatt hindurchgeht, wodurch es in der Mitte verdickt wird. Zwischen den Blättern wird diese Verdickung wieder zu einer Verholzung, und dann beginnt wieder ein neues Blatt.

Cordula Zeylmans: Wir machen also den Versuch, in das Blatt bzw. in den Stiel hineinzuschlüpfen und zu ergründen, wie es sich anfühlt, wenn man diese Strebekraft des Stieles als Wille dieser Pflanze hat. Wie ist es, sich aus notwendigen Gründen als Stiel in die Breite zu ziehen? Mit Hilfe meines Sinnes für ein inneres Gleichgewicht empfinde ich, wie dieser Bereich der Pflanze Blatt werden muß, zugleich aber Stiel ist, und wie die Pflanze das in dieser kompakten Form schafft. Sie haben beschrieben, wie diese Pflanze sich in einem Punkt faßt, von dort wieder in die Breite geht ...

W.W.: ... und sich sogar in zwei verschiedene Segmentbereiche verdoppelt.

Cordula Zeylmans: Ja, sich also auseinanderbreiten muß, aber die Festigkeit des Stieles behält. Dann wird die Form in jedem Blattbereich plötzlich wieder abgestoppt, ist vorne fast waagerecht und zieht sich wieder in diesem punktartigen zum Stiel gehörenden Mittelpunkt zusammen. Aus diesem Mittelpunkt erhält die Pflanze ihre Kraft, um nun wiederum als Blatt in die Breite zu streben. Normalerweise wächst diese Pflanze wahrscheinlich im Sand und in der Hitze; ich kenne nicht einmal ihren Namen, es ist eine Kaktusart (Weihnachtskaktus; Epiphyllum). Auf jeden Fall sieht diese Pflanze die Notwendigkeit, immer wieder Abschlüsse zu bilden, um Wasser in sich speichern zu können. Gleichermaßen könnte man sagen, daß sie auch ihre Lebenskraft speichert, um überhaupt überlebensfähig zu sein. Und hier an dieser Stelle, am Ende des letzten Blattes?

Die Blüte

W.W.: Dort entsteht dann das neue Element, eine Blüte.

Cordula Zeylmans: Dieses neue Element sehen wir hier z.B. in Form einer kleinen rosa Spitze.

W.W.: Die vollausgeprägte Blüte hat auch etwas Stielähnliches, aber sie ist ein Abschluß.

Cordula Zeylmans: Können Sie noch einmal die gesamte Bewegung des Stiel-Blattähnlichen beschreiben? Greifen Sie sie mit ihrem Bewegungssinn.

W.W.: Als Ganzes genommen erweckt diese Pflanze den Eindruck eines wirren Haarschopfes, dessen Strähnen in alle Richtungen weisen. Die blatt-stielähnlichen Elemente streben nach allen Seiten, fast wie die Stacheln eines Igels, wenn auch weich und gebogen. Letztlich beugen sie sich wieder zum Boden herunter.

Cordula Zeylmans: Zuerst haben wir also eine Strebekraft nach oben, dann beugt sich die Pflanze und letztlich überwiegt die Schwere. Aber an der Spitze, an der eine Blüte ansitzt, sieht man, daß hier etwas weiter in die Umgebung hinausstreben will, es geht nicht wieder zur Erde zurück.

Bei der Wahrnehmung haben wir bislang den Lebenssinn, den Tastsinn, den Bewegungssinn und auch den Gleichgewichtssinn angewendet. – Wir versuchten nachzuvollziehen und zu spüren, was diese Triebkraft innerhalb der Pflanze bewirkt, daß sie so wächst, wie Sie es jetzt beschrieben haben. Die Triebkraft dieser Pflanze geht nicht nur so weit, daß sie Blätter formt und darin Kräfte speichert, aus denen heraus sie leben kann, sondern sie verzichtet jetzt mit ihrem letzten Schritt auf ihre bisherige Äußerung und zeigt etwas Neues: die Blüte. – Von unseren Sinnen aus könnte man als innere Wahrnehmung noch auf das Schmekken und Riechen eingehen, aber das ist bei dieser Pflanze wenig ergiebig. – Die

Farbe der Blüten können wir mit unseren Augen, mit dem Sehsinn beschreiben. Was spricht sich in dieser Farbe aus? Zeigt sich in der Pflanze ein mehr zurückgezogenes Wesen, oder strebt es aktiv in die Umgebung hinaus?

W.W.: Im Grün der Blätter spricht sich etwas Mattes, fast Zurückhaltendes aus, die rosafarbenen Blüten haben zwar eine starke Leuchtkraft, dringen trotzdem nicht aktiv leuchtend in die Umgebung und drücken somit eine gewisse Bescheidenheit aus.

Cordula Zeylmans: Dieses Rosa tendiert nach einem kräftigen Blau-Rot.

W.W.: Außerdem mischt sich noch Weiß hinein.

Cordula Zeylmans: Ja, es ist ein zartschimmerndes Weiß als Unterbrechung da. Können Sie auch noch einmal die Form der ganzen Blüte beschreiben?

W.W.: Die Blüte hat wiederum ein stielähnliches Element, sie ist sehr langgestreckt. Zu Beginn fächert sie sich in mehrere Blütenblätter auf, wächst aber dann stielähnlich weiter und geht in eine neue Blüte über, die sich mit der Öffnung nach unten neigt. Die Blütenblätter selbst sind annähernd oval, eher noch langgestreckt. Sie sind teilweise fast durchsichtig, während in der Mitte und zu den Rändern des Blütenblattes die Farbe kräftig ist. Dieses stielähnliche Element zieht sich also durch die gesamte Pflanze hindurch.

Cordula Zeylmans: Genau, so wie die Blätter miteinander verbunden sind, so setzen sich hier wiederum verschiedene Blüten aneinander, aber mit einem längeren Stielelement dazwischen, das die Staubgefäße und die Narbe umhüllt und wieder entläßt, da diese am weitesten vorgestreckt sind. Die Narbe selbst ist eindeutig am farbintensivsten. Innerhalb der Blütenblätter drückt sich der Wille der Pflanze also anders aus als innerhalb der übrigen Blätter, wo das feste, zurückhaltende Grün vorherrscht, welches sie immer wiederum in sich zurückgestaucht sein läßt. Sie zeigen eine vollkommen andere Geste als solche Blätter, die sich in Luft und Licht auffächern, denn hier werden die Blätter in eine klobige, fast viereckige Form zurückgedrängt, sie passen sich dem irdischen Element an.

W.W.: Während die Blüte in die Umgebung strömt. Fast könnte man sich denken, daß sie übersinnlich weitergeht.

Cordula Zeylmans: Ja, das ist es, und diese Willenstendenz drückt die Pflanze in der Farbe aus. In ihrer Blütenfarbe drückt sie deutlich gegenüber dem Grün aus, daß sie jetzt in einem anderen Element ist. Es ist auch die Gegenfarbe zu diesem Grün. Mit dieser Farbe äußert sie: Ich will in eine andere Umgebung hinein, und das mache ich mit dieser zurückhaltenden Strebekraft, die in diesem Blau-Rötlichen liegt. Erst deckt sie noch – wie Sie es beschrieben haben – den oberen Teil der Blüte über das Innere, so daß die Öffnung nach unten zeigt und alles umhüllt ist. Dann spreitet sie sie wie Flügel nach hinten. Damit fühlen wir, wie diese kleine Pflanze zum Ausdruck bringen will: Ich gehe aus diesem Erdboden heraus, und etwas in der Umgebung zieht mich an, und dort draußen verwirkliche ich mich erst. Ich werde erst das, was ich wirklich werden will. Ich überwinde das, was mich zurückstaucht, aber es kommt mir auch etwas entgegen. – Natürlich kann ich sagen, daß die Pflanze nach draußen wächst, aber es veranlaßt sie etwas, daß sie nach dort draußen hinstrebt. Bei vielen unserer Pflanzen, deren Blüten nach oben wachsen, sagen wir eben, daß ihre Blüten sich der Sonne öffnen. Aber darin liegt mehr als nur eine äußere Veranlassung.

W.W.: Diese Blüte neigt sich zur Erde zurück, als wollte sie der direkten Sonneneinstrahlung ausweichen und vielleicht die in der Erde gespeicherte Sonnenkraft aufnehmen. Fast ist es auch so, als wollte sie der Erde zurückgeben, was sie gerade aus ihr aufgenommen hat.

Cordula Zeylmans: Wenn diese Pflanze normalerweise auf kieselartigem Boden wächst, dann nimmt sie diese Sonnenkräfte aus dem kieselartigen Boden in einer ganz anderen Weise auf, nämlich so, wie die Lichtkräfte durch den Sand hindurchstrahlen. Die Pflanze braucht nicht nur das Licht, sie gehört auch zu ihm durch ihre Blüte. Was spricht durch die Farbe? Kann es nicht sein, daß ihr Verhältnis zu der Lichtqualität, die sie sucht, sich in dieser Farbe ausdrückt? Eine Glockenblume bringt mit ihrem Blau, eine Amaryllis mit ihrem leuchtend hellen Rot dieses Verhältnis zu dem Licht in einer ganz anderen Weise zum Ausdruck. Die Pflanze bringt also etwas zum Ausdruck, was wir als Mensch in unserer Seele nachempfinden können.

In diesem leicht verhaltenen Rosa der von uns beschriebenen Blüte drückt sich etwas aus, was wir als Menschen empfinden, wenn wir uns z.B. einem anderen Menschen oder einer Landschaft widmen, von der wir nicht flammend enthusiasmiert sind, aber mit der wir uns verbinden möchten; aber auch nicht wiederum so, wie es eine kleine Glockenblume macht, die einen Eindruck in sich hineinnimmt und still für sich behält. – Wenn wir wieder auf unsere Sinne zurückgehen, so bemerken wir, daß hier etwas entsteht, was wir als seelische Wärme nachtasten können. Zwar spielt die äußere Wärme eine Rolle, aber sie genügt nicht, denn es muß eine weitere, seelische Qualität hinzukommen, wodurch diese bestimmte Blütenfarbe ermöglicht wird. Das entsteht zwischen dem, was die Pflanze als Lebenstrieb in sich trägt und dem, was von außen kommt, also aus der Umgebung bzw. der Qualität des Lichtes.

W.W.: Wie gehen Sie in Ihren Übungen dann weiter vor?

Enträtselung der Sprache

Cordula Zeylmans: Meist stehe ich vor einer Pflanze, die ich gründlich wahrgenommen habe, wie wir jetzt, und kann noch nicht hören, was sie mir als ihr eigenstes Wesen zu sagen hat, sie steht als stummes Rätsel vor mir. Hier ist der eigentliche Punkt, an dem ich aufhören muß, irgend etwas erreichen zu wollen, außer das Schweigen, das Nichts auszuhalten. Es hat sein eigenes Maß, bis sich das Rätsel löst.

Bei unserer kleinen Pflanze hier kann das Verhältnis zur Erde und zum Licht nicht nur im Bilde sichtbar werden, sondern auch wie ein Klang von Intervallen, in Rhythmen gegliedert, erlebt werden. Das ist nur übersinnlich hörbar.

Bei der vielseitigen Auseinandersetzung Rudolf Steiners mit den Sinnen unterschied er zwölf: vier Sinne, mit denen wir nach innen tasten (Tast-, Lebens-, Bewegungs- und Gleichgewichtssinn), vier, die sich auf die Umwelt richten (Hör-, Laut-, Gedanken- und Ichsinn) und vier, die eine Mittlerfunktion haben (Riechen, Schmecken, Sehen, Wärmesinn). Wir haben die kleine Topfpflanze vor uns in ihrem Wachstum erst von innen her ertastet, erfühlt. Jetzt richten wir uns nach außen, nach der Sonne und den Sternen, wo das Urbild oder das Wort jedes Lebewesens seine Quelle hat. Da der Mensch das Bedürfnis hat, allem in einer bestimmten Folge von Konsonanten und Vokalen einen Namen zu geben, kann man sich fragen, ob da in den unterschiedlichen Sprachen nicht auch etwas von den jeweiligen Formkräften erfaßt wird, die das Charakteristische einer Pflanze ausbilden, ferner von dem Eindruck, den z.B. die farbigen Blüten auf die Seele machen. Den Namen dieser Pflanze hier kennen wir nun leider nicht; im Grunde müßte man den Namen haben, den die Menschen dieser Pflanze dort gegeben haben, wo sie ursprünglich wächst. Zumindest aber haben wir den allgemeinen Begriff Kaktus gebildet.

Wir können den Namen mit dem einer hiesigen Pflanze, der *Rose*, vergleichen. Wenn wir die gefüllte Blüte der Rose anschauen, sehen wir, wie sie sich wie eine Spirale von außen nach innen hineindreht oder umgekehrt im Erblühen öffnet. Auch wer die genaue Anordnung im Fünfeck kennt, über die Laubblätter zu den zipfligen Kelchblättern bis in die Kronenblätter, wird schließlich in das Herz der Staubgefäße und des Narbentisches gelangen. Den Zitterlaut *R* als eine kreisende Bewegung zu erleben, ist in der Eurythmie möglich. Das *R* der Rose führt zu dem schönen umschlossenen Innenraum der duftenden Blüte im *O*. In dem *Ssss* steckt die Kraft dieser Pflanze, bis in die Starre, in die Verholzung hineinzugehen, in die Formung ihres Stieles und in die Dornen. Das stellt sich, endend im *E*, als Gebilde vor uns hin. Lautsinn nennt Rudolf Steiner diese Wahrnehmungsfähigkeit der Sprache. – Paßt bei der Pflanze vor uns das *K* von Kaktus nicht sehr gut zur Form der Blätter?

W.W.: Daran liegt das ruppige Element, gleichzeitig die jeweiligen abrupt endenden Blätterabschnitte.

Cordula Zeylmans: Genau, mit dem *K*-Laut wird auch etwas abgehackt und erst als Luftstrom gestaut, ähnlich wie hier bei diesen Blättern. Es breitet sich aus in Blatt und Stengeln im *A* und wird wieder angehalten im *K*: „*Kak*". In dem *T* setzt sich dann vorne auf die Blätter etwas drauf ...

W.W.: ... und strebt in dem *U* nach unten ...

Cordula Zeylmans: ... bevor es sich in dem *S* in die feinen Blütenblätter hineinziseliert.

Wir können also als Mensch bemerken, daß wir einer Außenwelt gegenüberstehen und werden veranlaßt, dasjenige, was die Pflanze in ihrer vielseitigen Gestaltung schafft, als Lautgebilde nachzusprechen, indem wir *Kaktus* sagen. Dabei fügen wir etwas zu dem hinzu, was vorher schon da war. Pflanze und Mensch sind vorhanden, das Neue ist die Namensgebung. Das finden wir auch in der Genesis, indem der Vatergott zu Adam sagt, daß er allen Kreaturen ihren Namen geben solle.

Der Mensch kann die verborgenen Kräfte der Pflanzen erlösen

W.W.: Der Name ist also das Neue, was zwischen Mensch und Welt entsteht, und er wird anhand des Wesens gebildet, das so ist, wie es ist, und das von uns erkannt werden möchte.

Cordula Zeylmans: Exakt, und zwar vollzieht das jedes Volk auf seine Weise. Denn jedes erlebt wiederum einen anderen Teil von dem Wesen dieser Pflanze und spricht es aus.

Diese Zusammenhänge machen wir uns mit unserem Denksinn klar und kommen zu dem, was Sie vorhin angesprochen haben: daß der Mensch die Lösung der Welträtsel ist. Damit wird zugleich die Pflanze auch aus dem erlöst, was sie sein muß, indem das, was rein geistig zur Pflanze gehört, in ihrem äußeren Bild verborgen liegt. Aber in mir als Mensch kann sich ein Teil dieses Geistigen als neue Formkraft – schon im schöpferischen Bilden des Namens der Pflanze – kundtun. In der Zuwendung besinnlicher, seelischer Art löst sich aus meinem Menschsein etwas Neues und erlöst zugleich etwas aus dem Pflanzensein. Der Mensch selbst ist also die Lösung, indem er sich immer wieder neu mit allem verbindet, was draußen um ihn herum ist.

Der Mensch muß erkennen, daß er nicht nur gehalten ist, sich von außen durch die Welt beeinflussen zu lassen, denn dann kommt er innerhalb seines Schicksals ständig an Grenzen, sei es, daß er Krankheiten und Belastungen oder Schwierigkeiten mit anderen Menschen bekommt. Die Pflanze ist zwar nur ein Produkt der Außenwelt. Was aber nimmt sie denn auf durch die Geste ihrer Wurzel, ihrer Blätter, ihrer Blüten aus unsichtbaren Bereichen? Woraus bildet der Baum seinen Stamm? Genügt eine chemische Analyse als Antwort? Oder liegt die Ich-Kraft, die der Mensch in sich fühlt, wenn er sich weiterbildet und erzieht, bei der Pflanze im gesamten Umkreis bis zu den Sternen und strömt als formende Lebenskraft in sie ein? Damit zeigen uns die Pflanzen als Bild, daß auch unsere eigene Ich-Wesenheit dort draußen ebenso ist wie in uns drinnen. Beschränken wir uns entweder auf das Innen oder das Außen, so haben wir nur die Hälfte.

W.W.: Damit sind wir wieder an den Ausgangspunkt unseres Gespräches gekommen, daß nämlich ein großer Teil der Selbsterkenntnis durch Welterkenntnis entstehen muß.

„Die Natur wartet auf uns"

Cordula Zeylmans: So ist es.

W.W.: Was geschieht denn in meiner Seele, wenn ich eine solche Pflanze wirklich wahrnehme? Was verändert sich zwischen mir und der Pflanze?

Cordula Zeylmans: Das bemerken Sie schon, indem wir beide diese Übung vollzogen haben. Das Verhältnis zu dieser Pflanze ist ein völlig anderes geworden und Sie könnten das an ihr wahrnehmen, wenn Sie hierblieben. Der Bauer, der sich in der Landwirtschaft betätigt, kommt immer wieder an diese Fragen heran: Wenn ich mich nicht mit meiner Liebekraft mit den Pflanzen verbinde, kann ich noch so viel anwenden, aber es geschieht nicht das, was eigentlich geschehen will.

Emanuel Zeylmans: Daraus müßten Sie auch noch einmal ein FLENSBURGER HEFT machen: Ist das Saatgut auf Dauer überhaupt noch etwas wert, wenn man sich nicht in dieser Weise mit den Pflanzen verbindet?

Cordula Zeylmans: Hinzu kommt noch die Frage nach der Umweltbelastung, an den Wäldern kann man das im besonderen Maße beobachten, wie lieblos sie behandelt werden. Die Natur wartet auf uns. Allerdings ist die Teilnahme an der Natur schon sehr viel größer als früher. Wir erkennen also schon überall Ansätze, daß die Seele willig ist, sich mit der Natur zu verbinden.

W.W.: Den Menschen fehlt die Methodik, wie sie sich mit der Natur verbinden können.

Cordula Zeylmans: Ja, es fehlt die Methodik, aber es fehlt noch etwas anderes. Man fühlt sich z.B. als Hausfrau überfordert: Man hat wenig Zeit für sich, wird von den äußeren Gegebenheiten getrieben, kommt überhaupt nicht mehr zum Lesen, wird ständig gefordert. Daraus resultiert eine große Unzufriedenheit für viele. An dieser Stelle setzt unsere Freiheit zu einem Willensentschluß ein: Setze Dich fünf Minuten hin und schaue Dir eine Pflanze an. Und Du wirst sehen, daß dabei sehr viel geschieht.

W.W.: Machen Sie das jeden Tag?

Cordula Zeylmans: Lange Zeit machte ich es jeden Tag, vor allem in der Zeit, in der ich zu nichts anderem kam und die Konzentrationsschwierigkeiten beim Meditieren nicht zu überwinden waren. Jetzt mache ich es nicht mehr genügend, aber ich übe trotzdem weiter. Auf einem Spaziergang bemerke ich dann, wenn ich nur will, alles andere an den Rand dränge und zu schweigen beginne, daß mir aus der Natur etwas entgegenkommt: Schau mich an, bleib bei mir.

W.W.: Ist es angebracht, diese Übung eine gewisse Zeit mit derselben Pflanze, derselben Quelle oder demselben Stein zu machen, oder sollte man immer andere Naturobjekte aussuchen?

Cordula Zeylmans: Ich habe mir immer neue Objekte gesucht. Denn es sollte nicht dahin kommen, daß man diese Übung als Pflicht vollzieht, sondern aus Liebe. Eine Landschaft, das Wetter, das Licht und vieles mehr werden einem dann immer wichtiger. Ausgehend von den Übungen in „Wie erlangt man Erkenntnisse der höheren Welten?", die ja auch das Vergleichen von Stein und Pflanze und Tier anregen, können es auch die Elemente selbst, also Erde, Wasser, Wind, Feuer sein, wodurch dann ein neues Verhältnis zu den Elementarwesen entsteht. Ich habe vor zehn Jahren manches davon in kurzen Besinnungsübungen in den ersten Jahrgängen von *Info3* zu beschreiben versucht.

Die Zwiesprache mit der Pflanze erfüllt einen mit neuen Kräften

W.W.: Mit dem Hintergrund unseres Gespräches, daß Welterkenntnis zur Selbsterkenntnis wird: In welcher Weise kann man über sich näheren Aufschluß bekommen, wenn man diese Übungen der Weltbetrachtung länger durchführt? Erlebt man dadurch eine Ich-Stärkung, wird die Seele kräftiger, tauchen neue Schicksalsfragen auf?

Cordula Zeylmans: Bei mir habe ich die verstärkte Möglichkeit beobachtet, einen anderen Menschen verstehen zu können, indem mir klargeworden ist, daß man die verschiedenen menschlichen Schwierigkeiten eines anderen erst innerlich mitfühlen und bei sich erkennen muß. Ich muß sie bejahen und aus ihr heraus den Sinn entdecken. Das ist eine Fähigkeit, die im Sozialen fruchtbar wird. Die genannte Selbstlosigkeit wächst. Ich selber werde auch lebensmäßig und seelisch gestärkt, wenn ich kräftemäßig erledigt bin; Denken, Fühlen und Wollen stärken sich gegenseitig. In der Heileurythmie, meinem Beruf, finden die Patienten auch die Möglichkeit, sich über einzelne Laute mit den entsprechenden Kräftewirkungen in der Natur zu verbinden, wenn ich ihnen das Bild schildere. Dadurch überwinden sie ihre Fesselung an sich selbst und stärken ihre Ich-Kraft im Atmen zwischen Selbst und Welt.

W.W.: Das ist ein Gebiet, das meines Erachtens auf dem anthroposophischen Feld weitgehend unberücksichtigt geblieben ist.

Cordula Zeylmans: Aber dabei hat Rudolf Steiner, als er die Anthroposophie in Berlin einführte, bei den Sinneswahrnehmungen angefangen. Nachdem ich mit diesen Übungen begonnen habe, habe ich überall in seinem Gesamtwerk entdeckt, wie er oft darüber spricht: vor den Ärzten und den Eurythmisten z.B. Aber wir sind heutzutage noch in dem Stadium, daß wir mit unserem Intellekt und unseren Vorstellungen noch sehr gebunden sind und erst einmal lernen müssen, neue Räume über sie hinaus zu erobern. In diesem Bereich bekommt man auch wieder eine Brücke zu denjenigen Menschen, für die die Anthroposophie zu kompliziert ist, z.B. zu vielen jüngeren Menschen, die mit dem intellektuellen Übergewicht Schwierigkeiten haben und sich auf einem anderen Gebiet betätigen wollen. Ich denke, daß die Wahrnehmungsübungen hierfür eine Hilfe sein können.

Zum anthroposophischen Schulungsweg

Jörgen Smit / Georg Kühlewind / Rudolf Treichler / Christof Lindenau
Freiheit erüben
Meditation in der Erkenntnispraxis der Anthroposophie.
Praxis Anthroposophie 5
Neuausgabe 1991.
238 Seiten
DM 19,80 / öS 155,– / sFr. 20,80
ISBN 3-7725-1205-4

Die Arbeitsweise geistiger Forschung

Christof Lindenau
Im Grenzgang zu erringen
Zur Übungs- und Arbeitsweise geistiger Forschung
280 Seiten, kartoniert
DM 48,–/öS 382,–/ sFr. 48,–

Werden wir der Grenzen unserer alltäglichen Erlebniswelt gewahr, dann können wir einen geistigen Wirklichkeitsbereich erahnen, der über die Sinneswelt hinausreicht. Der Autor stellt Meditationsübungen und die notwendige Erkenntnishaltung für eine solche Erweiterung unseres Horizonts dar.

Bernard Lievegoed
Der Mensch an der Schwelle
Biographische Krisen und Entwicklungsmöglichkeiten.
Aus dem Niederländischen von Frank Berger.
240 Seiten, kart.
DM 32,– / öS 245,– / sFr. 32,–
ISBN 3-7725-0830-8

«Lievegoed zeigt, was vielen biographischen Krisen geistig zugrunde liegt; er weist uns auf die Wirksamkeit der Elementarwesen hin, auf den Doppelgänger in seiner vielgestaltigen Offenbarungsweise ... Das Buch ist eine weitgreifende Darstellung, die viele Lebensrätsel verstehen und lösen hilft.»
Kurt Brotbeck / Gegenwart

Wege der Übung
12 Vorträge von Rudolf Steiner.
Ausgewählt und herausgegeben von Stefan Leber.
256 Seiten
DM 16,80 / öS 131,– / sFr. 17,80
ISBN 3-7725-0071-4

Christof Lindenau
Der übende Mensch
Anthroposophie-Studium als Ausgangspunkt moderner Geistesschulung.
128 Seiten., kart.
DM 26,– / öS 203,– / sFr. 27,–
ISBN 3-7725-0663-1
Lindenaus mittlerweile klassisches Werk bietet die Grundlage für ein methodisch geführtes Anthroposophie-Studium.

Auf der Suche nach Orientierungs- und Lebenshilfen stoßen viele Menschen auf die Anthroposophie. Im Hintergrund steht dabei oft die Frage: Lassen sich meine eigenen, begrenzten Erkenntnisfähigkeiten steigern, oder muß ich bleiben, wie ich bin – ja wer oder was bin ich eigentlich?

Freiheit erüben zeigt, wie durch meditative Übungen ein konsequenter Weg seelischer und geistiger Entwicklung gegangen werden kann. Die Meditation erhält dabei zugleich Erkenntnischarakter, denn Anthroposophie sucht nicht die bloße Selbstverwirklichung, sondern eine immer tiefer werdende Beziehung des Menschen zu seiner Umgebung.

Fordern Sie unser Gesamtverzeichnis an!

Postfach 13 11 22
70069 Stuttgart
Telefon: 0711/ 28 53 200
FAX: 0711/28 53 210

Verlag Freies Geistesleben

Seiner selbst mächtig werden

Interview mit Stefan Leber

von Klaus-Dieter Neumann

Stefan Leber, *geb. 1937. Studium der Politik, Geschichte u.a. in Berlin. Elf Jahre Lehrer an der Oberstufe der Waldorfschule Pforzheim. Seit 1973 Dozent am Seminar für Waldorfpädagogik in Stuttgart und Vorstandsmitglied des Bundes der Freien Waldorfschulen.*
Publikationen: „Die Sozialgestalt der Waldorfschule", [3]1991 (Erscheinungsort immer Stuttgart). „Selbstverwirklichung – Mündigkeit – Sozialität. Eine Einführung in die Idee der Dreigliederung des sozialen Organismus", 1978. „Die Geschlechtlichkeit des Menschen – Gesichtspunkte zu ihrer pädagogischen Behandlung", [2]1989 (mit W. Schad und A. Suchantke). „Die Waldorfschule im gesellschaftlichen Umfeld", 1981.

„Atomtechnik und Anthroposophie. Die Energiekrise als Prüfstein moralischer Verantwortlichkeit", 1981. „'... es mußten neue Götter hingesetzt werden'. Menschen in der Entfremdung: Marx und Engels, Cieszkowski, Bauer, Hess, Bakunin und Stirner", 1987. „Freiheit durch Gewalt? Zum Phänomen des Terrorismus", 1987. „Weltanschauung, Ideologie und Schulwesen. Ist die Waldorfschule eine Weltanschauungsschule?", 1989. „Die Menschenkunde der Waldorfpädagogik. Anthropologische Grundlagen der Erziehung des Kindes und Jugendlichen", 1993. Zahlreiche Aufsätze in Sammelwerken und Zeitschriften.

Das folgende Interview wendet sich zunächst allgemeinen Merkmalen des anthroposophischen Schulungsweges zu, geht dann auf die Selbsterkenntnis ein und erläutert schließlich eine Reihe von Übungen. Aus seiner reichen Erfahrung gibt Stefan Leber praktische Anregungen zur Selbsterziehung und zum individuellen Umgang mit den Übungen.

Selbsterziehung und Bewußtseinserweiterung

Klaus-Dieter Neumann: Was heißt anthroposophischer Schulungsweg?

Stefan Leber: Rudolf Steiner sieht den Menschen in seiner Existenz als ein Wesen an, das sich zu vervollkommnen hat. Philosophiegeschichtlich kann man etwa bei Hegel finden: „Der Mensch hat den Hang zur Perfektibilität", d.h. so wie er sich vorfindet, ist er noch nicht das, was er werden soll. Nun formt den Menschen auf der einen Seite das Leben, indem es Anregungen gibt und auch Hindernisse in den Weg legt. Dann gibt es aber auch noch die andere Möglichkeit, daß man unabhängig davon an sich selbst gestaltet. Es gibt ein Gedicht von Conrad Ferdinand Meyer über Michelangelo, da heißt es: „Bildhauer Gott, schlag zu! Ich bin der Stein." In unserem Fall wäre das eigene Ich dasjenige, was an sich selbst gestaltet. Wie man das tun kann, zu diesem Weg der Schulung will Anthroposophie Mittel bereitstellen.

K.-D.N.: Was ist das Ziel dieses Schulungsweges?

S. Leber: Da kann man zunächst von elementaren Erfahrungen ausgehen. Es ist z.B. denkbar, daß man sich über etwas ärgert und nach ein paar Tagen nicht mehr nachvollziehen kann, warum man sich denn geärgert hat. Man bemerkt also, daß etwas in einem ist und zu einem selber gehört, womit man nicht zufrieden ist. Mit anderen Worten läßt sich fragen: Wie werde ich eigentlich Herr über mich selbst? In diesem Sinne würde ich das Ziel des Schulungsweges darin sehen, immer mehr meiner selbst mächtig zu werden, so daß ich nicht gelebt und getrieben werde, von Emotionen, Gedanken usw. überfallen werde, sondern da gelegentlich ein Wort mitzureden habe.

K.-D.N.: Wenn man den gesamten anthroposophischen Schulungsweg ins Auge faßt, dann ist eine Zielrichtung auch die Erlangung von Erkenntnissen über die geistigen Zusammenhänge des Lebens und der Welt. Wie steht in dieser

Hinsicht der anthroposophische Schulungsweg im Zusammenhang mit der Kulturentwicklung?

S. Leber: Das ist jetzt eine makromenschliche Fragestellung. Dahinter steht der Gedanke der Anthroposophie – ähnlich wie es auch in früheren Kulturen selbstverständlich war –, daß die Menschheit aus einem Urzustand, wo sie in Übereinstimmung mit Gott, mit den Weltgesetzen und höheren Mächten war, herausgefallen ist und den Weg in die Selbständigkeit ging. Auf diesem Weg in die Selbständigkeit erlangte der Mensch ein zentriertes Bewußtsein, und dieses zeichnet sich auch dadurch aus, daß es begrenzt ist. Wir wissen, z.B. auch durch die Untersuchungen der Tiefenpsychologie, daß der Mensch nur einen ganz kleinen Teil dessen, was sein Wesen ist, gegenwärtig ins Bewußtsein bekommt.

Zu allen Zeiten gab es eine Sehnsucht, aus dem Getrenntsein, aus der eingekerkerten Situation wieder herauszukommen, also eine Sehnsucht nach Bewußtseinserweiterung. Und wahrscheinlich ist das Bewußtsein in unserer heutigen Zeit das begrenzteste, das es je gab: Wir wissen zwar ungeheuer viel über immer kleinere Einzelheiten, aber wir haben keine Fähigkeit, zusammenzuschauen. Es existiert also die Sehnsucht, das begrenzte Bewußtsein zu entgrenzen, zu erweitern. Wenn das Bewußtsein erweitert wird, erfaßt es auch die Zusammenhänge, die für die Anthroposophie darin bestehen, daß hinter den Erscheinungen geistige Wesen wirken. Wie setze ich mich mit ihnen in Verbindung?

So hat der anthroposophische Schulungsweg zwei Aspekte: zum einen den individuellen, also wie gestalte ich mein persönliches Leben, so daß ich da auch mitwirke und nicht nur bewirkt werde; und zum anderen, wie kann ich darüber hinaus zu einer Erweiterung des Bewußtseins gelangen? Das ist die mehr menschheitliche Aufgabe.

Aus dem anthroposophischen Übungsweg folgen soziale Konsequenzen

K.-D.N.: Was ist gegenüber früheren Mysterienwegen oder auch heutigen anderen okkulten Schulungen das eigentlich Neue der Anthroposophie?

S. Leber: Die tradierten Schulungswege, die heute wieder entdeckt und auch gehandelt werden, holen den Menschen auf einer Kulturstufe ab, die längst abgelaufen ist. Hier werden z.B. Schulungspraktiken aus Indianerkulturen, schamanistische Praktiken usw. reaktiviert und der Versuch unternommen, sie nutzbar zu machen. Diese Kulturen sind zweifelsohne sehr interessant, aber die Beschäftigung mit diesen überkommenen Praktiken ist gewissermaßen Archäologie. Diese Methoden haben nicht den Durchgang durch das moderne Bewußtsein mitvollzogen.

Dasselbe gilt auch für die ungeheuer tiefen Lehren, die im gesamten indischasiatischen Raum zu finden sind. Was dort außer dem Weisheitsgut an meditativen Praktiken vorhanden ist – Yoga-Weg, Atemschulung usw. –, das setzt eigentlich bei einer Menschheit kurz nach dem Sündenfall an. Wir sind aber inzwischen im Sündenfall sehr tief fortgeschritten. Ein heutiger Schulungsweg muß die Schärfe und Endlichkeit des Bewußtseins einbeziehen und dort ansetzen. Mit den überkommenen Methoden kann man sicher viel erreichen, aber sie antworten nicht auf die Probleme, die wir heute haben. Ihre Anwendung kann zwar individuell befriedigend sein, aber wir müssen auf die Zeitforderungen der Gegenwart antworten.

Ich bin in Indien und Nepal gewesen. Bei dem ungeheuren Kontrastprogramm, das man dort erleben kann, muß man doch sehr nachdenklich werden: auf der einen Seite etwa ein Atomkraftwerk in Bombay oder auch Rechenzentren, in denen Menschen für niedrige Löhne Computerprogramme schreiben, auf der anderen Seite Ashrams, in denen man bei Gurus tiefe Schulungen und Erfahrungen machen kann, die aber im sozialen Leben keine Auswirkungen haben. Angesichts des ungeheuren Elends, auf das man dort trifft, fragt man sich, wie dieser Übungsansatz ins soziale Leben eingreift.

Demgegenüber ist der Übungsansatz bei Rudolf Steiner monistisch, d.h. man kann nicht üben, und daraus folgt nichts, außer daß man eine innere Befriedigung erlebt. Der junge Steiner hat es einmal gegenüber einem Mitarbeiter der Kommenden in Berlin so formuliert, daß die Menschheit bis zu Galilei den Weg nach innen gegangen sei und seither den Weg nach außen, in die Naturbeherrschung. Seine Aufgabe sei es, beide Wege zu verbinden. Das ist der Ansatz der Anthroposophie, daß aus dem Übungsweg auch soziale Konsequenzen folgen. Und wenn man sich das Gesamte der Anthroposophie anschaut, dann sieht man, daß sie hier Ergebnisse erzielt hat. Durch geistige Erweiterung – in der Pädagogik, Medizin, Landwirtschaft usw. – wird auch etwas sozial bewirkt.

Bei den überlieferten Schulungswegen kann ich nichts Gleichwertiges erkennen, allenfalls bezogen auf kleine Menschengemeinschaften, die sich z.B. im Ashram zurückziehen. Da würde ich den wesentlichen Unterschied sehen. Steiner beschreitet durchaus den gleichen Weg, insofern er zur Entgrenzung des Bewußtseins anregt, aber eben mit den Mitteln, die der Mensch heute zur Verfügung hat. Dazu gehört die Aufrechterhaltung des klaren denkenden Bewußtseins und die Aktivierung des Denkens. Das ist nicht gegeben, wenn man Schichten tiefer ansetzt, etwa beim Atmen, und nicht weiß, wie das wirkt, oder indem man sich durch musikalische Beschallungen in einen gedämpften Bewußtseinszustand versetzt und dann Bilder auftauchen, von denen man dann meint, das sei die geistige Welt.

Der methodische Ansatz am Denken und der Wahrnehmung

K.-D.N.: Könnte man sagen, daß dem durch die Naturwissenschaft geprägten neuzeitlichen Bewußtsein durch die Anthroposophie methodisch entsprochen wird, indem die Methoden in jedem Schritt überschaubar und wiederholbar sind und unter nachvollziehbaren Bedingungen auch zu vorhersehbaren und gleichen Ergebnissen führen?

S. Leber: Ja. Das Verfahren der modernen Naturwissenschaft muß objektivierbar und die Ergebnisse müssen reproduzierbar sein. Desweiteren muß über die Ergebnisse intersubjektiver Austausch möglich sein, d.h. die Ergebnisse müssen darstellbar und mitteilbar sein. Diesem Anspruch gehorcht Anthroposophie auch, obwohl ihre Forschungsgegenstände nicht tastbar sind, was ja immer das Schwierige für von heutiger Wissenschaft geprägte Menschen ist. Der Forschungsgegenstand, über den etwas ausgesagt wird, ist nicht tastbar, wägbar und meßbar. Trotzdem müssen die Ergebnisse und ihr Zustandekommen, ähnlich wie in der Geometrie und der Mathematik, beschreibbar sein und einsichtig werden. Daß das in der Anthroposophie gegeben ist, ist für viele Wissenschaftler nur schwer nachvollziehbar, weil die Forschungsgegenstände der Anthroposophie oft nur gebärdenhaft zu beschreiben sind. Wenn ich über übersinnliche Wesen und deren Wirkungen spreche, dann muß ich mich diesem „Gegenstand" annähern, indem ich etwa ihre Gestik beschreibe oder eine Symbolsprache benutze. Wenn man sich dann in die Bedeutung dieser Gestik und Symbolik einlebt, werden die Ergebnisse auch intersubjektiv behandelbar. Insofern konnte Steiner Anthroposophie als Wissenschaft vom Geist bezeichnen.

K.-D.N.: Warum geht der anthroposophische Schulungsweg vom Denken und von der Wahrnehmung aus?

S. Leber: Das sind heute die dominanten Pole, an denen sich Erkenntnis entzündet. Prinzipiell würde es auch andere Möglichkeiten geben, indem man sich z.B. über Gefühle, Klänge usw. in andere Zustände versetzt oder auch im Schlaf bzw. Halbschlaf Erfahrungen macht, wie es in der Vergangenheit geschehen ist. Denken und Wahrnehmung sind aber dasjenige, was für die Menschen als voll in das Bewußtsein Eintretendes überschaubar ist. Das sind die Qualitäten, die die moderne Menschheit am schärfsten ausgebildet hat.

Daher setzt ein Teil der Schulung bei den Wahrnehmungsübungen an, wobei man sagen muß, daß hier die Anthroposophie eine Erweiterung der modernen Naturwissenschaft bringt, weil die Naturwissenschaft die Wahrnehmung in der Regel auf Meßbares reduziert. Da werden Wellenlängen gemessen, wenn es sich um Farben handelt. Man kann sich demgegenüber aber auch schulen, die Farben anzuschauen, sich auf sie einzulassen und dann mit Farben vergleichend umzugehen. Wenn man das dann durch Malübungen tut, erlebt man, daß man danach die Welt viel differenzierter sieht. Man bekommt dann einen Sinn für Qualitäten: Warum ist die Wirkung einer Fabrikhalle, durch die ich gehe und in der alle Maschinen maigrün gestrichen sind, doch eine andere, als wenn ich dasselbe Grün im Wald erlebe? Von der Wellenlänge der Farbe her und der Ausleuchtung könnte die Wirkung eigentlich die gleiche sein, aber sie ist eben doch eine andere.

Das kann man nur erfahren, wenn man sich intensiv auf Wahrnehmungen einläßt und sich da übt.

Der andere Pol ist dann die Durchdringung der Wahrnehmungsfelder mit dem Denken und die Verknüpfung von Wahrnehmungsinhalten mit Begriffen. Wenn man die Entwicklung voranbringen will, kann man nicht außer acht lassen, was die Menschheit sich in 2.000 Jahren Philosophiegeschichte und Entwicklung des Denkens errungen hat: Präzision in die Begriffe hineinzubekommen und sie entsprechend zu verknüpfen. Da muß man ansetzen, wenn man die Bewußtseinsentwicklung weiterführen will.

Zum anthroposophischen Verständnis der Selbsterkenntnis

K.-D.N.: Was ist anthroposophisch unter Selbsterkenntnis zu verstehen?

S. Leber: Dieser Begriff taucht in der Anthroposophie vielfältig auf. Zunächst gibt es da ein ganz naheliegendes Mißverständnis, wenn man Selbsterkenntnis so versteht, daß man unentwegt in sich hineinschaut und sich analysiert. Da kommt man eigentlich nie über einen Subjektivismus hinaus. Um das an einem Beispiel deutlich zu machen: Mir sagte einmal eine Persönlichkeit, daß sie bei allem, was sie tue, darauf achte, wie es beim anderen ankomme. Sie wurde Lehrerin, und das ging schief, weil sie eigentlich immer neben sich stand und auf sich reflektierte: Wie bin ich? Wie wirke ich? Ist das schön oder weniger schön? usw. Dadurch war eigentlich ständig das Handeln unterbrochen. Selbsterkenntnis meint zwar, daß ich einen Teil meines Tuns auch irgendwann ins Bewußtsein bringen muß, heißt aber nicht, daß ich mich unentwegt bebrüte.

Steiner sieht bei der Selbsterkenntnis eine Doppelaufgabe, die er auch in einer Reihe von Sprüchen immer wieder zum Ausdruck bringt: „Willst du dich selbst erkennen, erkenne die Welt." Ich muß verstehen, die Welt besser zu durchdringen, dann erfahre ich etwas über mich als menschliches Wesen. Ich erfahre z.B. etwas über mich, wenn ich mir klarmache, wie ich im Zusammenhang mit den Naturreichen stehe. Wenn ich z.B. ein Tier betrachte, kann ich mich fragen, welche Eigenschaft es hat, die ich auch in mir erkenne.

Ich habe einmal mit einem Bankier in Luxemburg über das dortige Banksystem gesprochen, das er so charakterisierte, daß es der Bandwurm im Geldverkehr Europas sei. Die dortigen Banken hängen sich in den Geldverkehr und machen ihren Profit. Ich habe über dieses Bild nachgesonnen, was es eigentlich enthält: Was tut ein Bandwurm? Ein Parasit hängt sich in den Nahrungsstrom und läßt sich von anderen ernähren, ohne selbst allzuviel zu tun. Er bringt aber eine ungeheure Raffinesse auf, um an die Stelle im Nahrungsstrom zu gelangen, an der er das tun kann. Der Bankier hat also an diesem Bild eine treffende Selbsterkenntnis gewonnen. So kann man die Naturreiche durchgehen und Zusammenhänge feststellen. Welche Eigenschaften, die im Tierreich Form geworden sind, leben auch in mir? Solche Selbsterkenntnis will Steiner vornehmlich anregen, also nicht die subjektive, sondern die menschliche Selbsterkenntnis.

Rückschau auf das Leben: Was habe ich anderen Menschen zu verdanken?

Die andere Seite dieser Doppelaufgabe ist die Blickrichtung auf sich selbst. Man soll zu bestimmten Zeiten des Lebens mal innehalten und an sich vorbeiziehen lassen, was man eigentlich geworden ist. Dabei soll man darauf achten, was man anderen verdankt. Man stößt dann auf Menschen und Ereignisse, die einem ein Hindernis waren. Und dann erlebt man, daß gerade die Hindernisse sich in der rückblickenden Betrachtung als außerordentlich förderlich herausstellen. Man verdankt diesen Hindernissen etwas, was man seinerzeit, als man aktuell in der Situation oder Auseinandersetzung mit einem anderen Menschen drinnenstand, nicht vermutet hätte. Da hat man sich über das Hindernis nur geärgert. Diese Perspektive im Rückblick auf das eigene Leben verdeutlicht einem unheimlich viel. Das hat zunächst nichts damit zu tun, was heute in Selbsthilfegruppen oder auch in der Biographiearbeit geleistet wird, um mit den gegenwärtigen Schwierigkeiten zurechtzukommen. Mit Selbsterkenntnis ist hier vielmehr gemeint, hin und wieder zu betrachten, wie man durch das Mitwirken anderer Menschen dorthin gekommen ist, wo man gegenwärtig steht, welche Perspektiven man für dieses Leben hat, was man anstrebt und was man noch verwirklichen will. Der Begriff der Selbsterkenntnis in der Anthroposophie ist also ein etwas anderer als der landläufige.

„Steiner will den handelnden Menschen"

K.-D.N.: Es gibt darüber hinaus aber auch durchaus Aussagen Rudolf Steiners, in denen er vom Geistesschüler fordert, daß er durch Selberkenntnis seine Schwächen und Fehler schonungslos aufzudecken habe. Wie kann man aber mit Blick auf die Welt seine eigenen Fehler und Schwächen entdecken, oder ist hier noch etwas anderes gemeint?

S. Leber: Das ist ein Schichtproblem. Was nehme ich in den Blick? Wer immer auf sich selbst reflektiert, kommt nicht mehr zum Handeln. Goethe sagte einmal: „Jeder Handelnde ist gewissenlos." Steiner will den handelnden Menschen und nicht den, der unentwegt über sich selbst reflektiert. Wenn er nun den Geistesschüler in den Blick nimmt, dann verlangt er von ihm noch anderes als vom normalen Menschen. Der Geistesschüler geht eine Verpflichtung ein, zumindest sich selbst gegenüber. Wenn er sich entwickeln will, dann muß er bestimmte Stufen durchmachen, und dazu gehört auch, daß er die dunklen Ecken in sich ausleuchtet. In „Wie erlangt man Erkenntnisse der höheren Welten?" spricht

Rudolf Steiner in den Kapiteln „Die Spaltung der Persönlichkeit" und „Der Hüter der Schwelle" Sphären des Menschen an, die mit dieser Rechenschaft sich selbst gegenüber zu tun haben. Da ist die Voraussetzung, daß man als einzelner den menschheitlichen Weg zur Entgrenzung des Bewußtseins gehen möchte. Aber auch hier handelt es sich nicht darum, daß der Geheimschüler unentwegt reflektiert, sondern es gibt bestimmte Situationen, in denen er schonungslos Revue passieren lassen muß, was alles in ihm ist. Es gibt in jedem Leben Momente, wo diese Dinge sozusagen auf der flachen Hand liegen: Das nennt man dann Krisen. Man beginnt dann ganz selbstverständlich, sich zu fragen, womit die Krise zusammenhängt, und leuchtet diese Bereiche in sich aus.

Das Ich lebt in den Wirkensvorgängen der Welt

K.-D.N.: Wenn man erst einmal in einer Krise steckt, ist es aber meist besonders schwierig, die Ursachen zu erkennen, und noch schwieriger, sie zu beheben. – Ich bleibe noch mal dabei: Der Gedanke, daß man im Blick auf die Welt sich selbst erkennt, wird für Menschen, die mit der Anthroposophie nicht vertraut sind, schwer zu verstehen sein. Könnte man sagen, daß es sich dabei im wesentlichen darum handelt, sich zunächst ganz allgemein als Mensch, gewissermaßen konstitutionell, zu erkennen? Geht es darum, daß man sich selbst nur als geistiges Wesen erfassen kann, wenn man in die Welt blickt?

S. Leber: Der Mensch ist mit der Welt verbunden. Er lebt in tausendfältiger Beziehung zur Umwelt. Für gewöhnlich erleben wir uns im Bewußtsein aber nur in der Abgrenzung und Gegenüberstellung: Ich bin hier, und dort ist das andere. Steiners Anregung geht nun dahin, sich als Teil der Welt aufzufassen. Ich bin nicht außerhalb, sondern in der Welt. In seiner Schrift „Theosophie" gibt Steiner im zweiten Kapitel, „Wiederverkörperung und Schicksal", an, daß man mal darauf aufmerksam werden sollte, was einem im Leben zustößt.

Dazu ein Beispiel aus meinem Leben: Als ich 16 Jahre alt war, ging ich zum Zug, und der fuhr mir vor der Nase weg. Ich nahm daraufhin den nächsten Vorortzug hier von Stuttgart, hatte dann aber keinen Anschluß bis zu dem Dorf, in dem ich wohnte. Ich stand vor der Frage: Laufe ich acht Kilometer, oder warte ich zwei Stunden? Da das Ergebnis ungefähr dasselbe gewesen wäre, entschloß ich mich zu warten. Während ich im Wartesaal saß, kam nach etwa einer Dreiviertelstunde die Nachricht, daß der Zug, den ich verpaßt hatte, mit einem anderen zusammengestoßen war. Der Wagen, in dem ich normalerweise meinen Platz nahm, hinter der Lokomotive, ist völlig zertrümmert worden, es gab mehrere Verletzte und einen Toten. Womöglich wäre ich also tödlich verunglückt, wenn ich den Zug erreicht hätte. Das ist mir also zugestoßen: Ich habe den Zug verpaßt, was ja zunächst ein Ärgernis ist, habe dann aber festgestellt, daß ich behütet war. Solche Ereignisse soll man im Leben aufsuchen.

Ein anderes Beispiel: Mir begegnete jemand, der mir von seinem Studium erzählte. Ich fand das interessant, und wir kamen eine halbe Stunde ins Gespräch. Dann war mir klar, daß ich das gleiche studieren werde. Er hat gewissermaßen die Entscheidung vorgegeben, was ich machen werde, denn ohne ihn hätte ich das nie kennengelernt. Natürlich habe ich es letztendlich entschieden, aber man kann darauf aufmerksam werden, wie etwas in einen hineinragt und dann das Leben gestaltet.

So soll man nach Steiner auf die Hindernisse und Fördernisse blicken, die einem im Leben widerfahren sind, d.h. das Bewußtsein so umwenden, daß mein Ich auch in der Welt ist und nicht nur bei mir. Mein Ich lebt in den Wirkensvorgängen der Welt. Wenn ich so die Stationen meines Lebens rückblickend durchgehe, erkenne ich, daß eigentlich alle wichtigen Entscheidungen nicht autonom in mir gefallen sind – wie man sich das gewöhnlich vorstellt –, sondern dadurch veranlaßt wurden, daß etwas in das Leben eintrat, etwas auf mich zukam, seien es Menschen, seien es Ereignisse, mit denen ich mich beschäftigen mußte. Es findet also ein Wechselspiel von Innen und Außen statt. Das von außen Kommende liegt nicht in unserem Bewußtsein, denn unser Bewußtsein ist cartesianisch. Wir gehen in unserem Bewußtsein von dem Nullpunkt im Koordinatensystem aus oder sitzen wie die Spinne im Netz und sehen von da aus auf die Welt. Aber die Wirklichkeit ist eine andere, sie wirkt im Gesamten. Es kommt etwas auf mich zu und fordert mich auf, und oft erkennen wir das gar nicht.

Die Aussage, „Willst du dich selbst erkennen, erkenne die Welt", meint also, daß ich zwei Gebärden machen muß: Ich muß ein zentriertes Bewußtsein und ein Umkreisbewußtsein in einen Atmungsprozeß bringen. Das Allerwichtigste dabei ist wohl die Frage, wie man zu einer Ausdehnung des Bewußtseins kommt. Für den Lehrer z.B. ist das von zentraler Bedeutung. Wenn er mit einer Haltung in die Klasse geht, hier bin ich, dort sind die Schüler, und wenn die Schüler nicht „funktionieren", dann liegt der Grund bei ihnen, so verhindert das die Selbsterkenntnis. Er untersucht dann erst gar nicht, was er falsch gemacht hat. Mit so einer Haltung geht man immer mit einem reinen Gewissen durch die Welt, denn es liegt immer alles an den anderen. In sozialen Konflikten kann man oft beobachten, daß es nach eigener Darstellung eigentlich immer nur die „Engel" gibt, die immer alles vollkommen machen. Und trotzdem ist der Konflikt da. Dann kann man sicher feststellen, daß das Bewußtsein der Beteiligten ganz auf sich zentriert ist, was zur Folge hat, daß sie nicht in den Zusammenhang hineinkommen.

Wenn man in der vorhin angedeuteten Weise die Naturreiche durchgeht, kommt man nicht nur zu tiefen Einsichten über den Menschen schlechthin, sondern auch zu einer neuen Position gegenüber dem ganz subjektiv-individuellen Leben. Der Blick ist gereinigter, man ist nicht mehr so im Subjektivismus verstrickt, und dann wird es auch möglich, dunkle Stellen auszuleuchten und sich nicht immer in die Tasche zu lügen. Die Voraussetzung ist, sich aus einem erweiterten Bewußtsein von außen anzuschauen. Mit diesem anderen Blick auf sich zu schauen ist viel wichtiger, als den Blick nach innen zu richten und in sich hineinzubrüten.

Das Denken verbindet mich mit den Menschen und der Welt

K.-D.N.: Liegt hier ein weiterer Grund dafür, daß der Schulungsweg vom Denken ausgeht, weil man beim Denken bereits von sich loskommt? Die Tätigkeit des Denkens, die Hervorbringung von Begriffen, ist ein subjektiver Vorgang, hängt also von mir persönlich ab, der Inhalt des Denkens aber, die Begriffsinhalte, ist objektiver Natur, ist Weltinhalt, der in meinem Bewußtsein aufscheint. Im Denkakt selbst liegt also bereits etwas, das von mir weg und zur Welt hinführt.

S. Leber: Das ist richtig. – Die Gedanken und Begriffe verbinden die Menschen, dort können sie sich finden. Man kann aber auch beobachten, daß Menschen, die sehr intensiv mit der Hervorbringung des Denkens verbunden sind, oft vergessen, daß sie mit ihrem Denken auf den Vorleistungen unendlich vieler Menschen stehen, die vorangegangen sind und es ermöglicht haben, daß wir heute bestimmte Gedanken überhaupt denken können. Im Denken haben wir teil am gesamten Denkkosmos, den die Menschheit bis heute hervorgebracht hat. Jeder von uns hat unzählige Gedanken von anderen Menschen aufgenommen. Wenn der Mensch heute einen neuen Gedanken denkt – der vielleicht auch schon vor ihm gedacht wurde –, dann erlebt er zunächst das ganz Originäre, das er getan hat, und beansprucht die geistige Urheberschaft auf diesen Gedanken. Meist wird dabei verdrängt, was da bereits an Pflichtigkeit gegenüber anderen Menschen vorliegt. So kann man in der Wissenschaftsgeschichte sowohl Menschen finden, die der Menschheit ihre Gedanken völlig frei zur Verfügung gestellt haben, als auch solche, die immer darauf beharrt haben und den Nachweis führten, daß sie die ersten waren, die diesen Gedanken gedacht haben.

Die Menschen stehen alle im Denken in einem Gesamtzusammenhang. Das Hervorbringen ist immer eine individuelle Leistung, das Verbindende besteht darin, daß jeder Mensch dem Begriffskosmos zugänglich ist.

K.-D.N.: Eine Loslösung von sich selbst und eine Verbindung mit der Welt kommt nachhaltig aber eigentlich erst dann zustande, wenn man auf den Vorgang des Denkens aufmerksam wird und auch bemerkt, daß die Inhalte des Denkens, die Begriffe, keine persönlichen Schöpfungen sind, sondern lediglich ihr Hervorbringen im Bewußtsein auf einem individuellen Akt beruht. Ein Denken, das sich nachhaltig und gesundend mit der Welt verbindet, müßte kraftvoller sein als das normale Vorstellungsleben, das oft nur unwillkürlich abspult.

S. Leber: Genau. – Als Pythagoras den Lehrsatz fand, wußte er, daß die Götter ihm den geschickt haben. Dafür, daß Pythagoras den Lehrsatz greifen konnte, hat er den Göttern 100 Ochsen geopfert. Daraufhin hat Lichtenberg das Bonmot geprägt: „Seither zittern alle Ochsen, wenn ein großer Gedanke gedacht wird."

Zum Begriff der Esoterik

K.-D.N.: Was ist eigentlich Esoterik? Nicht nur auf dem sogenannten Esoterikmarkt, sondern auch unter Anthroposophen wird manchmal ein schwer verständliches Brimborium um diesen Begriff gemacht. Esoterik bekommt dann ein Mäntelchen des Geheimnisvollen, des Nebulösen und Schwammigen umgehängt, so daß er sich letztlich einem nüchternen Zugriff entzieht.

S. Leber: Rein sprachlich kann man zunächst darauf hinweisen, daß es in Athen Briefkästen gibt, auf denen „Esotera" und „Exotera" steht. Die einen Briefe gehen an Empfänger innerhalb Athens, die anderen gehen in Orte außerhalb. Damit hängt die Begriffsgeschichte dann auch tatsächlich zusammen: In der Vergangenheit gab es ein Wissen, das auf Schulungsformen basierte, die abgeschlossen und separiert vermittelt wurden. Das hat es durch alle Zeiten und Kulturen hindurch gegeben.

Als Rudolf Steiner sein Wirken begann, hat er es zunächst innerhalb der Theosophischen Gesellschaft entfaltet. Auch da waren bestimmte Usancen üblich. H.P. Blavatsky gründete einen inneren Kreis der Schulung innerhalb der Theosophischen Gesellschaft: die Esoterische Schule. Diese Esoterische Schule hat damals den ganzen Formenschatz, den man auch bei Freimaurern und anderen Organisationen findet, übernommen.

Dort hat Steiner zunächst sein Wirken entfaltet und vieles, bis in den Sprachduktus hinein, adaptiert. Man kann aber dann eine sehr rasche Entwicklung bei ihm feststellen, und er beginnt bald, die Dinge, über die sonst immer nur hinter vorgehaltener Hand geflüstert wurde, in seinen Werken darzustellen: das letzte Kapitel der „Theosophie", dann „Wie erlangt man Erkenntnisse der höheren Welten?". Deshalb wurde Steiner als Esoterikverräter angesehen.

Heute ist der Esoterikmarkt inzwischen so überschwemmt mit Büchern, daß man dort wirklich alles findet – es fehlt nur oft am Urteil, wie man die Dinge einzuordnen hat. Steiner gibt in „Wie erlangt man Erkenntnisse der höheren Welten?" z.B. Anweisungen, wie man die geistigen Wahrnehmungsorgane, die sogenannten Chakren, entwickelt. Eine solche Veröffentlichung wurde damals noch als Verrat angesehen. Heute kann man in jeder Bahnhofsbuchhandlung Dutzende von Büchern kaufen, in denen von Chakren die Rede ist. Dazu gibt es eine ganz archaische Äußerung von Steiner: „Was einmal geschlossen war, muß öffentlich werden." Das ist es heute geworden, und Steiner war ein Wegbereiter der Veröffentlichung. Allerdings verhält es sich oft so, daß nur derjenige, der sich in die Darstellungen einlebt, sie auch verstehen wird. Nur wer sich darauf tatsächlich einläßt, wird Erfahrungen damit machen.

Das Prinzip der Geheimhaltung wurde also von Rudolf Steiner durchbrochen. Er setzt sich dann ja auch gelegentlich mit den Vorwürfen auseinander, die ihn deswegen getroffen haben, insbesondere aus der englischen Theosophischen Gesellschaft. Letztlich führte das dann auch mit zum Ausschluß Steiners aus der Theosophischen Gesellschaft und zur Gründung der Anthroposophischen Gesellschaft.

„Das Abheben ist nicht das Ziel der Übungen"

K.-D.N.: Über Esoterik wird manchmal von Anthroposophen auch so gesprochen, als würden die Trauben, also das zu Erreichende, unheimlich hoch hängen. Ich habe das Gefühl, als würden die Übungen, über die wir nachher noch sprechen werden – einige Grundübungen –, viel zu sehr vernachlässigt werden. Zum einen denke ich dabei an Menschen, die zwar kein spirituelles Interesse haben, die Übungen aber sehr wohl gebrauchen könnten, sie aber gar nicht kennenlernen, weil sie im Gesamtwerk Steiners bzw. in der anthroposophischen Sekundärliteratur enthalten sind, die sie nicht lesen. Zum anderen denke ich aber auch an Anthroposophen, und zwar in zweierlei Hinsicht: Manche meinen, daß es sich ja nur um allgemeine Anforderungen und Nebenübungen handele, die sie bereits weit hinter sich gelassen hätten; und andere, die ich auch erlebt habe, beginnen erst gar nicht mit dem Üben, weil sie die hehren Ziele des Schulungsweges für sie ohnehin nicht für erreichbar halten. Letztere lassen sich von den Zielen der Erleuchtung, Einweihung, dem bewußten Überschreiten der Schwelle zur geistigen Welt etc. geradezu abschrecken, weil sie sich ihnen gegenüber als klein, unbedeutend und unbemittelt erleben. Dabei wird übersehen, daß der esoterische Schulungsweg ein fließender ist, jedem Menschen offensteht und Esoterik eigentlich bei jeglicher Seelenumwandlung durch Selbsterziehung anfängt.

S. Leber: Die ganzen Übungen sollen einen zunächst lebenstüchtiger machen. Das Starten in den Himmel, das Abheben, ist nicht das Ziel, sondern daß man sein Leben besser organisiert.

Als ich vor über 35 Jahren mit meinem Studium anfing, hatten wir ein Seminar über die Technik der wissenschaftlichen Arbeit – Ausarbeitungs-, Gliederungsübungen und ähnliches –, und da wurde uns ein Buch empfohlen: von der Heide, „Einführung in die Technik der wissenschaftlichen Arbeit". Das habe ich mir dann beschafft und gelesen. Neben Ausführungen, wie man Karteikarten und ähnliches anlegt, stand da drin, wie man seinen eigenen Geist schult. Da gab es dann eine Empfehlung, in der es sinngemäß etwa hieß: Von dem im übrigen nicht weiter zu beachtenden Rudolf Steiner gibt es eine Vortragsveröffentlichung mit dem Titel „Praktische Ausbildung des Denkens" – das Beste, was es überhaupt zum Training des Geistes gibt. Dann hat er kurz die Übungen referiert, die dort vorkommen. Er würde die Übungen auch täglich machen, weil sie so probat seien.

Von der Heide ist Philosoph an der Technischen Universität in Berlin gewesen. Mit Steiner konnte er ansonsten überhaupt nichts anfangen, weder mit seinen philosophischen Schriften noch mit der Anthroposophie, die waren ihm obskur. Aber diese Schrift hat er durchgeübt und gesagt: Dadurch kommt Ratio in den Tag hinein. Als Konzentrationsübung gab er die Bleistiftübung an und sagte, daß er diese Übung jedesmal mache, bevor er einen Aufsatz schreiben oder irgend etwas anderes arbeiten müsse.

Man sieht daraus, daß diese Übungen schlechthin diätetisch sind. Sie bereichern die Seele und lassen den Alltag besser bestehen. Darin sehe ich die Hauptbedeutung dieser Übungen. Daß sie dann, gründlich geübt, noch eine zweite Bedeutung haben, nämlich ein moralisches Fundament im Menschen aufzubauen, bildet die Voraussetzung, daß man auch meditativ arbeiten kann. Deswegen sagt Steiner auch, daß es nicht Nebenübungen, sondern Grundübungen sind. Es sind Übungen, die eigentlich fortdauernd das Leben durchziehen sollen.

Eine Übung zur praktischen Ausbildung des Denkens

K.-D.N.: Berichten Sie mal von einer Übung, die Sie täglich machen.

S. Leber: Wenn ich die „Praktische Ausbildung des Denkens" nehme – nebenbei bemerkt ein Vortrag, den Rudolf Steiner vor Mitgliedern der Anthroposophischen Gesellschaft gehalten hat, weil er den Eindruck hatte, daß es denen gut tut, wenn sie praktisch denken lernen –, dann gibt es dort die erste Übung, die wirklich großartig ist. Das ist die Übung, daß ich einmal am Tag den Blick zum Himmel richte, die Wolken anschaue, die Formationen beachte.

Ich habe mir angewöhnt, morgens, wenn ich aus dem Haus gehe, den Blick zum Himmel zu richten. Das ist dann oft der einzige Blick zum Himmel am Tag. Denn wir laufen ja immer in der Ebene unserer Augachsen, und wir sehen eigentlich nur das, was gerade vor den Augen liegt. Jetzt habe ich also zunächst die Gebärde, daß ich einmal den Blick zum Himmel hochrichte. Das ist ein Vorgang, durch den ich mich gewissermaßen aus dem Alltag herausreiße. Und jetzt besteht die Übung darin, daß ich ganz genau anschaue, was ich sehe: Wie sind die Lichtverhältnisse? Wie sind die Wolkenformationen? Wie ist die Farbigkeit? Dann versuche ich, das alles möglichst getreu in mich aufzunehmen – nicht denken, sondern schauen, wahrnehmen. Das kann man zehn Minuten oder auch nur eine Minute machen. Mir genügt eine Minute, wenn ich das morgens mache. Nun kommt es darauf an, daß man am nächsten Tag an derselben Stelle und mit derselben Blickrichtung wieder in den Himmel schaut und sich erinnert, wie das Bild am Tag vorher war. So macht man die Übung Tag für Tag. Und dann wird es sehr schwierig, sich genau an die Bilder der Tage vorher zu erinnern. Schaffe ich es, die Bilder wieder deutlich in mir wachzurufen?

Steiner führt in dem Vortrag Goethe, den Großmeister der Beobachtung, an, der aufgrund seiner Naturbeobachtung – nicht logisch ableitend, sondern indem er sich in die Naturerscheinungen gänzlich eingelebt hat – in der Lage war, aus einem kleinen Himmelsausschnitt, der sich dem Blick aus seinem Fenster schräg nach oben darbot, das Wetter treffend vorherzusagen. So sehr lebte Goethe mit seiner Beobachtung im Wirken der Natur. Man lebt sich durch diese Übung also in die Naturerscheinungen ein. Wichtig dabei ist, daß man über einige Tage die Bilder der Wolkenformationen miteinander verbindet. Das gibt Steiner als eine Schulung des Denkens an.

Nicht unerheblich ist für mich dabei, daß man sich einmal am Tag aus dem irdischen Alltag herauslöst und zum Firmament hochschaut. Ich bin Autofahrer, d.h. ich fahre mit dem Wagen zur Arbeit. Ich sehe dann also immer geradeaus, und das Höchste, zu dem sich die Augen erheben, sind die Ampeln. Durch die Übung habe ich jedenfalls für eine Minute am Tag den Eindruck des Himmels. Wenn ich Zeit habe, gehe ich auch über die Felder, und da habe ich dann das gesamte Firmament vor mir und nicht nur den morgendlichen Ausschnitt zwischen den Häusern. Diesen täglichen Blick zum Himmel aufzunehmen, ist schon ganz gewaltig ansprechend. Es gibt keinen Tag, der wie der andere ist. Ein fortdauernd wechselnd Vergängliches, Dynamisches nimmt man auf und hält es für einen Moment fest. Das halte ich für die schönste Übung der sechs, die Steiner in diesem Vortrag angibt. – Man findet bei Steiner übrigens meistens einen Kosmos von sechs oder acht Übungen, die er im Zusammenhang gibt.

„Jeder muß für sich herausfinden, wie er sinnvoll übt"

K.-D.N.: Kann man allgemeine Aussagen treffen, wie man Übungen machen sollte: wie oft, wann, im Sitzen, im Liegen, mit offenen oder geschlossenen Augen? Ich denke dabei an die Übungen, die man zu Hause macht.

S. Leber: Im Liegen sollte man keine Übungen machen, denn das führt von der Konzentration weg, und man schläft ein. Man sollte also auf jeden Fall aufrecht sitzen. Den Zeitpunkt sollte man so wählen, daß man auch geistig wach ist, denn es muß eine gewisse Fähigkeit zur Konzentration, zur Verdichtung da sein. Nun ist der Alltag eines jeden Menschen verschieden, also die Verpflichtungen und der Tagesablauf können sehr unterschiedlich sein. So muß jeder für sich herausfinden, wie er die Übungen sinnvoll in seinen Tageslauf eingliedert, ohne daß dieser dadurch gestört wird.

Es gibt Lerchen und Uhus. Die Lerchen sind morgens früh fit und werden dann ihre Übungen dort gut plazieren können. Die Spätaufsteher werden vielleicht eher dazu tendieren, ihre Übungen in der Mittagszeit zu machen. Auch am Nachmittag werden viele einen Zeitraum finden, wo eine Übung am Platz wäre. Gerade wenn ich einen sehr anstrengenden Tag mit Unterricht, vielen Terminen und Gesprächen habe, brauche ich irgendwann, ehe ich in den Nachmittag gehe, fünf Minuten, in denen ich mich auf einen bestimmten Gedanken konzentriere, sonst halte ich den Tag nicht durch. Ich mache dann eine Konzentrationsübung, in der ich mir bewußt etwas setze, das ich in Gedanken durchgehe.

Hindernisse zuhauf!

K.-D.N.: Welche Hindernisse können sich auftürmen, wenn man sich vorgenommen hat, einen Übungskanon, z.b. die sogenannten Nebenübungen, über einen bestimmten Zeitraum zu machen?

S. Leber: Es gibt nur Hindernisse, von nichts kommt nichts, d.h. das Gelingen hängt immer von der willentlichen Gestaltung ab. Es fängt an, daß man sich hinsetzt und dann das Telefon klingelt. Dann denkt man sich vielleicht, daß man halt später anfängt, und setzt sich schließlich wieder hin, kann sich aber nicht konzentrieren, weil einen in Gedanken etwas aus dem Telefonat beschäftigt usw. usf. Die Hindernisse sind wirklich zuhauf vorhanden, und man wird das sehr schnell feststellen, wenn man sich erst einmal entschließt, Übungen zu machen. Das ist ein Willensakt: Ich mache das! Wenn man es nicht wirklich will, geschieht nichts, und man wird die Übungen dann auch nicht durchhalten.

K.-D.N.: Es gibt zwar spezielle Willensübungen, aber eigentlich könnte man alle Übungen unter diesem Aspekt als Willensübung bezeichnen.

S. Leber: Genau, und der Wille versetzt Berge. Die Motivation, Übungen zu machen, kann ja aus dem Vorstellungsleben kommen, aber wenn der Wille das dann nicht empfängt, nützt es nichts.

K.-D.N.: Man kann immer wieder feststellen, daß man eher geneigt ist, mit den Übungen zu laxen, wenn es einem gutgeht, als in Zeiten, in denen man die Notwendigkeit der Übungen deutlich vor Augen hat, weil irgend etwas im Leben aus dem Ruder läuft. Im Rückblick über die Jahre findet man zudem immer im Sommer einige Übungslöcher.

S. Leber: Das ist richtig. Gerade in der Ferienzeit, in der man die Übungen eigentlich ganz bequem machen könnte, muß man einen viel stärkeren Willen als im Alltag aufbringen. Im Alltag merke ich auch viel deutlicher die Auswirkungen der Übungen. In den Ferien, wenn alles ein wenig aus der Form läuft, ist es dann auch schwieriger, die Übungen zu machen.

Die sechs Nebenübungen

K.-D.N.: Kommen wir zu den sechs Nebenübungen. Sie sprachen vorhin davon, daß man bei Steiner meistens einen Zusammenhang von sechs oder acht Übungen findet. Was hat es damit auf sich?

S. Leber: Der Zusammenhang der Übungen zielt darauf, daß bestimmte übersinnliche Wahrnehmungsorgane, die sogenannten Lotusblumen oder Chakren, entwickelt werden. Das sind Wahrnehmungsorgane in der übersinnlichen Organisation des Menschen, die auf den Körper bezogen an bestimmten Stellen ihren Sitz haben und die noch nicht ausgebildet sind.

Durch diese sechs Übungen soll die zwölfblättrige Lotusblume entwickelt werden, die mit dem Herzen, mit der Herzerkenntnis zu tun hat. Steiner geht davon

aus, daß jeder Mensch gewissermaßen kraft seiner Natur bereits sechs Eigenschaften verfügbar hat. Jetzt gilt es, die anderen sechs auszubilden. Deshalb gibt er die sechs Nebenübungen.

Wenn er an anderer Stelle acht Übungen angibt, zielt das darauf, daß die 16blättrige Lotusblume entwickelt werden soll. Das ist der okkulte Hintergrund, den Steiner in „Wie erlangt man Erkenntnisse der höheren Welten?" veröffentlicht hat.

Kontinuierlich üben, individuell handhaben

K.-D.N.: Die Nebenübungen sind so angelegt, daß man jede einen Monat lang machen sollte, angefangen mit der Konzentrationsübung, dann die Willensübung usw. Während der Monate sollen die vorhergehenden Übungen weitergemacht werden. Dann gibt Steiner in bezug auf die zweite Übung, die Willensübung, noch an, daß man sich zunächst eine bestimmte Willenshandlung vornimmt, die man ausführt, zu der dann nach einiger Zeit eine zweite, später eine dritte usw. hinzutreten sollen, soviel man eben bei Aufrechterhaltung der üblichen Pflichten des Lebens verrichten kann.

Was geschieht nun, wenn man diesen Übungskanon sechs Monate lang durchgemacht hat?

S. Leber: Dann fängt man wieder von vorne an.

K.-D.N.: Bei Steiner heißt es bezogen auf die erste Übung, die Konzentrationsübung, die man durch die Monate fortzuführen hat:

„Doch darf sie nicht außer acht gelassen werden, sonst würde man bald bemerken, wie die Früchte des ersten Monats bald verloren sind und der alte Schlendrian der unkontrollierten Gedanken wieder beginnt. Man muß überhaupt darauf bedacht sein, daß man diese Früchte, einmal gewonnen, nie wieder verliere." (GA 245/1979/S.17)

Sind diese Übungen eine immerwährende Aufgabe, die mit der gleichen Strenge und Intensität ein ganzes Leben zu vollziehen ist, oder kann man sie auch, wenn man den Übungsablauf einmal oder auch mehrere Male durchgegangen ist, modifiziert handhaben und auf die eigenen Bedürfnisse abstimmen?

S. Leber: Es gibt verschiedene Darstellungen Steiners dieser sechs Übungen. Woraus Sie jetzt zitieren, sind die „Anweisungen für eine esoterische Schulung". Diese Anweisungen richteten sich zunächst an Schüler Steiners. Die wollten geführt werden, und die hatten auch wenig Phantasie und haben nach allem bis in die Einzelheiten gefragt, zum Teil auch in Briefen an ihn. Deshalb gab Steiner ihnen diese dezidierten Anweisungen. Die anderen Darstellungen weichen zum Teil davon ab: In Vorträgen sagt er z.B., daß man die Übungen täglich abwechseln kann. Dann gibt es auch eine Darstellung, daß man pro Übung eine Woche nehmen kann. Das ist also sehr freilassend von ihm angegeben. Je länger Steiner gewirkt hat, desto freiheitlicher wurde er. Er hat gewissermaßen die theosophischen Eierschalen abgelegt.

Ich würde das so interpretieren, daß man diese sechs Übungen so übt, wie man das für sich selbst für richtig hält. Man muß natürlich das Maß durchhalten, das man sich einmal selbst gesetzt hat. Die sechste Übung besteht ja darin, daß man alle fünf Übungen in regelmäßiger Abwechslung vollzieht. Wenn die Übungen immer gleichförmig weiterliefen, bräuchte man die sechste gar nicht, denn sie wäre dann immanent immer anwesend. Deswegen sollte man sich immer einen Zyklus der Durcharbeit vornehmen.

Gleichmutsübung – Gefühlskontrolle, Initiative im Gefühlsleben

K.-D.N.: Die ersten beiden Übungen, Konzentrations- und Willensübung, sind klar konzipiert, auf einen bestimmten Tageszeitpunkt beschränkt und somit auch verhältnismäßig leicht durchzuhalten. Mit dem dritten Monat beginnen dann aber Übungen, die schwerer zu verstehen sind, die sich über den gesamten Tag ausdehnen und insofern auch schwerer durchzuhalten sind, weil man sie leichter aus dem Bewußtsein verliert. In der dritten Übung geht es um die Ausbildung von Gleichmut. Was ist damit gemeint?

S. Leber: Steiner nennt das Ziel dieser Übung auch Gefühlskontrolle oder Initiative im Gefühl. Gleichmut ist davon nur eine Ausprägung. Mein eigener Ansatz ist der, daß ich diese Übung immer so verstanden habe, daß sie darauf abzielt, am eigenen Gefühlsleben gestaltend zu wirken. Nun ist das Eigentümliche des Gefühlslebens, daß die Gefühle kommen und gehen. Wenn sie auftreten, habe ich halt Gefühle, dann sind sie wieder weg. Wenn ich nun aber ein Gefühl habe, dann ist es meist nicht zugänglich, insbesondere wenn es in Richtung Emotion geht. Da wäre jetzt aber Gleichmut erforderlich. Ich ärgere mich z.B. über etwas, versuche mich zu beruhigen, indem ich etwa sage: „Ruhig, ruhig", aber muß dann vielleicht bemerken, daß das Gegenteil eintritt, und die Emotionen sich aufschaukeln. Das macht deutlich, daß man da eigentlich nur einen indirekten Zugang wählen kann. Man kann die Gefühle nicht direkt angehen. Wenn ich in einer Erregung bin, wäre es auch Unsinn, sie völlig zu beschneiden, denn sie ist ja ein Organ meines Lebens.

Das Erzeugen von Ruhe und innerem Frieden

Deshalb sehe ich die Aufgabenstellung dieser Übung in der Richtung, daß ich z.B. bemerke, daß ein bestimmtes Gefühl in mir nicht so ausgeprägt ist, wie es vielleicht wünschenswert wäre. Was mache ich? Wie arbeite ich daran? Ich versuche, mir eine Situation aufzubauen. Nehmen wir einmal das Beispiel innere Ruhe:

Wie erzeuge ich denn Ruhe? Das kann nicht in einer Situation geschehen, in der man im Leben aktuell drinnensteht, sondern ich verschaffe mir irgendwann am Tag einen Freiraum und vergegenwärtige mir eine Szene, in der wirklich Ruhe herrscht. Einmal habe ich mir z.B. vom Isenheimer Altar den Heiligen Antonius vorgenommen: Da sieht man links auf einer Tafel den Aufruhr der Elemente, also alle Teufel sind los und hacken auf ihm rum. Auf der rechten Tafel ist er sitzend dargestellt, ein Vogel kommt geflogen und bringt ihm Nahrung. Davon geht eine ungeheuer befriedende Wirkung aus. Ich habe mich also vor eine Reproduktion gesetzt, habe mir das Bild angeschaut und mich hineinvertieft. Wenn man das wiederholt jeden Tag einer Woche macht, stellt sich unmittelbar, wenn Sie an die Übung herangehen, etwas ein wie innerer Friede.

In einem nächsten Schritt, wenn Sie wieder an die Übung kommen, können Sie sich dann hinsetzen und eine Landschaft aufbauen, in der Ruhe waltet. Da können Sie dann auch inneren Frieden herstellen. Friedenssehnsucht haben die Menschen, aber Frieden ist nicht nur Abwesenheit von Gewalt. Man kann sich also fragen, was da erzeugt werden muß. Und dann geht man eine solche Situation durch und kommt in eine bestimmte Stimmung. Plötzlich stellt sich eine Qualität ein, über die man vorher so nicht verfügt hat.

Ein weiteres Beispiel: Wenn man einmal voller Emotionen war und sich nicht beherrschen konnte, dann geht man die Situation nachträglich durch. Wenn man eine solche Situation, die schon länger durchgestanden ist, wieder aufbaut, dann versteht man auf einmal gar nicht mehr, warum damals die Erregung war. So kann man die Emotionen im nachhinein bearbeiten, indem man mit Abstand auf die Situationen schaut. Ich habe da das Bild des Wagenlenkers mit den Rossen vor mir. Man zähmt ein Roß nie von vorne, sondern von der Seite oder von hinten. Man muß an die Seite des Rosses herankommen, dann kann man es zügeln. Deswegen sehe ich bei dieser dritten Übung die Aufgabe, sich Räume zu schaffen, in denen die Gestaltung am Gefühlsleben zur Wirksamkeit kommen kann. Man muß sich also „künstlich" Situationen aufbauen, in die man sich einlebt, Gefühle entwickelt, wachruft, versucht zu intensivieren. Dazu kann man Werke der Kunst, z.B. auch der Dichtung, heranziehen, aus denen einem etwas entgegenkommt, und dann vertieft man sich in sie. Das ruft in der Seele bestimmte Qualitäten wach. Ich bin einmal eine ganze Reihe von Gefühlen durchgegangen, von denen ich meinte, daß es gut wäre, sie durchzukosten. Das ist natürlich bei manchen Gefühlen einfach und bei anderen schwieriger. Insbesondere in den Bereichen Ruhe, Andacht und ähnlichem bemerkt man eine unglaubliche Wirkung, die das auf die Seele hat.

Positivitätsübung

K.-D.N.: Kommen wir zur vierten Übung, zur sogenannten Positivitätsübung. Ich habe unter Anthroposophen etliche Male erlebt, daß diese Übung zu Mißver-

ständnissen einlädt und gern ins Feld geführt wird, um unliebsame Kritik zu unterdrücken. Es heißt dann: „Sehen Sie doch mal das Positive", oder: „Sie sollten Ihre Positivitätsübung nicht vernachlässigen".
Die Übung soll doch wohl aber kaum dazu führen, daß man kritiklos durch das Leben läuft.

S. Leber: Zunächst ist dazu festzustellen, daß die vierte und fünfte Übung soziale Übungen sind, die man nur im täglichen Leben üben kann. Da begegnet man den Dingen, auf die es hier ankommt.

Nun zu Ihrer Frage: Dasselbe Problem liegt vor, wenn Rudolf Steiner von Glauben spricht. Sollte man sich da etwa blind machen und urteilsunfähig werden? Ganz im Gegenteil! So verhält es sich auch hier bei der Positivitätsübung: Man sieht etwas Kritikwürdiges, und dann stellt sich einem nur die Frage, ob man das andere, das Positive auch sieht. Als Beispiel gibt Steiner eine persische Legende über Jesus Christus, der mit den Jüngern am Wegesrand einen stinkenden Kadaver eines Hundes sieht. Die Jünger wenden sich alle mit Abscheu von dem häßlichen Anblick ab, während Jesus stehenbleibt, den Kadaver betrachtet und sagt: „Welche schönen Zähne hat das Tier." – Es ist ja nun nicht so, daß das Häßliche und der Gestank verschwunden wären und er sie nicht wahrnehmen würde. So kommt es auch bei dieser Übung darauf an, in ein Gleichgewicht mit seinem Urteil zu kommen.

Ich habe gerade in einer anthroposophischen Zeitschrift gelesen, wie dort eine Meldung aufgemacht war, die sich auf den Tod eines jüngst verstorbenen bedeutenden Anthroposophen bezog: Es findet sich nicht ein Satz, der die Bedeutung dieses Mannes würdigt, sondern statt dessen Kritik, daß ihm bei den Vorstandssitzungen am Goetheanum immer ein Stuhl freigehalten wurde. Da ist etwas im Ungleichgewicht, denn ich kann nicht eine Todesnachricht benutzen, um meinen Groll loszuwerden. Das ist unangemessen.

Um dieses Gleichgewicht herzustellen, hat Steiner diese vierte Übung gegeben, so daß man an allem zu Kritisierenden gewissermaßen zur Selbstkontrolle auch das Positive sieht. Wenn einer eine Dummheit par excellence macht, kann ich natürlich nicht sagen: Ach, wie großartig! Das ist nicht gemeint. Steiner will den Blick sogar noch schärfen und wacher machen. Diese Übung kann man nur im Alltag, im Leben und in der Welt vollziehen. Ich schaue etwas an, mir begegnet etwas, und ich sehe das Kritikwürdige, und dann muß ich mich fragen, ob ich auch wirklich alles sehe. Das wird von der Kritik nichts wegnehmen, denn die ist dann sogar noch begründeter.

K.-D.N.: Könnte man sagen, daß als Frucht dieser Übung eine gesteigerte Mitverantwortung erwächst für das, was um einen herum geschieht?

S. Leber: Ja, so würde ich das sehen. Man geht dann mehr in die Erscheinung hinein, die einem nicht mehr nur gegenübersteht, da man sich mit ihr verbindet. Damit erwächst Verantwortung.

Unbefangenheitsübung

K.-D.N.: Kommen wir zur fünften Übung, der sogenannten Unbefangenheitsübung. Dort führt Steiner das extreme Beispiel an, daß man so unbefangen sein sollte, es für möglich zu halten, wenn einem berichtet wird, daß ein bestimmter Kirchturm seit letzter Nacht völlig schief stehe. Wie kann man das konkret üben? Sollte man ständig alles wider besseren Wissens für möglich halten, sollte ich etwa in dieser Situation glauben, daß es möglich wäre, die Diktiergeräte fingen an, auf dem Tisch mit den Büchern zu tanzen?

S. Leber: Für mich ist dies auch wieder eine soziale Übung. Am Tage begegnet einem irgend etwas, das seinem bisherigen Vorstellungsleben völlig widerspricht ...

K.-D.N.: Zum Beispiel?

S. Leber: Vor ein paar Tagen haben wir darüber im Kurs am Lehrerseminar gesprochen, und da erzählte ein Teilnehmer, daß er neulich von der Polizei beim Autofahren angehalten worden sei. Er war der festen Überzeugung, richtig gehandelt zu haben und berief sich auf das Vorfahrtsschild, an dem er gerade vorbeigefahren sei. Dann haben ihn die Polizisten dahingeführt, und er mußte einsehen, daß das Schild bereits vor einem Vierteljahr abmontiert worden ist. Er hatte das Verkehrsschild fest in der Erinnerung und lebte damit, als würde es noch immer da stehen. Er lebte so in seiner festen zementierten Vorstellung, daß er zunächst gegenüber den Polizisten aggressiv wurde, bis sie ihn schließlich zu der Stelle geführt haben, um ihm das Gegenteil zu beweisen.

Das ist der typische Gewohnheitsmensch. Wir tragen an alles, was wir hören, an alles, was wir erfahren, unsere Erfahrungen, unsere Urteilsgewohnheiten heran. Plötzlich hört man etwas völlig Überraschendes. Sofort stellt sich dann eine innere Abwehr ein. Jetzt regt Steiner durch diese Übung an, das Neue erst mal hinzunehmen und es doch eventuell für möglich zu halten, was man hört, bis man es geprüft und sich vergewissert hat. Beim Lesen des Werkes von Rudolf Steiner geht es einem doch Seite um Seite so, und man wird sich dem nie öffnen können, wenn man da nicht eine gewisse Unbefangenheit hat. Und so gibt es vieles im Leben, das an einen herantritt und das man nicht sofort erklären kann. Wir werden nur meistens nicht einmal darauf aufmerksam, weil uns unsere innere Abwehrhaltung kaum bewußt wird. Und so geht es in dieser Übung darum, daß man sich nicht bestimmte Kräfte und Möglichkeiten der Seele abschneidet.

Noch ein anderes Beispiel: Manchmal weiß man bei Kollegen ja schon, wenn sie sich zu Wort melden, was kommen wird, so daß man eigentlich deren Part übernehmen könnte. Mit dieser Haltung sitzt man ja manchmal in Gesprächen. Das Überraschende ist dann, daß sie manchmal doch etwas Neues sagen.

Die Offenheit, daß man nicht immer seinen gewordenen Menschen dem, was sich äußert, entgegenträgt, sehe ich als diese Unbefangenheit. Steiner wollte einfach die Offenheit des Hörens und Erlebens, aber nicht in dem Sinne, daß man sein eigenes Urteilsvermögen ausschließt. Besonders in den sozialen Vorgängen sollte man seine Offenheit bewahren bzw. immer wieder herstellen. Wenn ich diese Übung mache, stelle ich mir immer wieder die Frage: Wie gehst du in den Tag hinein? Bemerkst du, wenn etwas Neues kommt, wo du noch nicht sicher bist? Kannst du das anhören, ohne daß sofort eine Abwehrgebärde hochkommt? Die Seele soll also offenbleiben, allerdings nicht so, daß man seinen Verstand außer Kraft setzt.

Vier Regeln als allgemeine Anforderungen

K.-D.N.: Im Anschluß an die Nebenübungen gab Rudolf Steiner seinen Schülern vier weitere Regeln, die sie zu beachten haben. Er sagt dazu:
„Die folgenden Regeln sollten so aufgefaßt werden, daß jeder esoterische Schüler sein Leben womöglich so einrichtet, daß er sich fortwährend beobachtet und lenkt, ob er namentlich in seinem Innern den entsprechenden Forderungen nachlebt. Alle esoterische Schulung, namentlich wenn sie in die höheren Regionen aufsteigt, kann nur zum Unheil und zur Verwirrung des Schülers führen, wenn solche Regeln nicht beobachtet werden." (GA 245/1979/S.22)

Seine Vorstellungen fortwährend prüfen und vermehren

Die erste Regel lautet: „Es soll in mein Bewußtsein keine ungeprüfte Vorstellung eingelassen werden." Und die zweite: „Es soll die lebendige Verpflichtung vor meiner Seele stehen, die Summe meiner Vorstellungen fortwährend zu vermehren."

Zunächst mag man denken, daß die Beachtung dieser Regeln doch eigentlich eine Selbstverständlichkeit sei. Als kritischer Geist prüfe ich doch die Vorstellungen, die in mein Bewußtsein treten, und als Mensch, der in irgendeiner Weise kulturell interessiert ist und sich als Lernender versteht, werde ich natürlich auch bestrebt sein, meine Vorstellungen immer zu vermehren. Doch wenn man sein Leben dann etwas genauer betrachtet und ehrlich mit sich zu Rate geht, wird man bald bemerken, wie wenig man diesen Regeln genügt. Wie soll man das auch leisten, wirklich alle Vorstellungen zu prüfen, denn das hieße ja, so gut wie alles zu hinterfragen und einen unglaublichen Bildungshunger zu entwickeln?

S. Leber: Hier geht es um die geistige Konstitution des Menschen. Die zweite Aussage heißt: Ich will ein lernender Mensch werden, also geistig wachsen. Und die erste stellt einen vor die Frage: Was arbeite ich denn durch? Ich habe heute mittag Nachrichten gehört, und ich weiß nur noch, daß irgend etwas über Helmut Kohl dabei war. Das ist alles, was ich noch in der Erinnerung habe. Das waren auch Kurzvorstellungen, die da aufgerufen wurden.

Aber auf diesen Bereich zielt Steiner hier nicht, sondern es geht ihm vielmehr darum, genau zu beobachten, wie viele Vorstellungen man durch die Zeit- und Lebensverhältnisse, in die man hineingeboren wurde, durch Erziehung, Familien- und Volkszugehörigkeit, durch den Beruf usw. aufgenommen hat. Man soll den Wahrheitsgehalt dieser Vorstellungen genau prüfen, um ihnen gegenüber innerlich frei zu werden und ihnen nicht mehr nur blind zu folgen. Es handelt sich also auch um ein Besinnen auf die eigenen Willensimpulse und ist ein Schritt zur Souveränität im Handeln.

Im weiteren Sinne ist diese erste Regel eine Aufforderung zum Studium, zur Bearbeitung und Durcharbeitung aller Vorstellungen und Denkinhalte, die mich beschäftigen und mein Handeln prägen.

Studium – der immerwährend lernende Mensch

K.-D.N.: Mir scheinen diese vier Regeln, so allgemeingültig sie sind, in gewisser Hinsicht noch von besonderer Bedeutung für Anthroposophen zu sein. Denn sie enthalten auch die Aufforderung, die Vorstellungen genau zu prüfen, die man durch das Werk Rudolf Steiners aufnimmt. Und Vorstellungen vermehren hieße in diesem Zusammenhang, sich nicht nur mit der Anthroposophie zu beschäftigen, sondern mit wachem Interesse auch andere wissenschaftliche, künstlerische und soziale Bestrebungen wahrzunehmen und zu erfassen.

S. Leber: Ja, diese Aufgabe setzt Steiner: Nicht nur, daß er ständig in seinen Werken zur Prüfung des Mitgeteilten auffordert, sondern auch, daß man sich in bestimmte Gebiete vertieft und zu diesem Thema wirklich alles heranträgt, was aus der Wissenschaft, aus der Philosophie und Kulturgeschichte dazu zu sagen ist. Das kann einen über Jahre beschäftigen, bis man hier schließlich Sicherheit und Kontrolle erlangt. Dann bin ich Geisteswissenschaftler, d.h. ich habe das Thema, so weit es mir irgend zukommt, durchgearbeitet.

Wenn ich mir dann auf diese Weise etwas erarbeitet habe, besteht die Gefahr, daß ich mich damit zufrieden gebe und stehenbleibe. Das darf natürlich nicht eintreten, und man muß sich da immer wieder einen Ruck geben. In diesen vier Regeln ist auf etwas andere Weise ausgedrückt, was Steiner sonst als die erste Phase des Schulungsweges bezeichnet: Studium! Das ist in letzter Konsequenz selbstverständlich immer nur auf bestimmten Gebieten möglich, aber es kann nie abgeschlossen sein, denn der Geistesschüler ist der immerwährend lernende Mensch.

Überwindung von Sympathie und Antipathie beim Erstreben der Wahrheit

K.-D.N.: Schauen wir noch ganz kurz auf die anderen beiden Regeln. Die dritte Regel lautet: „Mir wird nur Erkenntnis über diejenigen Dinge, deren Ja und

Nein gegenüber ich weder Sympathie noch Antipathie habe." Rudolf Steiner bringt dazu ein Beispiel:

„Ein alter Eingeweihter schärfte es immer wieder und wieder seinen Schülern ein: Ihr werdet von der Unsterblichkeit der Seele erst wissen, wenn ihr ebenso gern hinnehmt, diese Seele werde nach dem Tode vernichtet, wie sie werde ewig leben. Solange ihr wünscht, ewig zu leben, werdet ihr keine Vorstellung von dem Zustande nach dem Tode gewinnen." (GA 245/1979/S.24 f.)

Nun gibt es bei Steiner sowohl Darstellungen über den ewigen Wesenskern des Menschen und die Unsterblichkeit der Seele, die man so auffassen muß, als handle es sich um unverrückbare, gewissermaßen garantierte Tatbestände, als auch Darstellungen, aus denen hervorgeht, daß diese Unsterblichkeit auf lange Sicht sehr wohl von bestimmten Bedingungen abhängt. Ich habe einige Male erlebt, daß letzteres einigen Anthroposophen eine sehr unangenehme Vorstellung war und in Gesprächen immer wieder versucht wurde, sie wegzudiskutieren. So geht es einem ja oft, man will eine Vorstellung, die einem antipathisch ist, einfach nicht an sich heranlassen und versucht dann, sie wegzudrücken. Man wird hier aber aufgefordert – das gilt selbstverständlich auch für die Haltung gegenüber der Anthroposophie –, daß man eigene Wunschvorstellungen immer wieder zurückstellt.

S. Leber: Das ist eine allgemein menschliche Tatsache. Wenn Sie mit Anthroposophen solche Erlebnisse haben, hängt das damit zusammen, daß auch der Anthroposoph über drei Seelenglieder verfügt: Empfindungsseele, Verstandes- oder Gemütsseele, Bewußtseinsseele. Und die Bewußtseinsseele befindet sich in Ausbildung.

In der „Theosophie" bringt Steiner das so: Die ersten Begegnungen mit irgendwelchen Weltvorgängen rufen in mir sofort auf, daß ich mich mit Sympathie oder Antipathie, mit Lust oder Abneigung zu ihnen in Beziehung setze. Das ist jedem ja bekannt, daß es so etwas in ihm gibt. Und das ragt auch in sehr hohe Stufen von Weltbeziehungen hinein, besonders natürlich gegenüber Fragen, die einem sehr unter die Haut gehen, wie hier im Beispiel, wo es um die Unsterblichkeit der Seele geht. Wenn ich in einem zweiten Schritt etwas objektiviere, in Gedankenbeziehung setze, ist damit noch nichts über den Wahrheitsgehalt gesagt. Ich kann etwas in ein System des mir Nützlichen bringen, und das sagt noch nichts über die Wahrheit aus. Goethe sagt: „Diejenigen verbringen ein viel schwierigeres Tagewerk, die nicht fragen nach dem, was gefällt und nützt, sondern die danach fragen, was ist."

Es ist auf dem Gebiet der Anthroposophie am allerschwierigsten zu fragen, was ist, denn wer hat das Bewußtsein, das zu umgreifen? Das ist die Maxime der Bewußtseinsseele: mit der Wahrheitssphäre soweit es irgend geht in Verbindung zu kommen. Da spricht dann nicht mehr, was einem gefällt, sympathisch, antipathisch ist, sondern was Sache ist.

Die Scheu vor dem Abstrakten überwinden

K.-D.N.: Die vierte Regel lautet: „Es obliegt mir, die Scheu vor dem sogenannten Abstrakten zu überwinden." Rudolf Steiner bemerkt einmal, daß die Anthroposophen seine „Philosophie der Freiheit" nicht lesen würden, weil sie einen Horror vor dem Abstrakten auf dem physischen Plan hätten. Was ist überhaupt mit dem Abstrakten gemeint?

S. Leber: „Abstrakt" ist ein doppeldeutiger Begriff: Es kann einerseits leblos, wesenlos und nichtig meinen oder andererseits eine Bedeutung haben, die er hier meint und die er exemplarisch in seinen Vorträgen über die Logik ausführt. Er schildert dort die Stufigkeit von Wahrnehmung, Vorstellung und Begriff und führt dann etwas aus, was hier mit dem Begriff „abstrakt" gemeint ist. Ich lese das am besten mal vor:

„Was ein Begriff ist, wird am besten gezeigt an einem Beispiel aus der Mathematik. Nehmen wir den Kreis.

Wenn wir in einem Kahne auf das Meer hinausfahren, bis wir schließlich nichts weiter mehr sehen als das Meer, so haben wir in dem Horizont die Wahrnehmung des Kreises. Schließen wir dann die Augen, so behalten wir als Erinnerungsbild die Vorstellung des Kreises zurück. Auf diesem Wege können wir aber niemals den Begriff des Kreises bekommen. Dazu müssen wir im Geiste konstruieren alle Punkte, die von einem Punkte gleich weit entfernt sind. Wir müssen uns nur im Geiste den Punkt denken, dürfen nichts zeichnen. Es baut sich so im Geiste ein Bild auf. Mit Kreide an der Tafel können wir auch eine Illustration dieses Bildes im Geiste geben. Wenn wir uns dieses innerlich konstruierte Bild vor Augen stellen, so werden wir hinterher etwas Eigentümliches finden können: Wir können erkennen, daß das, was sich uns außen in der Wahrnehmung des Horizontes darbot, zusammenfällt mit diesem Begriff. Wenn nun die Menschen wirklich denken, im strengen, logischen Sinne denken, so tun sie etwas anderes als Vorstellen. Beim Vorstellen können wir uns nur das äußerlich Wahrgenommene wieder vergegenwärtigen. Beim Denken aber muß jeder Gedanke innerlich konstruiert sein, muß ähnlich geschaffen sein, wie es beim Kreise erklärt ist. Mit diesem Gedankenbild muß dann der Mensch erst an die Außenwelt herantreten und dann finden, daß sie sich decken." (GA 108/1970/20.10.1908/S.190 f.)

Hier unterscheidet Steiner das Konstruieren des Begriffes als die innerlich aktive Stufe geistiger Tätigkeit von der bloßen Vorstellung. Es ist ein inneres Erzeugen, und das versteht er hier unter abstrakt, weil es eine rein innerliche Tätigkeit ist. Die Menschen haben aber meist lieber Vorstellungen. Das ist weniger anstrengend.

Im Grunde ist es dieses Konstruierende, Selbsterzeugende, auf das er auch hier in der vierten Regel abhebt, die Aneignung sinnlichkeitsfreier Begriffe. Das ist hier mit dem Abstrakten gemeint.

Die Übungen „Für die Tage der Woche"

K.-D.N.: Kommen wir zu den Übungen „Für die Tage der Woche", die Rudolf Steiner im Vortragszyklus „Das Lukas-Evangelium" auch als den achtgliedrigen Pfad des Buddha bezeichnet. Nehmen wir einmal die Übung für den Montag; sie lautet:

„*Das Reden*. Nur was Sinn und Bedeutung hat, soll von den Lippen desjenigen kommen, der eine höhere Entwickelung anstrebt. Alles Reden um des Redens willen – zum Beispiel zum Zeitvertreib – ist in diesem Sinne schädlich.

Die gewöhnliche Art der Unterhaltung, wo alles bunt durcheinander geredet wird, soll vermieden werden; dabei darf man sich nicht etwa ausschließen vom Verkehr mit seinen Mitmenschen. Gerade im Verkehr soll das Reden nach und nach zur Bedeutsamkeit sich entwickeln. Man steht jedem Rede und Antwort, doch gedankenvoll, nach jeder Richtung hin überlegt. Niemals ohne Grund reden! Gerne schweigen. Man versuche, nicht zu viel und nicht zu wenig Worte zu machen. Zuerst ruhig hinhören und dann verarbeiten.

Man heißt diese Übung auch: *'das richtige Wort'*." (GA 245/1979/S.28)

Auch hier kann manchen vielleicht gleich Resignation befallen, daß er das nie schaffen wird, weil der größte Teil seines Tages aus einer Aneinanderreihung von Small talks und buntem Durcheinander von Unterhaltungen besteht, die sich nur selten zur Bedeutsamkeit erheben. Muß man verzagen, wenn man diesen Anforderungen nur sehr schlecht genügen kann, oder wie kann man sinnvoll mit einer solchen Übung umgehen?

S. Leber: Neben den Übungen, die man sonst noch macht, wird hier – wie bei den Monats- und Wochenübungen auch – der Rhythmus der Zeit unter gewisse Signaturen gestellt. – Natürlich braucht niemand zu resignieren, weil er meint, weit davon entfernt zu sein, die Anforderungen der Übungen zu erfüllen. Man könnte es ja auch so sehen: Je weiter man davon entfernt ist, desto nötiger hat man sie. Man muß sich nur ernsthaft bemühen und ehrlich gegenüber sich selbst sein, dann wird man auch bemerken, daß die Übungen wirken und man Fortschritte erzielt.

Es gibt immer Dinge, die dem einen und dem anderen schwerer fallen. Wenn es in dieser Übung heißt, daß man das Bewußtsein darauf lenken und versuchen sollte, nicht zu viel und nicht zu wenig Worte zu machen, dann wird das ja auch deutlich. Bei jemandem, der ohnehin nicht viel redet, wenig Kontakt hat, hat das eine andere Dimension als z.B. bei einem Lehrer, der ständig mit der Sprache arbeiten muß. Wenn man sich diese Übung am Tage vergegenwärtigt, wird das auch dazu führen, daß man aufmerksamer wird auf das, was andere Menschen sprechen, wie die Gespräche verlaufen und ob es bedeutsam ist, was gesprochen wird. Man wird aufmerksamer zuhören, Wesentliches vom Unwesentlichen unterscheiden und selber überlegter sprechen. Das gibt der Rede Kraft. Das heißt natürlich nicht, daß man zum Muffel wird, z.B. wenn jemand zu einem kommt, und man ihn nun nicht begrüßt, weil man es für unwesentlich hält. Man wird an diesem Tag Akzente setzen, selber mal etwas Gewichtiges zu sagen. Um soziale Verstopfungen zu vermeiden, ist es auch manchmal notwendig, etwas Lockerndes zu sagen. Das würde dagegen sicher nicht verstoßen.

Die Bildung von neuen Gewohnheiten durch Rhythmus

K.-D.N.: Da bin ich ja beruhigt. – Nehmen wir noch die Übung für den Donnerstag, in der es um das menschliche Streben, um Ziele und Ideale geht, die man sich setzen soll. Sie wird in der Anforderung zusammengefaßt: „Alle vorangegangenen Übungen zur Gewohnheit werden lassen." Wie bildet sich Gewohnheit?

S. Leber: Durch Wiederholung, indem man die Übungen immer wiederholt. Dadurch werden sie schließlich zur Gewohnheit.

K.-D.N.: Und die durch die Übungen angestrebten Fähigkeiten treten so auch als Gewohnheiten in die Wirklichkeit? Andere Menschen werden also bemerken, daß man sich grundlegend verändert?

S. Leber: Ja, selbstverständlich. In einem ersten Schritt wird man schon nach kurzer Zeit bemerken, daß die Übungen einem immer leichter fallen, wenn man sie regelmäßig macht. Das kann man deutlich beobachten.

Man hat jetzt untersucht, wie sich eigentlich Lernen vollzieht, und festgestellt, daß Lernen auf der Ebene der Fähigkeitenbildung mindestens die Nacht braucht. Man muß durch die Nacht hindurch, es muß ein Rhythmus in den Lernprozeß hineinkommen. Dann wachsen Fähigkeiten. Intellektuell kann man sofort etwas üben, verstehen und behalten, aber daß sich das Erlernte tiefer mit dem Wesen des Menschen verbindet, dafür ist die Nacht, dafür ist Rhythmus vonnöten. Gewohnheitenbildung ist letztlich Rhythmus. Ein Lehrer, der jeden Tag irgend etwas anderes ankündigt, kann keine Gewohnheiten und Fähigkeiten bei den Schülern bilden, wenn er es dann nicht rhythmisch wiederholend tut.

Das Maß der eigenen Kräfte erspüren

In dieser Übung für den Donnerstag ist aber auch etwas anderes ausgesagt, denn dort heißt es: „Man achte darauf, nichts zu tun, was außerhalb seiner Kräfte liegt, aber auch nichts zu unterlassen, was innerhalb derselben sich befindet."

K.-D.N.: Ich fürchte, daß sehr viel mehr innerhalb der eigenen Kräfte liegt, als man zu tun bereit ist ...

S. Leber: Das immer zu wissen – was liegt in den Kräften und was nicht, wo übernimmt man sich und wo unterfordert man sich – ist außerordentlich schwierig.

K.-D.N.: Man ist oft geneigt, den Grad der eigenen Ermüdung, der Mattheit, aber auch der Unlust zum Maßstab dafür zu machen, daß etwas nicht mehr innerhalb der eigenen Kräfte liegt. Allerdings kann man auch immer wieder die Erfahrung machen, die diese Einstellung Lügen straft, daß nämlich mit dem Tun die Müdigkeit verfliegt und man aus der Tätigkeit auch Kraft schöpfen kann. Man kann ja durchaus die Beobachtung machen, daß man manchmal gestreßter und geplagter ist, wenn man nichts tut, als wenn man einer Tätigkeit nachgeht. Die Ruhe, die man in der Laxheit und Faulheit zu finden hofft, stellt sich dann nicht ein, sondern greift erst dann Platz, wenn man in seelischen Gleichklang mit einer Tätigkeit kommt. Das ist dann ein sicheres Indiz dafür, daß man in der Untätigkeit auf einem Überschuß an Kräften gebrütet hat, die nach Betätigung streben. Man kann meist sehr viel mehr Kraftreserven mobilisieren – ich spreche jetzt nur von gesunden Ausmaßen –, als einem zur Bequemlichkeit neigenden Menschen lieb sein mag.

S. Leber: Das Geheimnis der Kraftentfaltung war seit jeher: Arbeit und Rhythmus. Wenn man den richtigen Rhythmus findet, kann man daraus ungeheuer viel arbeiten. Deshalb wurde früher auch die körperliche Arbeit oft musikalisch unterstützt, denken Sie nur an den Gesang bei der Feldarbeit. Die heutige Arbeit wird aber nicht durch Rhythmus, sondern durch Takt bestimmt.

Schulung des Gedächtnisses durch Wecken von Interesse und Aufmerksamkeit

K.-D.N.: Gehen wir noch kurz auf eine Gedächtnisübung ein. In „Praktische Ausbildung des Denkens" gibt Steiner eine Übung an, die darin besteht, daß man sich genau an einen Menschen erinnert, dem man am Vortag begegnet ist. Man soll sich dabei bildlich ganz genau ausmalen, wie die Situation gewesen ist, wo man ihn getroffen hat, wie die Straßenecke aussah, was um einen herum geschah usw. Das soll so weit gehen, daß man sich ausmalt, welche Kleidung der andere getragen hat, welche Farbe, welche Beschaffenheit etc., bis ins kleinste Detail. Man soll zunächst versuchen, sich möglichst genau zu erinnern, und dann die fehlenden Einzelheiten in der Phantasie ergänzen, so daß man schließlich ein vollständiges Bild gewinnt. Wieso wird dadurch das Gedächtnis gebildet?

S. Leber: Gedächtnis hängt davon ab, wie die Schärfe der Aufnahme, also der Wahrnehmung ist. Wenn man unscharf und uninteressiert hinschaut, erinnert man später auch nur wenig oder nichts. Es muß Interesse im Blick sein, Aufmerksamkeit, dann kann sich einem etwas einprägen. Wenn das nicht da ist, prägt sich auch nichts ein. Situationen, in denen man angespannt ist, weil sie neu für einen sind, erinnert man später sehr viel besser als Situationen, die man inzwischen mit Routine bewältigt. Sie können sich möglicherweise noch heute daran erinnern, wie sie Ihr erstes Interview machten ...

K.-D.N.: Das war mit Ihnen. (1986, siehe FLENSBURGER HEFTE 15, „Waldorfschule und Anthroposophie", S.24 ff.). Wir saßen hier am gleichen Tisch, nur Sie auf meinem und ich auf Ihrem Platz.

S. Leber: Wenn man aufgeregt und angespannt ist, ist man sehr viel sensibler für Eindrücke. Wenn Sie irgendwann ihr 1.000 Interview gemacht haben werden, können Sie sich an das 352. vermutlich nicht mehr erinnern. Das verschwimmt dann.

Diese Übung führt dazu, daß man lernt, das nächste Mal genauer zu beobachten. Sie ruft die Aufmerksamkeit im Wahrnehmen wach, damit sich etwas in die Seele einprägt. Ich will jetzt nicht näher über die Physiologie des Gedächtnisses sprechen, aber das hängt damit zusammen, daß sich das Seelische dem Leiblichen tatsächlich mitteilt, einprägt. Und wenn da nichts eingeprägt ist, kann die Seele auch nicht erinnern. Durch diese Übung wird die Aufmerksamkeit geschult, und das ist ein unglaublich probates Mittel, wenn man das macht. Man hat z.B. eine Gesprächsrunde, schaut sich die Menschen an und versucht am nächsten Tag, sich mal nur an die Kleidung der Menschen zu erinnern, mit denen man da zusammensaß. Wenn man sich die Menschen daraufhin bewußt angeschaut hat, erinnert man sich tatsächlich am nächsten Tag. Da kann man sich ungemein trainieren. Das ist für mein Verständnis eine der wirksamsten Übungen, die Steiner gegeben hat. Da kann man unmittelbar einen Erfolg spüren.

Wenn Steiner in der Übung angibt, daß man den Menschen kostümieren soll, wenn man sich nicht mehr an seine Kleidung erinnert, dann führt das dazu, daß man mit seiner Erinnerung unzufrieden ist und beim nächsten Mal konzentrierter und wacher hinschaut. Diese Übung hat, an einem Beispiel am Tag geübt, eine Transferwirkung: Man wird insgesamt aufmerksamer.

Mit den Füßen schreiben

K.-D.N.: Eine Heileurythmistin hat mir erzählt, daß man zur Gedächtnisbildung mit den Füßen schreiben sollte, und das auch in Spiegelschrift. Wie paßt das dazu? Wie kann man sich das erklären?

S. Leber: Wir haben jetzt auf die Seele hingeschaut, auf die Aufmerksamkeit, Einprägung und Erinnerung. Die Heileurythmistin schaut auf das, wo die Einprägung stattfindet, und das ist der Ätherleib. Wie bringe ich den in Gang? Ich habe mal mit einem Schauspieler ein Gespräch gehabt, der nahezu alle 14 Tage eine Rolle größeren Umfangs zu lernen hatte, weil er am Stadttheater einer der Stars der Truppe war. Auf die Frage, wie er denn diese großen Rollen lernen würde, sagte er, das sei für ihn kein Problem, er würde auf- und ablaufen und dabei die Rolle einige Male lesen, und schon hätte er sie intus. Die Heileurythmistin empfiehlt diese Übung, weil dabei gewissermaßen das ganze Bewußtsein in den Fuß geht. Es ist eine ungeheure Konzentration notwendig, um die Schreibbewegung mit dem Fuß zu vollziehen. Dadurch wird äußerlich, aber noch mehr innerlich etwas bewegt. Da wird an der Stärkung des Gedächtnispols angesetzt, während die andere Übung sich an den Erinnerungspol wendet.

Den eigenen Entschlüssen treu bleiben

K.-D.N.: Eine Abschlußfrage noch. In „Wie erlangt man Erkenntnisse der höheren Welten?" gibt es das Kapitel „Die Bedingungen zur Geheimschulung". Die fünfte dieser Bedingungen lautet, daß man unbedingt standhaft in allen Entschlüssen sein sollte, die man faßt. Rudolf Steiner führt dort aus, daß bereits jeder Entschluß eine reale Kraft sei, die in der Welt wirkt. Im Hinblick darauf, daß sich vielleicht jemand entschließt, Übungen zu machen: Warum sollte er unbedingt bei diesem Entschluß bleiben?

S. Leber: Das ist ja schon im Alltag so: Wenn Sie sich jeden Tag zu etwas anderem entschließen, kommt aus dem Leben nur Murks heraus. Wenn keine innere Verbindlichkeit vorhanden ist, unterhöhlt man sich selbst. Das ist überhaupt ein Fundament des Menschseins, daß man sich zu dem stellt, wozu man sich entschlossen hat. Wenn man sich entschlossen hat, Redakteur zu werden, kann man sich nicht jeden Tag aufs Neue überlegen, ob man nicht lieber dies oder jenes machen sollte. Wenn man sich jeden Morgen zu einem anderen Beruf entscheiden wollte, dann wird keiner was.

Das trifft auch auf die innere Haltung zu. Man kann sich nur entfalten, wenn da eine klare Linie drin ist. Dazu gehört, daß man auch durchhält, wozu man sich entschieden hat, es sei denn, daß man einsehen muß, man war bei der Entscheidung im offenkundigen Irrtum befangen. Goethe sagte einmal, daß jedes Genie im Grunde Verzicht sei. So ein Mensch bleibt sich selbst treu, obwohl er unzählige Möglichkeiten der Zerstreuung hätte. Er konzentriert sich. In der Beschränkung zeigt sich erst der Meister, denn das Leben bietet tausend Angebote. Man muß seinen Weg gehen, und dabei darf man nicht jedem Seiten- oder Holzweg nachlaufen und ständig abirren. Dann kommt man zu nichts. Wenn man sich also entschlossen hat, dann muß man auch den Entschluß durchhalten. Das ist eine Willensfrage. Und die Verführungen des Lebens sind vielfältig.

HERBERT WITZENMANN
Anregungen zur Selbstschulung

DAS REBENSCHIFF - SINNFINDUNG IM KULTURNIEDERGANG
Aus dem Inhalt:
Bericht über die öffentliche Jugendtagung am Goetheanum 1969, Bemerkungen zur Methode – Über einen Weg zur Erarbeitung der Anthroposophie – Drei Schritte der Gemeinschaftsbildung – Vom Kirschenpflücken – Die Früchteschale – Das Vergängliche wird vom Unvergänglichen getragen – Das Undchen – Das Rebenschiff – Der Turm, Wie man das Fürchten lernen kann – Frau Holle, Ein Weg zum Verständnis der Werke Rudolf Steiners
208 S., Kart.; ISBN 3-85704-224–9, DM 38

SCHÜLERSCHAFT IM ZEICHEN DES ROSENKREUZES
Aus dem Inhalt:
Das unaufhörliche Gebet – Das Erwachen am anderen Menschen – Von der Gewaltlosigkeit – Erschrockene Augen blicken in den heiligen Strom – Die Kraft der Menschenseele ist stärker als jeder Zwang – Kurze Betrachtung über Wesen und Methode der seelischen Beobachtung – Kann uns die seelische Beobachtung den Blick für die Einweihung öffnen – Schülerschaft im Zeichen des Rosenkreuzes – Erkenntniskult als Gemeinschaftsmitte – Gesang und Lauschen – Vom schweigenden Vernehmen – Die drei echten Könige und ihr gemischter Bruder – Der Tempelbau der Erkenntnis
260 S., Ln.; ISBN 3-85704-156-0, DM 39.50

WAS IST MEDITATION
Eine grundlegende Erörterung zur geisteswissenschaftlichen Bewußtseinserweiterung
Der in dieser Schrift entwickelte Meditationsweg beruht auf der Einsicht, daß die Weltentwicklung ein einziger gewaltiger Individuationsvorgang ist. Das menschliche Dasein gewinnt seinen Sinn im Übergang von einer durch äußere Kräfte bewirkten Individuation zur Selbstindividuation. Moderne Meditation ist das bewußte Erüben dieses Übergangs.
Die Schrift enthält unter anderem Hinweise zum Selbstverständnis der indischen, tibetischen und ostasiatischen Übungswege.
(2. Aufl.) 88 S., kart.; ISBN 3-85704-168-4, DM 18.50

DER BILDKALENDER 95
Zwölf erstmalig reproduzierte Werke Beppe Assenzas
Format: ca. 40 x 30 cm, DM 35, ISBN 3-85704-258-3

 Das Verlagsprogramm ist in jeder Buchhandlung (über KNO-Buchdienst) erhältlich.
GIDEON SPICKER VERLAG • ANRATHER STR. 300, D-47807 KREFELD

Denk mal!
Bedeutung und Schulung des Denkens
Thomas Höfer

Um es gleich vorweg zu sagen: Im folgenden geht es um die Bedeutung und die Schulung des Denkens. Und der Ausgangspunkt meiner Darstellungen ist im wesentlichen Rudolf Steiners „Philosophie der Freiheit".

Schreckt Sie das ab? Erwarten Sie nun aufgrund dieser wenigen Informationen eine hochabstrakte, schwer verständliche Lektüre, die letztlich doch keinen praktischen Gewinn verspricht? Haben Sie beinahe schon weitergeblättert? Dann geht es Ihnen wie den meisten anderen Menschen.

Oder gehören Sie zu den wenigen, die sich gerade dadurch zum Weiterlesen ermuntert fühlen? Reizt Sie die Aussicht, sich denkend an den verschlungenen Gedankengängen einer philosophischen Abhandlung zu beweisen? Schmeichelt Ihnen der vermeintlich hohe Anspruch?

Was auch immer Sie erwarten: Sie werden erst erfahren, ob sich Ihre Vorstellungen mit dem, was ich tatsächlich darstellen werde, decken, wenn Sie sich darauf einlassen, den Text zu lesen und gedanklich nachzuvollziehen. Das heißt, Sie müssen Ihre Aufmerksamkeit von sich und Ihren Vorstellungen ab- und meiner Darstellung zuwenden und den von mir vorgezeichneten Gedankengang nachvollziehen. Dies ist aber bereits die erste Denkübung, denn indem Sie diese Worte lesen und ihnen ihren Sinn entnehmen, betätigen Sie bereits Ihr Denken, um die Wirklichkeit dieses Textes zu erfassen.

Ein Gedankenexperiment

Da das Lesen von Texten bereits ein vielschichtiger Prozeß ist, in dem mehrere Faktoren eine Rolle spielen, werde ich mich im weiteren auf einfachere Vorgänge beschränken, an denen aber das Wesentliche um so deutlicher werden kann. Die Frage ist: Wie erfassen Sie Wirklichkeit? Hierzu möchte ich mit Ihnen ein kleines Gedankenexperiment durchführen. Sind Sie bereit?

Stellen Sie sich vor, Sie hätten die Augen geschlossen und jemand nähme Sie an die Hand, führte Sie in einen Garten dicht vor einen Baum. Sie stünden jetzt also vor einem Baum, ohne zu wissen, daß Sie dort stehen. Sie wissen allerdings aus Erfahrung, was Bäume sind.

Jetzt öffnen Sie die Augen. Vielleicht werden Sie einen kleinen Schreck bekommen, weil Sie nicht damit gerechnet haben, so dicht vor einem Hindernis zu stehen, und Sie machen einen kleinen Schritt rückwärts. Gleichzeitig werden verschiedene Gedanken durch Ihren Kopf schießen: „Ein Baum. Ich stehe vor einem Baum. – Was ist das für ein Baum? Es ist ein Laubbaum, ich weiß aber nicht, was für einer. Er erinnert mich an einen Baum im Garten meiner Schwiegereltern. Vielleicht ist es eine Linde?"

Diese Gedankenflut ist genau genommen ein Wust aus verschiedenen Tätigkeiten – Wahrnehmen, Denken, Erkennen, Erinnern –, die in unterschiedlicher Weise zusammenspielen und in denen unterschiedliche Faktoren – Begriffe, Sinnesempfindungen, Intuitionen, Vorstellungen, Erinnerungsbilder – eine Rolle spielen.

Ich möchte nun ein wenig Ordnung in Ihre Baumbetrachtung bringen. Dazu ist es notwendig, ganz langsam in ganz kleinen Schritten vorzugehen, den Vorgang quasi in Zeitlupe ablaufen zu lassen und einige Szenen sogar als Standbild zu betrachten. Ja, mehr noch, wir werden Vorgänge, die nahezu zeitgleich ablaufen und sich daher überlagern, Schicht für Schicht einzeln betrachten müssen.

Die Wahrnehmung

Gehen wir noch einmal ganz an den Anfang unseres Gedankenexperimentes zurück: Sie stehen vor dem Baum und öffnen die Augen. In diesem Augenblick geschehen mehrere Dinge gleichzeitig, die zunächst dazu führen, daß Sie ein Bewußtsein von dem Baum, vor dem Sie stehen, erlangen.

Das erste ist, daß Ihre Sinne – in diesem Fall vor allem Ihre Augen – Ihnen einen Sinneseindruck des Baumes vermitteln. – Stop!

Lassen Sie uns hier bereits ein wenig verweilen.

Ihre Augen vermitteln Ihnen die verschiedensten Eindrücke – grün, braun, langgestreckt, räumlich usw. –, die zwar insgesamt ein Abbild des Baumes ergeben, aber zunächst ohne jeden Zusammenhang nebeneinanderstehen. Weiter ist noch gar nichts geschehen, Sie haben sich noch nicht einen einzigen Gedanken gebildet. Der Zusammenhang der sinnlichen Eindrücke hat sich Ihnen noch nicht erschlossen. Genaugenommen haben Sie noch nicht einmal zwischen „Baum" und „Nichtbaum" unterschieden, der Baum und seine Umgebung bestehen völlig gleichberechtigt nebeneinander.

Dieser Zustand kommt in der Praxis so gut wie nie vor, weil das Denken durch die Sinnesbeobachtung sofort angestoßen und aktiv werden würde, und es ist daher nicht leicht, sich ihn deutlich vor Augen zu führen. Rudolf Steiner versucht, mit folgender Beschreibung den Blick auf das Wesentliche zu lenken:

„Wir müssen uns vorstellen, daß ein Wesen mit vollkommen entwickelter menschlicher Intelligenz aus dem Nichts entstehe und der Welt gegenübertrete. Was es da gewahr würde, bevor es das Denken in Tätigkeit bringt, das ist der reine Beobachtungsinhalt. Die Welt zeigte dann diesem Wesen nur das bloße zusammenhanglose Aggregat von *Empfindungsobjekten*: Farben, Töne, Druck-, Wärme-, Geschmacks- und Geruchsempfindungen; dann Lust und Unlustgefühle." (GA 4/1987/S.61)

Wenn Sie dieses oben geschilderte Wesen wären und die Augen schlössen, nachdem Sie den Baum gesehen haben – aber bevor Ihr Denken einsetzt – wäre Ihr Bewußtsein wieder ohne Inhalt und Sie könnten sich an rein gar nichts erinnern. Sie wüßten nicht einmal, daß Sie Farben und Formen beobachtet haben, wenn sich Ihr Denken nicht betätigt hat. Die sinnliche Beobachtung der Welt vermittelt Ihnen also nur in dem Augenblick einen Bewußtseinsinhalt, indem Sie sich der Welt tatsächlich zuwenden.

Den Bewußtseinsinhalt, der durch die Sinne in der beschriebenen Weise vermittelt wird, ohne das Zutun des Denkens, nennt Rudolf Steiner *Wahrnehmung:*

„Ich werde die unmittelbaren Empfindungsobjekte, die ich oben genannt habe, insoferne das bewußte Subjekt von ihnen durch Beobachtung Kenntnis nimmt, *Wahrnehmungen* nennen. Also nicht den Vorgang der Beobachtung, sondern das *Objekt* dieser Beobachtung bezeichne ich mit diesem Namen." (ebd./S.62)

Mit Wahrnehmung ist also nicht das Objekt in der Sinneswelt – etwa der Baum an sich – gemeint, das selbstverständlich auch dann existiert, wenn Sie es nicht wahrnehmen. Rudolf Steiner geht in der „Philosophie der Freiheit" vollständig vom menschlichen Bewußtsein aus. Was dort in der geschilderten Weise auftaucht, sind die Empfindungsobjekte bzw. Wahrnehmungen.

An dieser Stelle tauchen in aller Regel bei den meisten Menschen schon viele Fragen auf, die darauf beruhen, daß man kaum gedanklich zu fassen bekommt, was eine reine Wahrnehmung ist. Ist sie außerhalb meiner selbst oder innerhalb? Ist sie das, was ich wahrnehme, was da draußen vor mir steht, oder das, was ich wahrgenommen habe, was als Bild in mir ist?

Diese Frage beruht auf der weit verbreiteten Ansicht, daß die Sinneswahrnehmung in Ihrem Kopf entstünde, in Ihrem Hirn. Man stellt sich in der Regel vor, das Auge sei eine Linse: auf der einen Seite – in der Welt – der Gegenstand, auf der anderen Seite – in Ihrem Kopf – eine Projektion des Gegenstandes.

Diese Ansicht ist irreführend. Lassen Sie sie fallen, machen Sie sich völlig frei davon und probieren Sie folgende Übung:

Betrachten Sie einen beliebigen Gegenstand in Ihrer Umgebung, ganz egal welchen. Wenden Sie die Augen nicht ab. Fragen Sie sich jetzt, wo Sie den Gegenstand sehen. –

Sie sehen ihn außerhalb Ihrer selbst und nur dort. Das, was Sie sehen, ist Ihre Wahrnehmung. Es gibt nur den einen Gegenstand an dem einen Ort, und Sie können ihn nur so lange wahrnehmen, wie Sie tatsächlich Ihre Augen auf ihn richten. Schließen Sie die Augen oder blicken Sie zur Seite, verschwindet die Wahrnehmung.

Angenommen, Sie haben Ihren Blick auf eine Katze gerichtet. Das, was Sie sehen, ist die Wahrnehmung der Katze. Wenn die Katze vor Wohlbehagen schnurrt und Sie nahe genug bei Ihr sind, um das Schnurren zu hören, dann gehört auch dieser akustische Eindruck zu der Wahrnehmung der Katze. Streichen Sie ihr über ihr Fell, dann ist auch der Tasteindruck, den Ihre Hand Ihnen vermittelt, Teil Ihrer Wahrnehmung der Katze.

Die Wahrnehmung ist nicht die Katze selbst, aber die Katze ist nur soweit Inhalt Ihres Bewußtseins, wie Sie sie wahrnehmen.

Wie gesagt, kein Mensch bleibt in Praxis bei der reinen Wahrnehmung stehen, es schließen sich sofort weitere Prozesse an. Wir gehen jetzt zum nächsten Schritt.

Begriff und Bewußtsein

Sie erinnern sich: Sie stehen mit geöffneten Augen vor dem Baum, Ihre Sinne vermitteln Ihnen die Wahrnehmung des Baumes. Nun geschieht sofort und gleichzeitig etwas zweites: Ihr Denken wird tätig und fügt zu der Wahrnehmung des Baumes den Begriff des Baumes hinzu.

Was der Begriff des Baumes ist, läßt sich noch schwerer fassen als die Wahrnehmung des Baumes. Rudolf Steiner beschreibt den Begriff folgendermaßen:

„Wenn jemand einen Baum sieht, so reagiert sein Denken auf seine Beobachtung; zu dem Gegenstande tritt ein ideelles Gegenstück hinzu, und er betrachtet den Gegenstand und das ideelle Gegenstück als zusammengehörig. Wenn der Gegenstand aus seinem Beobachtungsfelde verschwindet, so bleibt nur das ideelle Gegenstück davon zurück. Das letztere ist der Begriff des Gegenstandes." (ebd./S.57)

Der Begriff taucht also durch die Tätigkeit des Denkens in Ihrem Bewußtsein auf. Der Begriff hat in der Form, in der er in Ihrem Bewußtsein im Augenblick des Wahrnehmens auftaucht, Bildcharakter. Rudolf Steiner nennt diese Form des Begriffes auch Intuition.

„Im Gegensatz zum Wahrnehmungsinhalte, der uns von außen gegeben ist, erscheint der Gedankeninhalt im Innern. Die Form, in der er zunächst auftritt, wollen wir als *Intuition* bezeichnen." (ebd./S.95)

Wahrnehmung und Begriff (bzw. Intuition) legen sich nun in Ihrem Bewußtsein übereinander, verschmelzen miteinander. Ihr Bewußtsein ist also der Ort des Zusammentreffens von Wahrnehmung und Begriff, bzw. Ihr erkennendes Bewußtsein entsteht überhaupt erst durch das Zusammentreffen der beiden genannten Komponenten. Wenn also auf Ihre Wahrnehmung des Baumes nicht der

Begriff trifft, erlangen Sie keine Erkenntnis des Baumes. Sie wissen dann nicht, daß Sie einen Baum gesehen haben und werden es nie wissen. Deshalb ist es schwer, sich beide Prozesse – Beobachten und Denken – als zwei einzelne Komponenten bewußt zu machen, weil Wissen im Sinne bewußter Erkenntnis ja erst durch die Verschmelzung beider Prozesse entsteht. In Ihrem Bewußtsein entsteht ein Einheitliches, was aber ursprünglich ein Zweifaches war. Bevor ich hierauf weiter eingehe, noch einige Worte zum Begriff.

Eine naheliegende Verwechslung ist die von Wort und Begriff. Das Wort ist nicht der Begriff, es bezeichnet lediglich einen Begriff, deutet auf einen Begriff hin. Sie können sich das dadurch klarmachen, daß Sie bedenken, daß es für den Begriff des Baumes in verschiedenen Sprachen verschiedene Wörter gibt: tree (englisch), arbre (französisch), puu (finnisch) usw. Welche Sprache Sie auch sprechen, mit welchem Wort Sie den Baum auch benennen, der Begriff, der als ideelles Gegenstück zu der Wahrnehmung des Baumes in Ihrem Bewußtsein auftaucht, ist stets derselbe. Begriffe sind an sich unaussprechlich.

Daraus folgt, daß Sie von Dingen Erkenntnis haben können, ohne daß Sie sie mit Worten belegen müßten. Das wird sofort deutlich, wenn Sie den Bereich der optischen Sinneseindrücke verlassen. Wenn Sie einen Ton hören, geschieht exakt das gleiche wie beim Sehen eines Baumes. Ihre Sinne vermitteln Ihnen die Wahrnehmung, Ihr Denken den Begriff des Tones. Beides trifft in Ihrem Bewußtsein zusammen, und Sie erlangen eine Erkenntnis des Tones. Sie können den Begriff des Tones denken, ohne daß Sie das in Worten fassen könnten, da er sich durch seine Klanggestalt der sprachlichen Mitteilung entzieht.

Die Beobachtung von Kindern kann ebenfalls zeigen, daß der Begriff von etwas unabhängig vom Wort, von der Sprache ist. Wenn Kinder erzählen wollen, daß sie etwas sehr Beeindruckendes gesehen haben, ihnen aber die Worte fehlen, das Gesehene exakt zu benennen, dann um- und beschreiben sie es. Hier wird ganz deutlich, daß Worte hinlenkenden, hindeutenden Charakter haben. Sie lenken das Denken auf einen Begriff.

Erkenntnis

Das Verschmelzungsprodukt von Wahrnehmung und Begriff nennt Rudolf Steiner Erkenntnis.

„Die Wahrnehmung ist also nichts Fertiges, Abgeschlossenes, sondern die eine Seite der totalen Wirklichkeit. Die andere Seite ist der Begriff. Der Erkenntnisakt ist die Synthese von Wahrnehmung und Begriff. Wahrnehmung und Begriff eines Dinges machen aber erst das ganze Ding aus." (ebd./S.92)

Erkenntnis ist demnach gar nichts Außergewöhnliches, sondern etwas Alltägliches. Erkenntnis stellt sich immer dann ein, wenn Sie einem Ding beobachtend und denkend zugewandt sind und dadurch ein klares Wissen des Dinges erlangen. Das heißt aber folgendes: Die Wirklichkeit teilt sich dem Menschen von zwei Seiten her mit: von Seiten der Wahrnehmung und von Seiten des Begriffes. Die Wirklichkeit spaltet sich also in dem Moment, in dem der Mensch ihr gegenübertritt, in zwei Bereiche:

„Nicht an den Gegenständen liegt es, daß sie uns zunächst ohne die entsprechenden Begriffe gegeben werden, sondern an unserer geistigen Organisation. Unsere totale Wesenheit funktioniert in der Weise, daß ihr bei jedem Dinge der Wirklichkeit von zwei Seiten her die Elemente zufließen, die für die Sache in Betracht kommen: von seiten des *Wahrnehmens* und des *Denkens*.

Es hat mit der Natur der Dinge nichts zu tun, wie ich organisiert bin, sie zu erfassen. Der Schnitt zwischen Wahrnehmung und Denken ist erst in dem Augenblicke vorhanden, wo ich, der Betrachtende, den Dingen gegenübertrete." (ebd./S.88)

Im Erkenntnisakt setzt der Mensch diese gespaltene Wirklichkeit wieder zusammen. Wir können, das ist eine weitere Schlußfolgerung, ein Ding nur dann erkennen, wenn wir es tatsächlich wahrnehmen und gleichzeitig den Begriff dazu bilden. Um die Welt zu erkennen, müssen wir uns ihr also real zuwenden.

Wenn man an die Wirklichkeit nicht herankommt

Wenn Sie mit dem hier Dargestellten nicht ohnehin gut vertraut sind, wird sich spätestens hier Ihr Widerstand regen. Sie werden sich vielleicht fragen: "Teilt sich mir wirklich so leicht die *ganze* Wirklichkeit eines Dinges mit?"

Dazu ist folgendes zu sagen: Sie erkennen die Wirklichkeit eines Dinges nur insofern, wie Sie es wahrnehmen und die entsprechenden Begriffe dazu bilden. Wenn Sie keine Farben wahrnehmen könnten, könnten Sie bezüglich der Farbe des Baumes keine Erkenntnis bilden. In diesem Bereich wäre Ihnen eine Erkenntnis der Wirklichkeit also nicht möglich. Anders herum gesehen, wird Ihr Bild der Wirklichkeit desto vollständiger, je reichhaltiger und gegliederter Ihre Wahrnehmungen sind, indem Sie z.B. denselben Baum von verschiedenen Seiten oder zu verschiedenen Jahreszeiten betrachten.

Wenn Sie andererseits Farben sehen könnten, aber Ihr Denken nicht in der Lage wäre, Ihnen den Begriff der Farbe zu vermitteln, könnten Sie ebenfalls in diesem Bereich keine Erkenntnis erwerben. Für den Bereich der Farbe würden Sie folglich auch kein erkennendes Bewußtsein entwickeln:

„Wir stehen einem beobachteten Dinge der Welt so lange fremd gegenüber, so lange wir in unserem Innern nicht die entsprechende Intuition haben, die uns das in der Wahrnehmung fehlende Stück der Wirklichkeit ergänzt. Wer nicht die Fähigkeit hat, die den Dingen entsprechenden Intuitionen zu finden, dem bleibt die volle Wirklichkeit verschlossen." (ebd./S.95)

Eine andere Frage könnte in Ihnen auftauchen: „Kann ich ein Ding wirklich nur in dem Moment erkennen, indem ich es wahrnehme? Kann ich nicht auch Erkenntnis erlangen, indem ich später über meine Beobachtungen nachdenke?"

Um diese Frage zu beantworten, müssen Sie zwischen dem Erkennen von Gegenständen oder Zuständen – etwa Kälte oder Angst – und dem Erkennen von Gedanken unterscheiden. Bleiben wir zunächst bei ersterem.

Erkenntnis hatten wir als die Synthese von Wahrnehmung und Begriff definiert. Eine Wahrnehmung stellt sich aber nur dann ein, wenn Sie dem Wahrnehmungsobjekt ihre sinnliche Aufmerksamkeit zuwenden, wenn Sie also z.B. die Augen auf es richten. Folglich ist Erkenntnis in diesem Fall auch nur in dem Moment möglich, indem Sie das Wahrnehmungsobjekt wahrnehmen.

„Aber ich kann mich doch an den Gegenstand erinnern!" werden Sie jetzt denken. Das ist richtig. Was aber ist Ihre Erinnerung?

Sie erblicken den Baum, Wahrnehmung und Begriff tauchen in Ihrem Bewußtsein auf, Erkenntnis entsteht. Jetzt wenden Sie den Blick ab, Ihnen bleibt ein Bild des Baumes, Ihre Erinnerung des Baumes. Dieses Bild ist aber nicht Ihre Wahrnehmung, sondern der zu der Wahrnehmung gehörige Begriff, oder genauer: der an der Wahrnehmung gebildete Begriff. Diesen Begriff nennt Rudolf Steiner Vorstellung. Dazu gleich mehr.

Sie können sich Kenntnis von Dingen verschaffen, ohne daß Sie sie selbst gesehen haben. Entweder lesen Sie darüber, oder Sie lassen sich davon berichten. Auf diese Weise werden Ihnen aber nur die Begriffe vermittelt, keine Wahrnehmungen. Ihnen fehlt also eine Seite der Wirklichkeit. Die Folge ist, daß Sie gegenüber diesem Bereich der Wirklichkeit nicht erkenntnisfähig sind. Ihr Wissen bleibt zunächst rein theoretisch, d.h. ohne Bezug zur Wirklichkeit. Dies gilt übrigens auch für alle Aussagen Rudolf Steiners zu übersinnlichen Phänomenen. Sie können zwar die Schriften und Vorträge Steiners studieren und sich so die Begriffe der übersinnlichen Realitäten aneignen, erkenntnisfähig sind Sie aber so lange nicht, wie Sie nicht selbst wahrnehmen.

Vorstellung

Was genau ist eine Vorstellung? Rudolf Steiner führt dazu folgendes aus:

„Ich nehme nicht nur andere Dinge wahr, sondern ich nehme mich selbst wahr. Die Wahrnehmung meiner selbst hat zunächst den Inhalt, daß ich das Bleibende bin gegenüber den immer kommenden und gehenden Wahrnehmungsbildern. Die Wahrnehmung des Ich kann in meinem Bewußtsein stets auftreten, während ich andere Wahrnehmungen habe. Wenn ich in die Wahrnehmung eines gegebenen Gegenstandes vertieft bin, so habe ich vorläufig nur von diesem ein Bewußtsein. Dazu kann dann die Wahrnehmung meines Selbst treten. Ich bin mir nunmehr nicht bloß des Gegenstandes bewußt, sondern auch meiner Persönlichkeit, die dem Gegenstand gegenüber steht und ihn beobachtet. Ich sehe nicht bloß einen Baum, sondern ich weiß auch, daß *ich es bin,* der ihn sieht. Ich erkenne auch, daß in mir etwas vorgeht, während ich den Baum beobachte. Wenn der Baum aus meinem Gesichtskreise verschwindet, bleibt für mein Bewußtsein ein Rückstand von diesem Vorgange: ein Bild des Baumes. Dieses Bild hat sich während meiner Beobachtung mit meinem Selbst verbunden. Mein Selbst hat sich bereichert; sein Inhalt hat ein neues Element in sich aufgenommen. Dieses Element nenne ich meine *Vorstellung* von dem Baume. Ich käme nie in die Lage, von *Vorstellungen* zu sprechen, wenn ich diese nicht in der Wahrnehmung meines Selbst erlebte. Wahrnehmungen würden kommen und gehen; ich ließe sie vorüberziehen. Nur dadurch, daß ich mein Selbst wahrnehme und merke, daß mit jeder Wahrnehmung sich auch *dessen* Inhalt ändert, sehe ich mich gezwungen, die Beobachtung des Gegenstandes mit meiner eigenen Zustandsveränderung in Zusammenhang zu bringen und von meiner Vorstellung zu sprechen." (ebd./S.68)

Ihre Vorstellung ist also Ihr Erinnerungsbild Ihrer Wahrnehmung. Daß es sich hierbei tatsächlich um die begriffliche Seite der Wirklichkeit handelt, wird aus folgenden Worten Steiners deutlich, in der die Vorstellung als individualisierter Begriff bezeichnet wird:

„In dem Augenblicke, wo eine Wahrnehmung in meinem Beobachtungshorizonte auftaucht, betätigt sich durch mich auch das Denken. Ein Glied in meinem Gedankensysteme, eine bestimmte Intuition, ein Begriff verbindet sich mit der Wahrnehmung. Wenn dann die Wahrnehmung aus meinem Gesichtskreise verschwindet: was bleibt zurück? Meine Intuition mit der Beziehung auf die bestimmte Wahrnehmung, die sich im Momente des Wahrnehmens gebildet hat. [...] Die *Vorstellung* ist nichts anderes als eine auf eine bestimmte Wahrnehmung bezogene Intuition, ein Begriff, der einmal mit einer Wahrnehmung verknüpft war, und dem der Bezug auf diese Wahrnehmung geblieben ist. Mein Begriff eines Löwen ist nicht *aus* meinen Wahrnehmungen von Löwen gebildet. Wohl aber ist meine Vorstellung vom Löwen *an* der Wahrnehmung gebildet. Ich kann jemandem den Begriff eines Löwen beibringen, der nie einen Löwen gesehen hat. Eine lebendige Vorstellung ihm beizubringen, wird mir ohne sein eigenes Wahrnehmen nicht gelingen.

Die Vorstellung ist also ein individualisierter Begriff. Und nun ist es uns erklärlich, daß für uns die Dinge der Wirklichkeit durch Vorstellungen repräsentiert werden können. Die volle Wirklichkeit eines Dinges ergibt sich uns im Augenblicke der Beobachtung aus dem Zusammengehen von Begriff und

Wahrnehmung. Der Begriff erhält durch eine Wahrnehmung eine individuelle Gestalt, einen Bezug zu dieser bestimmten Wahrnehmung. In dieser individuellen Gestalt, die den Bezug auf die Wahrnehmung als eine Eigentümlichkeit in sich trägt, lebt er in uns fort und bildet die Vorstellung des betreffenden Dinges. Treffen wir auf ein zweites Ding, mit dem sich derselbe Begriff verbindet, so erkennen wir es mit dem ersten als zu derselben Art gehörig; treffen wir dasselbe Ding ein zweites Mal wieder, so finden wir in unserem Begriffssysteme nicht nur überhaupt einen entsprechenden Begriff, sondern den individualisierten Begriff mit dem ihm eigentümlichen Bezug auf denselben Gegenstand, und wir erkennen den Gegenstand wieder.

Die Vorstellung steht also zwischen Wahrnehmung und Begriff. Sie ist der bestimmte, auf die Wahrnehmung deutende Begriff." (ebd./S.106 f.)

Wenn Sie also über einen Gegenstand nachdenken, den Sie wahrgenommen haben – z.B. einen Baum –, im Augenblick aber nicht wahrnehmen, so taucht in Ihrem Bewußtsein Ihre Vorstellung des Baumes, der von Ihnen an der Wahrnehmung des Baumes gebildete Begriff auf. Diese Vorstellung ist blasser und weniger detailliert als die ursprüngliche Wahrnehmung. Was immer Sie auch jetzt denken: Der Ausgangspunkt ist Ihre Vorstellung, nicht die Wahrnehmung, d.h. Sie sind nicht an der Wirklichkeit dran. Ob Ihr Denken wirklichkeitsgemäß war, können Sie erst nachträglich prüfen, indem Sie sich der Wirklichkeit wieder real zuwenden.

An dieser Stelle kommt etwas zum Tragen, was vielen Menschen Schwierigkeiten bereitet: Der Mensch neigt dazu, während er wahrnimmt, seine Vorstellungen zu aktivieren, statt die zur Wahrnehmung gehörigen Begriffe jeweils neu intuitiv zu fassen. Das fällt den Menschen deshalb in der Regel nicht weiter auf, weil zum einen die Vorstellung auch Begriffscharakter hat, demnach also die Intuition ersetzen kann, und zum anderen oft kein Unterschied bemerkbar ist. Dieser Unterschied wird erst dann bemerkbar, wenn Vorstellung und Wahrnehmung nicht zusammenstimmen. Ein Beispiel: Sie haben sich die Vorstellung einer Linde gebildet und treten einem Baum gegenüber. Sie sehen einmal kurz hin und verbinden mit Ihrer Wahrnehmung die Vorstellung der Linde. In Wirklichkeit handelt es sich bei dem Baum aber um eine Pappel. Sie werden die Pappel solange nicht als Pappel erkennen, wie Sie an Ihrer Vorstellung der Linde festhalten.

Schulung der Wahrnehmungs- und Erkenntnisfähigkeit

Eine gute Übung in diesem Zusammenhang ist, einen Gegenstand zu betrachten, anschließend die Augen zu schließen und sich die Vorstellung des Gegenstandes zu bilden. Prüfen Sie bei geschlossenen Augen Ihre Vorstellung: Wie detailgetreu ist sie? Zeigt Sie Ihnen nur die Form des Gegenstandes? Welche Farbe hat der

Gegenstand in Ihrer Vorstellung? Von wo fällt das Licht auf den Gegenstand? Wie ist er gegliedert?

Wenn Sie sich nicht erinnern können, öffnen Sie wieder die Augen, und betrachten Sie Ihren Gegenstand von neuem. Wiederholen Sie dann die Übung.

Sie werden in aller Regel feststellen, daß die Vorstellung zunächst ziemlich mickrig ist im Vergleich zur Wahrnehmung, sich aber mit der Zeit mehr und mehr gliedert. Auch werden Sie feststellen, daß Sie bei Gegenständen, die neu in Ihre Wahrnehmung treten, auf den ersten Blick mehr erfassen als früher.

Erfahrung

Je mehr Sie wahrnehmen, desto mehr wird Ihr Denken angestoßen, desto reichhaltiger wird Ihre Vorstellungswelt. Die Summe aller Vorstellungen, die sich ein Mensch bilden kann, nennt Rudolf Steiner *Erfahrung:*

„Die Summe desjenigen, worüber ich Vorstellungen bilden kann, darf ich meine Erfahrung nennen. Derjenige Mensch wird die reichere Erfahrung haben, der eine größere Zahl individualisierter Begriffe hat. Ein Mensch, dem jedes Intuitionsvermögen fehlt, ist nicht geeignet, sich Erfahrung zu erwerben. Er verliert die Gegenstände wieder aus seinem Gesichtskreise, weil ihm die Begriffe fehlen, die er zu ihnen in Beziehung setzen soll. Ein Mensch mit gut entwickeltem Denkvermögen, aber mit einem infolge grober Sinneswerkzeuge schlecht funktionierenden Wahrnehmen, wird ebensowenig Erfahrung sammeln können. Er kann sich zwar auf irgendeine Weise Begriffe erwerben; aber seinen Intuitionen fehlt der lebendige Bezug auf bestimmte Dinge. Der gedankenlose Reisende und der in abstrakten Begriffssystemen lebende Gelehrte sind gleich unfähig, sich eine reiche Erfahrung zu erwerben.

Als Wahrnehmung und Begriff stellt sich uns die Wirklichkeit, als Vorstellung die subjektive Repräsentation dieser Wirklichkeit dar." (ebd./S.108)

Denken

Welche Rolle spielt in allem bisher Gesagten eigentlich das Denken? Wir hatten gesagt, daß das Denken an der Wahrnehmung anstößt und den zur Wahrnehmung passenden Begriff innerhalb des Bewußtseins zur Erscheinung bringt. Was aber ist das Denken selbst?

War es schwierig, sich deutlich vor Augen zu führen, was Wahrnehmung und Begriff sind, so trifft dies auf das Denken in doppelter Weise zu.

Sie erinnern sich: Die Wirklichkeit zerfällt, indem der Mensch sich ihr zuwendet, in zwei Bereiche: den der Wahrnehmung und den des Begriffes. Rudolf Steiner führt nun aus, daß es das Denken ist, das einerseits diese Spaltung herbeiführt, andererseits aber auch wieder überwindet:

„Das Denken ist *jenseits* von Subjekt und Objekt. Es bildet diese beiden Begriffe ebenso wie alle anderen. [...] Das Subjekt denkt nicht deshalb, weil es Subjekt ist; sondern es erscheint sich als ein Subjekt, weil es zu denken vermag. Die Tätigkeit, die der Mensch als *denkendes* Wesen ausübt, ist also keine bloß subjektive, sondern eine solche, die weder subjektiv noch objektiv ist, eine über diese beiden Begriffe hinausgehende. Ich darf niemals sagen, daß mein individuelles Subjekt denkt; dieses lebt vielmehr selbst von des Denkens Gnaden. Das Denken ist somit ein Element, das mich über mein Selbst hinausführt und mit den Objekten verbindet. Aber es trennt mich zugleich von ihnen, indem es mich ihnen als Subjekt gegenüberstellt.

Darauf beruht die Doppelnatur des Menschen: er denkt und umschließt damit sich selbst und die übrige Welt; aber er muß sich mittels des Denkens zugleich als ein den Dingen gegenüberstehendes Individuum bestimmen." (ebd./S.60 f.)

Sie werden sich vielleicht fragen, wozu das gut ist. Im ersten Schritt kommt es zur Spaltung, im zweiten Schritt zur Überwindung der Spaltung. Scheint das nicht umständlich? Wäre es nicht einfacher, wenn man gleich die volle Wirklichkeit erfassen würde?

Wenn aber dies so wäre, würde der Mensch sich keine Erkenntnis von den Dingen und auch nicht von sich selbst bilden können. Erkenntnis aber ist die unabdingbare Voraussetzung zur Erlangung von Freiheit. Gäbe es diese Spaltung nicht, wäre der Mensch zur Freiheit unfähig.

Denken ist eine Tätigkeit, die den Menschen den Dingen gegenüberstellt und zugleich zwischen dem Menschen und den Dingen vermittelt. Das Denken ist es auch, daß es dem Menschen ermöglicht, die Welt um ihn her zu verstehen, indem es Verbindungen zwischen den zu den Wahrnehmungen gehörigen Begriffen knüpft:

„Das Denken ist imstande, Fäden zu ziehen von einem Beobachtungselement zum andern. Es verknüpft mit diesen Elementen bestimmte Begriffe und bringt sie dadurch in ein Verhältnis. Wir haben oben bereits gesehen, wie ein uns begegnendes Geräusch mit einer anderen Beobachtung dadurch verbunden wird, daß wir das erstere als Wirkung der letzteren bezeichnen." (ebd./ S.61)

„Die einzelnen Tatsachen treten in ihrer Bedeutung in sich und für die übrigen Teile der Welt erst hervor, wenn das Denken seine Fäden zieht von Wesen zu Wesen." (ebd./S.95)

„Ein Ding *erklären, verständlich machen* heißt nichts anderes, als es in den Zusammenhang hinein versetzen, aus dem es durch die oben geschilderte Einrichtung unserer Organisation herausgerissen ist." (ebd./S.95 f.)

Das Denken bringt die Verbindung der Begriffe und Ideen zueinander hervor. Denken ist also nicht der Begriffsinhalt, sondern die Tätigkeit des Hervorbringens des Begriffes. Die Begriffe wiederum sind nicht ein Produkt des Menschen, sondern die eine Seite der Wirklichkeit. Indem der Mensch sich wahrnehmend und denkend betätigt, durchdringt er die Welt mit Erkenntnis, macht sich die Welt – ausgehend von dem Ort, an dem er steht – zu eigen.

Die praktische Ausbildung des Denkens

Wenn die Begriffe die eine Seite der Wirklichkeit sind und das Denken eine Kraft ist, die von der Wahrnehmung – der anderen Seite der Wirklichkeit – angestoßen wird und die Begriffe im Bewußtsein des Menschen zur Erscheinung bringt, dann kann sich der Mensch die Wirklichkeit dadurch erschließen, daß er sie unbefangen betrachtet:

„Wenn man von wirklicher Denkpraxis reden will, muß man wissen, daß Gedanken nur aus einer Welt herauszuholen sind, in der auch wirklich schon Gedanken darinnen sind. Wie man Wasser nur aus einem Glase schöpfen kann, in dem Wasser wirklich darinnen ist, so kann man Gedanken nur aus Dingen schöpfen, in denen sie darinnen sind. Die Welt ist nach Gedanken aufgebaut; nur deshalb kann man Gedanken auch herausholen aus ihr. Wenn das nicht wäre, dann könnte überhaupt keine Denkpraxis zustande kommen. Dann aber, wenn der Mensch zu Ende empfindet, was hier ausgesprochen worden ist, dann wird er über alles abstrakte Denken leicht hinwegzubringen sein. Wenn der Mensch das volle Vertrauen hat, daß hinter den Dingen Gedanken stehen, daß die realen Tatsachen des Lebens nach Gedanken verlaufen, dann, wenn er diese Empfindung hat, dann wird er leicht sich bekehren zu einer Denkpraxis, die auf Wirklichkeit, Realität gebaut ist." (GA 108/1970/ 18.01.1909/S.220 f.)

In Ihnen können bei der Betrachtung von Naturvorgängen Fragen auftauchen, z.B. diese: „Wie wächst eine Pflanze?" Sicher, Sie können das in Lehrbüchern der Botanik nachlesen, Sie können aber auch eine Pflanze beim Wachsen beobachten, indem Sie sie vom Keimstadium bis zur Blüte jeden Tag betrachten. Schauen Sie die Pflanze genau an: Was kommt zuerst aus der Erde? Welche Farbe hat der Sproß? Was wird aus den ersten Blättern? Wie ist die Form der später in Erscheinung tretenden Blätter im Verhältnis zu der der Keimblätter?

Wenn Sie so die Pflanze jeden Tag wahrnehmen und sich eine reiche Vorstellung bilden, die sie jeden Tag ergänzen, wird in Ihnen ein Bild der wachsenden Pflanze entstehen. Sie werden mit Ihrem Denken nicht nur die einzelnen Stadien des Wachstums erfassen. Wenn es Ihnen gelingt, in Ihrer Vorstellung den Prozeß des Wachsens der Pflanze zur Erscheinung zu bringen, wenn Sie es schaffen, innerlich zu sehen, wie die Pflanze wächst, wie sich die Keimblätter entfalten, wie der Sproß in die Länge wächst usw., dann erfassen Sie mit Ihrem Denken die Tätigkeit, die sich im Wachstum der Pflanze entfaltet. Sie erfassen nicht nur das *Wie* des Wachsens als Aufeinanderfolge voneinander unterscheidbarer Einzelstadien, sondern die Wachstumsbewegung als solche. Diese ist von der bewirkenden Kraft Teil der ätherischen Welt, d.h übersinnlicher Natur.

Die übersinnliche Natur des Denkens

Bisher habe ich den Begriff der Wahrnehmung immer auf die gegenständliche Welt bezogen. Am Beispiel der Pflanzenbetrachtung hatte ich aufzuzeigen versucht, daß sich im Nachvollzug der Wachstumsbewegung Ätherkräfte erkennend erfassen lassen. Wie verhält es sich aber, wenn man sich nicht Gegenständen, sondern Gedanken zuwendet?

Wenn Sie sich einem Gegenstand zuwenden, liefern Ihre Sinne die eine, Ihr Denken die andere Seite der Wirklichkeit. Wenn Sie aber einen Gedanken denken, der nur als Gedanke existiert, für den es also kein sinnlich wahrnehmbares Pendant gibt, wie sieht es dann aus?

Wenn Sie versuchen, einen einzelnen, nicht auf eine sinnliche Wahrnehmung bezogenen Begriff zu denken – z.B. den Begriff des Geizes –, werden Sie bemerken, daß es Ihnen kaum möglich sein wird, diesen Begriff isoliert in Ihr Bewußtsein zu heben. Er wird dann sehr schnell nur noch als Wort, in Laut- oder Schriftform, in Ihnen leben, ohne aber seine inhaltliche Bedeutung zu offenbaren. Außerdem werden Sie feststellen, daß Ihr Denken nicht bei diesem Begriff stehenbleiben kann. Es wird sehr schnell das Interesse verlieren und abschweifen.

Leben und Inhalt gewinnt der Begriff erst, wenn er zu anderen Begriffen in Beziehung tritt. Was Geiz ist, erschließt sich Ihnen erst, wenn Sie den Begriff des Geizes in Beziehung zu anderen Begriffen, z.B. den Begriffen Sparsamkeit, Freigiebigkeit und Verschwendungssucht, denken. Dann erschließt sich Ihnen der Inhalt des Begriffes Geiz als ins extrem übersteigerte Sparsamkeit.

Dieses Beispiel läßt sich dahingehend verallgemeinern, daß das Denken nur in Denkbewegungen lebendig gehalten werden kann. Denken hingegen im Sinne eines Starrens auf Begriffe erstirbt.

Hierzu wieder eine Übung:

„Man stellt sich einen Kreis vor, in dem sich ein Radius befindet. Dann läßt man in Gedanken den Radius sich der Länge nach spalten und läßt nun beide, sozusagen nebeneinanderliegenden Radien in entgegengesetzter Richtung wandern. Gleichzeitig denkt man sich als Verbindung der Endpunkte beider Radien auf der Peripherie des Kreises eine Sehne. Dadurch entsteht ein gleichschenkliges Dreieck im Kreis, das sich, bei wandernden Radien, gleichmäßig verändert, an vier Stellen verschwindet (nämlich wenn die Radien einander entgegengesetzt, also zu Durchmessern geworden oder aufeinander zu liegen gekommen sind), und ebenso entstehen zwei gleichseitige Dreiecke, wenn die Sehne den Radien gleich ist. Indem man nun so gegenseitig die beiden Radien mit der verbindenden Sehne kreisen läßt, ist das entsprechende Dreieck in dauernder Verwandlung." (Schneider, S.124)

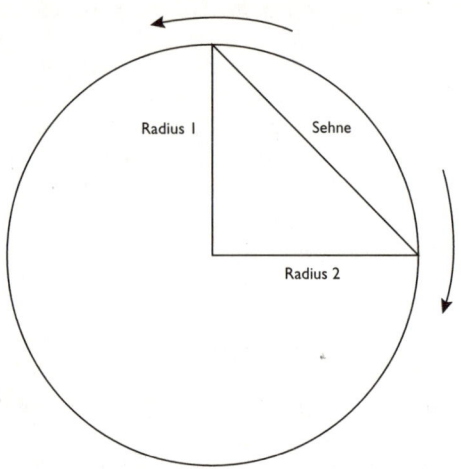

Wandernde Radien – sich wandelnde Dreiecke

Sie haben es hier mit einer Vorstellung zu tun, die nirgendwo als sinnliche Wahrnehmung gegeben ist, sondern die Sie durch Ihr Denken in sich hervorgerufen haben. Noch dazu ist Ihr Denken in ständiger Bewegung, da Sie ja nicht ein ruhendes Gebilde vor Ihrem inneren Auge haben, sondern ein ständig sich verwandelndes. Beides, Gebilde und Bewegung, ist Produkt Ihres Denkens.

Ihr Denken leistet hier zwei Dinge gleichzeitig: Es bringt den Gedankeninhalt hervor, und es beobachtet den Gedankeninhalt. Wahrnehmung des Gedankens und Denken des Gedankens fallen in eins zusammen. Damit haben Sie aber eine Wirklichkeit erfaßt, die zwar nur innerhalb Ihres Bewußtseins existiert, die dafür aber rein geistiger Natur ist.

Bei einer Intensivierung der Übung kann es darüber hinaus gelingen, den inneren Blick von der Vorstellung ab- und der Tätigkeit des Denkens selbst zuzuwenden. Sie erhalten so ein Bewußtsein Ihrer Denkkraft:

„Die Übung kann natürlich, nachdem sie längere Zeit intensiv immer wieder vorgenommen worden ist, dahingehend kompliziert werden, daß man sich nun gleichzeitig den Kreis als sich zusammenziehend und ausdehnend vorstellt. Dadurch wird die Beweglichkeit der Vorstellungen sowie die entsprechende Tätigkeit ganz erheblich gesteigert. Später muß man dann seine Aufmerksamkeit stärker auf die dabei entfaltete intensive Tätigkeit richten, damit man diese in das vollbewußte Erleben bekommt, wodurch die entsprechende Kraftwahrnehmung wie durch eine Art geistiges Tasten zustande kommt." (Schneider, S.124 f.)

Auf diese Weise nehmen Sie eine rein im Geistigen wirkende Kraft wahr, die selbst übersinnlicher Natur ist. Die Beobachtung Ihres Denkens führt Sie also in übersinnliche Bereiche.

Denken und Fühlen

Eine Gefahr rein erkenntnisbezogener Betrachtungen, wie ich sie bisher angestellt habe, ist, in eine einseitige Überschätzung des Denkens und eine ebenso einseitige Unterschätzung der anderen Seelenkräfte, insbesondere des Fühlens, zu verfallen. Das Denken, mag mancher meinen, habe einen hohen Stellenwert, denn es führt mich zur Wirklichkeit, zum Wesen der Dinge der Welt. Das Fühlen demgegenüber sei weniger hoch zu schätzen, denn es fesselt den Menschen an sich selbst, läßt ihn nicht über sich hinauskommen.

Diese Wertung ist aber ganz unzutreffend. Denken ohne Fühlen bleibt für den Menschen als Individualität ganz ohne Bedeutung:

„Wir begnügen uns aber nicht damit, die Wahrnehmung mit Hilfe des Denkens auf den Begriff zu beziehen, sondern wir beziehen sie auch auf unsere besondere Subjektivität, auf unser individuelles Ich. Der Ausdruck dieses individuellen Bezuges ist das Gefühl, das sich als Lust oder Unlust auslebt.

Denken und *Fühlen* entsprechen der Doppelnatur unseres Wesens, der wir schon gedacht haben. Das *Denken* ist das Element, durch das wir das allgemeine Geschehen des Kosmos mitmachen; das *Fühlen* das, wodurch wir uns in die Enge des eigenen Wesens zurückziehen können.

Unser Denken verbindet uns mit der Welt; unser Fühlen führt uns in uns selbst zurück, macht uns erst zum Individuum. Wären wir bloß denkende und wahrnehmende Wesen, so müßte unser ganzes Leben in unterschiedloser Gleichgültigkeit dahinfließen. Wenn wir uns bloß als Selbst *erkennen* könnten, so wären wir uns vollständig gleichgültig. Erst dadurch, daß wir mit der Selbsterkenntnis das Selbstgefühl, mit der Wahrnehmung der Dinge Lust und Schmerz empfinden, leben wir als individuelle Wesen, deren Dasein nicht mit dem Begriffsverhältnis erschöpft ist, in dem sie zu der übrigen Welt stehen, sondern die noch einen besonderen Wert für sich haben." (GA 4/1987/ S.108 f.)

Erst dadurch, daß der Mensch mit seinen Gedanken individuelle Gefühle verbindet, macht er sich die Welt in ihm eigener Weise zu eigen. Nur so erhält er überhaupt einen Bezug zur Welt und seinen unverwechselbaren Ort innerhalb des Weltgeschehens:

„Das Vorstellen gibt unserem Begriffsleben bereits ein individuelles Gepräge. Jedermann hat ja einen eigenen Standpunkt, von dem aus er die Welt betrachtet. An seine Wahrnehmungen schließen sich seine Begriffe an. Er wird auf seine besondere Art die allgemeinen Begriffe denken. Diese besondere Bestimmtheit ist ein Ergebnis unseres Standortes in der Welt, der an unseren Lebensplatz sich anschließenden Wahrnehmungssphäre.

Dieser Bestimmtheit steht entgegen eine andere, von unserer besonderen Organisation abhängige. Unsere Organisation ist ja eine spezielle, vollbestimmte Einzelheit. Wir verbinden jeder besondere Gefühle, und zwar in den verschiedensten Stärkegraden mit unseren Wahrnehmungen. Dies ist das Individuelle unserer Eigenpersönlichkeit. Es bleibt als Rest zurück, wenn wir die Bestimmtheiten des Lebensschauplatzes alle in Rechnung gebracht haben.

Ein völlig gedankenleeres Gefühlsleben müßte allmählich allen Zusammenhang mit der Welt verlieren. Die Erkenntnis der Dinge wird bei dem auf Totalität angelegten Menschen Hand in Hand gehen mit der Ausbildung und Entwickelung des Gefühlslebens.

Das Gefühl ist das Mittel, wodurch die Begriffe zunächst konkretes *Leben* gewinnen." (ebd./S.110 f.)

Die Liebe im Denken

Die andere Gefahr, der oben geschilderten entgegengesetzt, ist die Geringschätzung des Denkens. Denken sei kalt, nüchtern, auf Sachlichkeit aus und abstrakt. Das Gefühl dagegen sei warm, verbindlich und erhebend. Aus dieser Wertung heraus haben sich schon manche Menschen vom Denken abgewandt, sie beruht aber auf einer voreiligen Fehleinschätzung. Wenn Sie in der oben geschilderten Art dazu kommen, Ihr Denken zu intensivieren und es selbst ins Bewußtsein zu bekommen, haben Sie einen Weg beschritten, der Sie zu einer tatsächlich lebensvollen Anschauung des Denkens führen kann:

„Die Schwierigkeit, das Denken in seinem Wesen beobachtend zu erfassen, liegt darin, daß dieses Wesen der betrachtenden Seele nur allzu leicht schon entschlüpft ist, wenn diese es in die Richtung ihrer Aufmerksamkeit bringen will. Dann bleibt ihr nur das tote Abstrakte, die Leichname des lebendigen Denkens. Sieht man nur auf dieses Abstrakte, so wird man leicht ihm gegenüber sich gedrängt finden, in das 'lebensvolle' Element der Gefühlsmystik, oder auch der Willensmetaphysik einzutreten. Man wird es absonderlich finden, wenn jemand in 'bloßen Gedanken' das Wesen der Wirklichkeit ergreifen will. Aber wer sich dazu bringt, das *Leben im Denken* wahrhaft zu haben, der gelangt zur Einsicht, daß dem inneren Reichtum und der in sich ruhenden, aber zugleich in sich bewegten *Erfahrung* innerhalb dieses Lebens das Weben in bloßen Gefühlen oder das Anschauen des Willenselementes nicht einmal verglichen werden kann, geschweige denn, daß diese über jenes gesetzt werden dürften. Gerade von diesem Reichtum, von dieser inneren Fülle des Erlebens rührt es her, daß sein Gegenbild in der gewöhnlichen Seeleneinstellung tot, abstrakt aussieht. Keine andere menschliche Seelenbetätigung wird so leicht zu verkennen sein wie das Denken. Das Wollen, das Fühlen, sie erwarmen die Menschenseele auch noch im Nacherleben ihres Ursprungszustandes. Das Denken läßt nur allzu leicht in diesem Nacherleben kalt; es scheint das Seelenleben auszutrocknen. Doch dies ist eben nur der stark sich geltend machende Schatten seiner lichtdurchwobenen, warm in die Welterscheinungen untertauchenden Wirklichkeit. Dieses Untertauchen geschieht mit einer in der Denkbetätigung selbst dahinfließenden Kraft, welche Kraft der Liebe in geistiger Art ist. Man darf nicht einwendend sagen, wer so Liebe im tätigen Denken sieht, der verlegt ein Gefühl, die Liebe, in dasselbe. Denn dieser Einwand ist in Wahrheit eine Bestätigung des hier geltend Gemachten. Wer nämlich zum *wesenhaften* Denken sich hinwendet, der findet in demselben sowohl Gefühl wie Willen, die letztern auch in den Tiefen ihrer Wirklichkeit; wer von dem Denken sich ab- und nur dem 'bloßen' Fühlen und Wollen zuwendet, der verliert aus diesen die wahre Wirklichkeit." (ebd./S.142 f.)

Literatur:
Schneider, Peter: Einführung in die Waldorfpädagogik. Stuttgart [3]1987
Steiner, Rudolf: Die Philosophie der Freiheit. GA 4, Dornach 1987
Steiner, Rudolf: Die praktische Ausbildung des Denkens. In: Die Beantwortung von Welt- und Lebensfragen durch Anthroposophie. GA 108, Dornach 1970

Wege zur Selbsterziehung
Die Nebenübungen und die moralische Entwicklung des Menschen

Frank Linde*

Auf den folgenden Seiten möchte ich sechs von Rudolf Steiner entwickelte Übungen vorstellen, die jeder anwenden kann, der etwas für sein Seelenleben tun möchte. Rudolf Steiner hat diesen Übungen eine große Bedeutung beigemessen. Wer sie kennt, kennt aber auch die Neigung, sie in ihrer Wirksamkeit zu unterschätzen. Mir geht es damit nicht anders. Oft frage ich mich, warum das so ist. Liegt es daran, daß die Übungen so schlicht und einfach klingen? Sind sie überhaupt noch zeitgemäß? Seelische Erfahrungen treten heute oft mit stürmischer Gewalt und zum Teil erschütternder Heftigkeit auf, und man ist es nicht gewohnt, auf Feinheiten des Seelenlebens zu achten. Dagegen sind die Übungen in ihrer Wirkung von subtiler Natur, und es gehört der Wille zur Selbstbeobachtung innerer, seelischer Prozesse dazu, die man sonst nicht in dem Maße beachtet. Sensationen sind auf diesem Felde nicht zu erwarten. Und hier könnte das Problem liegen, denn unsere Zeit ist nun einmal in reichem Maße von einem zunehmenden Sensationsbedürfnis geprägt. Dinge, die den Menschen nicht mit voller Gewalt ergreifen, haben ihren Reiz verloren und interessieren im Grunde nicht. Action-Thriller wirken wie „Speed": erregend, atemberaubend, schweißtreibend von der ersten bis zur letzten Minute. Ähnlich sensationell sind auch Fernsehshows, Rockkonzerte, die Werbung oder die heftigen Eindrücke von full-power Heavey Metal aus den Ohrhörern des Walkman. Zu denken wäre auch an jene Menschen, die von dubiosen Sektenpraktiken oder Satansmessen, von LSD oder Alkohol anderes erhoffen als das, was ihnen geschieht. Die Reihe könnte weiter fortgesetzt werden. Gemeinsam ist vielen dieser Erscheinungen, daß dabei innere Erlebnisse eintreten, die künstlich hervorgerufen werden und in eine Scheinwelt führen; sie wirken von außen auf den Menschen ein und verlangen keine eigene Aktivität. Es entsteht so das Bild einer Kulturkrankheit, die längst sämtliche Bereiche des menschlichen Lebens erfaßt hat.

Brauchen wir also Übungen, die in ihren Wirkungen mit den heute auf den Menschen einstürmenden Gewalten konkurrieren können, damit sie überhaupt noch wirken oder überhaupt ernst genug genommen werden? – Wohl kaum!

Letztlich muß ich mir gestehen, daß es wohl nur am mangelnden Willen und an fehlendem Durchhaltevermögen liegt. Der Sog der Sensation und die eigene

---

* Frank Linde, Rendsburg, ist Dozent für Waldorfpädagogik und Anthroposophie.

Bequemlichkeit sind oftmals stärker als die in die konsequente Tat umgesetzte Einsicht, daß sich nur etwas verändert, wenn der Mensch selbst sich ändert. Daß wir dabei auch noch gegen die willensschwächenden Einflüsse der heutigen Zeit anzukämpfen haben, macht die Sache nicht leichter. Aber was hilft es! Kräfte werden nur gestärkt, indem man sie betätigt. Die zur Rede stehenden Übungen wenden sich an Kräfte, die jeder Mensch zur Verfügung hat und die jeder von morgens bis abends einsetzt: an das Denken, das Fühlen und das Wollen. Diese können mit Recht die drei Grundkräfte der Seele genannt werden, und es ist der Mensch selbst, anthroposophisch gesprochen sein Ich, der diese Kräfte betätigt. Sie sind uns so selbstverständlich, daß es uns kaum wert scheint, weiter über sie nachzudenken, und doch hängt von ihnen die ganze Art und Weise ab, wie wir die Welt erleben und wie wir das Leben gestalten.

Die Übungen sind von Rudolf Steiner immer im Zusammenhang mit dem geisteswissenschaftlichen Erkenntnisweg, d.h. dem modernen Einweihungsweg zur Erlangung höherer, übersinnlicher Erkenntnisse dargestellt worden. (So in: „Wie erlangt man Erkenntnisse der höheren Welten?"/GA 10/Tb. 1975/S.91–93; „Die Geheimwissenschaft im Umriß"/GA13/Tb. 1976/S.244–249; „Anweisungen für eine esoterische Schulung"/GA 245/1979/S.15–21; „Vor dem Tore der Theosophie"/GA 95/1978/02.09.1906/S.113–115)

Die Gesichtspunkte, unter denen sie geschildert werden, sind jeweils etwas andere. Ich folge im wesentlichen der „Geheimwissenschaft im Umriß", in der die Übungen vor allem aus der Sicht von Denken, Fühlen und Wollen behandelt werden. Da durch den Vollzug dieser Übungen „Eigenschaften" ausgebildet werden, die der Seele „Festigkeit, Sicherheit und Gleichgewicht" einprägen sollen (GA 13/S.244), gehören sie zu den unabdingbaren Voraussetzungen für eine höhere Schulung. Unter dem Titel „Allgemeine Anforderungen, die ein jeder an sich selbst stellen muß, der eine okkulte Entwickelung durchmachen will" sind die Übungen im Oktober 1906 von Rudolf Steiner gesondert zur Vervielfältigung niedergeschrieben worden. Die ersten Sätze lauten:

> „In dem Folgenden werden die Bedingungen dargestellt, die einer okkulten Entwickelung zugrunde liegen müssen. Es sollte niemand denken, daß er durch irgendwelche Maßnahmen des äußeren oder inneren Lebens vorwärtskommen könne, wenn er diese Bedingungen nicht erfüllt. Alle Meditations- und Konzentrations- und sonstigen Übungen werden wertlos, ja, in einer gewissen Beziehung sogar schädlich sein, wenn das Leben nicht im Sinne dieser Bedingungen sich regelt." (GA 245/S.15)

Da diese Übungen den Meditationsweg begleiten, d.h. *neben* den Meditationen immer durchgeführt werden sollten, werden sie gelegentlich auch „Nebenübungen" genannt. Sie können mit den Begriffen Gedankenkontrolle, Initiative des Handelns, Gelassenheit, Positivität, Unbefangenheit und inneres Gleichgewicht umschrieben werden (in den Quellen finden sich hinsichtlich der Formulierung gelegentlich geringfügige Abweichungen).

Wert und Bedeutung aber haben diese Übungen keineswegs nur für den Geistesschüler. Rudolf Steiner weist selbst darauf hin, daß jeder, der es will, sie anwenden kann:

„Nützlich aber ist auch für den, der nicht eine Geheimschulung durchmachen will oder kann, die Einrichtung des Lebens in der angegebenen Richtung. Denn die Wirkung auf den Seelenorganismus tritt auf alle Fälle ein, wenn auch langsam." (GA 10/S.93)

Indem die vorzustellenden Übungen sich an den Kräftezusammenhang des Ich in seinem Verwobensein mit Denken, Fühlen und Wollen wenden, richten sie sich an die unser Leben ausmachende Innerlichkeit. Aus dieser heraus bestimmt der Mensch wiederum auch sein Verhältnis zur ihn umgebenden Welt. Daß gerade diese Kräfte es sind, die letztlich in der heutigen Zeit gefährdet sind, braucht nicht weiter begründet zu werden. Es wird sich zeigen, wie zeitgemäß die Übungen im einzelnen sind. Sie werden durch Texte Rudolf Steiners vorgestellt und durch die Schilderung erster Erfahrungen im Umgang mit denselben sowie einfache Beispiele erläutert. Am Schluß des Artikels steht ein Wortlaut Rudolf Steiners, der einen Ausblick auf die Bedeutung der moralischen Entwicklung für die Zukunft der Erdenentwicklung in Zusammenhang mit dem Christus-Impuls eröffnet.

Gedankenkontrolle

Die erste Übung ist die sogenannte „Gedankenkontrolle", eine Denkübung, die darauf gerichtet ist, das Denken so zu kräftigen, daß es „sich selber Richtung und Ziel geben kann." (GA 13/S.245) Es kommt dabei nicht auf den Inhalt des Denkens an, sondern vielmehr darauf, *„sachgemäß durch innere Kraft* zu denken" (ebd.), d.h. aus eigener Initiative den Gedankenverlauf, den Gedankengang zu bestimmen. Das ist im alltäglichen Leben viel weniger der Fall als man zunächst annehmen mag. Denn hier sind es die ständig wechselnden Lebenssituationen und Ereignisse, die in der Regel unsere Gedankentätigkeit anregen, herausfordern und im Verlauf bestimmen. Ein Großteil der Gedankentätigkeit läuft dabei so automatisch ab, daß er kaum zum Bewußtsein kommt. Ob man das Frühstück richtet, die Kinder versorgt, den Haushalt verrichtet oder den Einkaufszettel zusammenstellt – für alle Tätigkeiten sind entsprechende Gedankenabläufe notwendig, die man kaum bemerkt. Vergleichbares erlebt man im beruflichen Leben. Auch hier bestimmen die jeweiligen Aufgaben, wann, warum und worüber man denkt und wie die Gedanken zu verlaufen haben, damit die Aufgabe erfüllt werden kann. Selbst wenn dabei das Denken bewußter verläuft, ist man es in der

Regel doch nicht selbst, der aus eigener Initiative das Denken anregt, sondern eben die von außen gestellte Aufgabe.

Die Denkübungen zur „Gedankenkontrolle" bestehen demgegenüber darin, sich für eine kurze Zeit aus dem Alltagsgeschehen freizumachen und in dieser Zeit aus freiem Willen unabhängig von jedem äußeren Einfluß die Initiative für das Denken zu übernehmen. Dazu wird ein bestimmter, willkürlich gewählter Begriff in den Mittelpunkt des Bewußtseins gestellt und so verfolgt, daß sich alle folgenden Gedanken logisch an ihn anschließen und ein Gedanke sich aus dem Inhalt des jeweils vorherigen sachgemäß ergibt. In der „Geheimwissenschaft im Umriß" wird diese Übung mit folgenden Worten konkretisiert:

> „Innere Festigkeit und die Fähigkeit, streng bei einem Gegenstande zu bleiben, das ist, was das Denken in sich selbst heranziehen muß. Deshalb sollen entsprechende 'Denkübungen' nicht an fernliegenden und komplizierten Gegenständen vorgenommen werden, sondern an einfachen und naheliegenden. Wer sich überwindet, durch Monate hindurch täglich wenigstens fünf Minuten seine Gedanken an einen alltäglichen Gegenstand (zum Beispiel eine Stecknadel, einen Bleistift usw.) zu wenden und während dieser Zeit alle Gedanken auszuschließen, welche nicht mit diesem Gegenstande zusammenhängen, der hat nach dieser Richtung hin viel getan. [...] Wer sich frägt: Welche Bestandteile setzen einen Bleistift zusammen? Wie werden die Materialien zu dem Bleistift vorgearbeitet? Wie werden sie nachher zusammengefügt? Wann wurden die Bleistifte erfunden? und so weiter, und so weiter: ein solcher paßt seine Vorstellungen sicher mehr der Wirklichkeit an als derjenige, der darüber nachdenkt, wie die Abstammung des Menschen ist oder was das Leben ist." (ebd./ S.245)

Man könne auf diese Weise täglich einen neuen Gegenstand bedenken oder auch mehrere Tage an ein und demselben festhalten.

In bezug auf die Zeitangabe („durch Monate hindurch täglich wenigstens fünf Minuten") heißt es an anderer Stelle: „Und wenn das auch nur eine Minute geschieht, so ist es schon von großer Bedeutung." (GA 95/S.113) Ebenso könne nach einem Monat des Übens der Gedankenkontrolle zu der nächsten Übung fortgeschritten werden. (GA 245/S.16)

Die Übung klingt so schlicht und einfach, daß schon manch einer nach ihrem Sinn gefragt hat. Schwer ist sie von der Aufgabe her sicher nicht, doch liegt die Schwierigkeit – wie auch bei allen folgenden Übungen – darin, sie wirklich zu tun und konsequent durchzuhalten. Dazu ist auch zu bemerken, daß viele Menschen heute einen völlig unzureichenden Begriff vom Denken haben. In der Meinung, daß der moderne Mensch gerade die Denkfähigkeit besonders ausgebildet habe, wird oft die schnelle Verfügbarkeit zahlreicher Vorstellungsinhalte mit dem Denkprozeß als solchem verwechselt. Letzterer verläuft in dem inneren Denk*wil*-

len, der die einzelnen Vorstellungsinhalte aufbaut, sie miteinander verknüpft und wieder löst. Die Betätigung dieses grundsätzlich nicht auf einen bestimmten Inhalt gerichteten Denkwillens ist Denken, während die jeweiligen Gedanken- und Vorstellungsinhalte bereits Ergebnisse des tätigen Denkens sind. Die Fülle der Vorstellungsinhalte, die wir uns schon von klein auf gedächtnismäßig anzueignen haben, ist heute so übermächtig geworden, daß das selbständige Denken zunehmend durch ein gedächtnismäßiges abstraktes Reproduzieren des einmal Gelernten ersetzt wird. Man denkt nur noch nach, was andere vorgedacht haben, und je mehr man weiß, desto besser. Dem Denkprozeß selbst wird keine Beachtung beigemessen. Dies führt schließlich zu der Konsequenz, das Erleben des Denkens selbst ganz zu verlieren.

Am Beispiel des Begriffes „Buch" sei jetzt der Übung der Gedankenkontrolle ein wenig nachgegangen. Zunächst kann man die Erfahrung machen, daß es angemessener ist, die Übung mit geschlossenen Augen durchzuführen als mit geöffneten. Anderenfalls wird man leicht von verschiedensten Sinneswahrnehmungen abgelenkt, was das Erleben des innerlich verlaufenden Denkprozesses erschwert.

Beginnt man die Übung, wird man zunächst einen Zustand innerer Ruhe und Leere des Bewußtseins herstellen müssen. Die nachwirkenden Gedankenbilder und Erinnerungsvorstellungen lösen sich allmählich auf, man entspannt sich und sieht in einen leeren, dunklen Raum. Sagt man sich jetzt: „Denke Buch!" oder fragt: „Was ist ein Buch?", geschieht vielleicht nichts weiter, als daß das Wort Buch abstrakt und konturlos im Kopfe klingt. Dann bildet sich die Vorstellung eines Buches in Form eines Bildes, das man wie frei schwebend vor sich sieht. Weiter kann man erleben, daß man nun beginnt, die Frage „Was ist ein Buch?" wie von außen an das Vorstellungsbild heranzutragen. Es ist ein fragendes Tasten von verschiedenen Seiten. Man vermag aber noch nicht, in die Sache einzudringen. Möglicherweise stellt sich der Gedanke ein, „ein Buch ist zum Lesen da", doch haben die ersten Gedanken dieser Art oft noch einen assoziativen, spontanen Charakter. Dabei können sie so aufdringlich sein, daß man kaum von ihnen loskommt. Es geht nicht voran, die Denkkraft erlahmt und sinkt hinab – man genießt die entspannte Ruhe, schläft vielleicht sogar ein. Ein neuer innerer Ruck ist nötig.

Eine Hilfe, das sachgemäße Denken zu beginnen, ist es jetzt, einen konkreten Ausgangspunkt zu wählen. Das Nächstliegende ist, sich vorzunehmen, den Gegenstand erst einmal genau zu beschreiben und nicht gleich nach dem Sinn zu fragen: „Ein Buch ist ein Gegenstand von rechteckiger bzw. quaderförmiger Form; es gibt dünne und dicke Bücher, kleine und große ..." Dünn ist aber auch ein Haar, dick ein Elefant, klein eine Blattlaus und groß ein Hochhaus. Man bemerkt, daß man es nicht gewohnt ist, wirklich exakte und genaue Begriffe zu bilden. Sachgemäßes Denken bedeutet somit zugleich exaktes Denken.

Hat man einen bestimmten Ausgangspunkt gefunden, geht es mit einem Male mühelos und zügig voran. Das vorher nebulöse Tasten und Fragen nimmt klare Konturen an und verfolgt zielstrebig den Weg, den der einmal gefaßte Gedanke aus sich selbst heraus logisch nahelegt: „Ein Buch ist ein größeres Schrift- oder Druckwerk aus miteinander verbundenen Blättern oder Seiten. Es kann soundso dick, soundso breit und hoch sein; es gibt verschiedene Formate, vom Taschenbuch bis zum Bildband; außen ist es mit einem Einband versehen, es ist in Leder, Leinen oder Kunststoff gebunden oder auch broschiert; innen befindet sich eine größere Anzahl von Seiten, die Seiten sind bedruckt, nicht willkürlich, sondern nach einem bestimmten Drucksatz, meist in schwarzer Farbe; es finden sich Kapiteleinteilungen, Überschriften, Seitenzahlen, ein Inhaltsverzeichnis, Vor- und Nachwort, möglicherweise Anmerkungen usw."

An irgendeiner Stelle wird man nicht weiterkommen und die Übung beenden müssen. Aber neugierig geworden schlägt man vielleicht in einem Lexikon nach, um Näheres zu erfahren. Man wird am nächsten Tag die bisherigen Gedankenprozesse schneller als beim ersten Mal durchlaufen können und nun in der Lage sein, Gedanken über den Wandel in der Verwendung und der Herstellung des Buches einzubeziehen, von den Handschriften bis zum maschinellen Buchdruck und der Massenproduktion, von der Buchmalerei bis zur modernen graphischen Gestaltung. Man wird sich den Unterschied von religiösen, heiligen Texten, wissenschaftlichen Fachbüchern, Werken der Literatur bis hin zur Trivialliteratur vergegenwärtigen.

Im Verfolgen des Gedankens „gedruckte Buchstaben" reihen sich sachgemäß weitere Schritte an. Buchstaben sind Zeichen, die sich in Gruppen zu Worten mit jeweils bestimmter Bedeutung zusammenschließen. Einem Buch lesend seinen Sinn entnehmen zu können, setzt die Kenntnis der Schrift voraus. Diese muß auf einen geeigneten Träger (Tontafeln, Palmblätter, Papyrus, Pergament, Papier) aufgebracht werden, wozu es bestimmter Werkzeuge, der Schreibgeräte, bedarf. Am Anfang aber steht eine geistige Leistung und das Bedürfnis, diese für die Mit- und Nachwelt festzuhalten. Dazu dienen die Zeichen, die Worte; was von ihnen sichtbar ist – die Buchstaben –, offenbart zunächst keine Bedeutung. Buchstaben sind wie Leichname: der lebendige geistige Inhalt ist zum äußeren Schein erstarrt.

So wird man schließlich auch auf die Kulturleistungen in der Ausbildung des Schreibens und Lesens gewiesen. Ein Buch ermöglicht mir, Anteil an der Gedankenwelt eines anderen Menschen zu nehmen. Das Wesentliche des Buches aber bleibt für das äußere Anschauen ganz und gar verborgen, denn was ich äußerlich sehe, ist nur Schein und hat in bezug auf seinen materiellen Wert kaum eine Bedeutung. Erst durch die geistige Bemühung des lesenden Menschen werden die ursprünglichen Gedanken wieder zum Leben erweckt. Je weniger sie dabei durch eigene Gedanken gefärbt werden, desto mehr können sie in ihrer eigenen Bedeutung und Gestalt wiedererscheinen.

Ist das Denken auf diesem oder vielleicht ganz anderem Wege in Schwung gebracht, erlebt man sich in hellem, klaren Bewußtsein. Was zu Beginn als ein mühevolles, anstrengendes Unterfangen erlebt wurde, ruft jetzt unmittelbar Begeisterung hervor, Begeisterung in dem Erleben, dem Wesen der Sache ein gutes Stück nähergekommen zu sein. Man gewinnt so zum einen einen klaren Begriff von dem, was an der konkreten Sinneserscheinung als solcher erfahrbar ist und zum anderen einen immer weiter sich ausgestaltenden Begriff von der dem jeweiligen Gegenstand zugrunde liegenden Idee.

Kehren wir noch einmal zu dem von Rudolf Steiner genannten Beispiel des Bleistiftes zurück. Auch hier wird man bemerken, daß man einen Bleistift seiner Form und Funktion nach schnell und sachgemäß beschreiben kann. Geht man aber weiter und fragt sich, welches Holz verwendet wird, wie Graphit gewonnen wird und was Graphit eigentlich ist, wie ferner die Herstellung erfolgt usw., wird man wohl ohne Lexikon nicht weiterkommen. Das bietet oft Gelegenheit, sich darüber zu wundern, was man alles nicht gewußt hat – und das von einem Gegenstand, den man täglich benutzt!

Auf einer anderen Ebene wird einem bewußt, daß der Bleistift keine Realität besäße und ich niemals einen Bleistift in Händen halten könnte, wenn nicht viele Menschen dafür tätig wären: der Verkäufer im Laden, der Großhändler, der Spediteur und der Lastwagenfahrer, die Holzfäller, die Menschen im Sägewerk, in den Bleimühlen und sonstigen Fabriken der jeweiligen Produktionszweige. Die Arbeit vieler Menschen, an die ich sonst nie denke, ist mit jedem Bleistift verbunden. So mündet die Übung schließlich in den umfassenden Gedanken der Zusammengehörigkeit der Menschen!

Aber die Arbeit der Menschen bringt allein noch keinen Bleistift zustande. Wir können einen Bleistift nur herstellen, weil die Natur die nötigen und geeigneten Ausgangsstoffe liefert: das Holz der Rotzeder, die Graphite und plastischen Tone der Erde. Wir kommen zu den Naturkräften, die im Pflanzen- und Mineralreich wirken, fragen nach den besonderen Wachstumsbedingungen der Zeder, der speziellen Beschaffenheit des Bodens, des Wasser- und Lufthaushaltes und den Wirkungen des Sonnenlichtes, denken nach, wie die Gesteine entstehen, wie die Metamorphose der Stoffe durch chemische Verbindungen, Ablagerungen und Witterungskräfte geschieht, kurz, das jeweilige Zusammenwirken der elementarischen Kräfte von Erde, Wasser, Luft und Licht tritt ins Bewußtsein.

Das eigene Empfinden den Dingen des alltäglichen Lebens gegenüber kann auf diese Weise eine wesentliche Vertiefung erfahren. Vielleicht gehe ich mit den Dingen, die ich benutze und die mir so selbstverständlich geworden sind, nach dieser Übung etwas anders um als vorher. Dieser Aspekt hat auch in der Erziehung eine große Bedeutung. Erleben die Kinder an meinem eigenen Verhalten und meiner eigenen Gesinnung, daß ich nicht gleichgültig mit den Dingen des Lebens umgehe, können sie den kleinen Dingen gegenüber Kräfte der Dankbarkeit und Ehrfurcht entwickeln. Wir brauchen uns nicht in geistige Höhen zu begeben, um Ehrfurcht zu erleben. Der Wegwerfmentalität der modernen Gesellschaft wird auf schlichte aber wirksame Weise ein Korrektiv an die Seite gestellt.

Ein weiterer Aspekt möge die Betrachtung zu dieser Übung abrunden. Wie am Beispiel des Buches anschaulich wurde, erschöpft sich die Wirklichkeit nicht in der sinnlichen Erscheinung. So wie sich die Sinneserscheinung eines Buches der Beobachtung erschließt, so dessen geistiger Inhalt allein der gedanklichen Verarbeitung. Das tätige Denken beruht zwar auf einer subjektiven Leistung des Menschen, doch bringt es im Moment des Tätigseins einen objektiven Inhalt hervor, der sich zu dem Wesen der Sache „Buch" zudem noch so verhält, daß er der materiellen Erscheinung erst ihren Sinn verleiht. Ebenso verhält es sich nun mit dem allgemeinen Begriff als solchem. Während der Übung der Gedankenkontrolle schließt sich der anfangs noch abstrakte, nebulöse Begriff – Bleistift, Stecknadel, Buch, Kerze usw. – mehr und mehr zu einem Begriffsorganismus auf, den man selber denkend hervorgebracht hat. Er wird niemals äußerlich anschaubar und kann auch nur solange im Bewußtsein gehalten werden, wie das tätige Denken ihn in seiner inneren Beweglichkeit halten kann. Jeder Gesichtspunkt hat dabei seine Berechtigung und gehört ebenso zur Sache wie ein anderer. Der Begriff erweitert sich stufenweise zu einer umfassenenden Idee. Die geistige Leistung und die Erscheinung für die Sinne werden auf diesem Weg als zwei zueinandergehörende Seiten der Wirklichkeit erfahren.

Die erste Nebenübung wird nicht nur dazu herausfordern, sachgemäß zu denken, sondern auch das Bestreben hervorrufen, umfassend zu denken und einseitige Standpunkte zu vermeiden. Man wird sich bemühen, sein Denken an den Tatsachen der Welt zu orientieren und nicht an den eigenen Meinungen und liebgewonnenen Ansichten. Wendet man das Denken jetzt auf die Welterscheinungen an, wird es daher auch weniger dazu neigen, schnelle oder abstrakte Urteile zu fassen. Das abstrakte Denken dringt nicht wirklich in die Dinge ein, es bleibt an der Oberfläche verhaftet und kommt somit nur zum Vor-Urteil, während das zur inneren Beweglichkeit und Sicherheit erzogene Denken den Grund des Urteils nicht in sich, sondern in den Dingen sucht, indem es diese wie denkend befragt. Das Denken wird ein suchendes Befragen und Bewegen. Für ein solches Denken verbietet es sich von selbst, Gedanken zu äußern, die nicht an der Wirklichkeit geprüft worden sind. Ebenso sensibilisiert sich das Gefühl für Wahrhaftigkeit und Unwahrhaftigkeit. Schon ein ausgesprochener unlogischer oder unsauber gedachter Gedanke kann einen innerlich kribbelig machen und eine Lüge im Zorn erglühen lassen. Die in diesem Zusammenhang besonderen Anforderungen an den Geistesschüler beschreibt Rudolf Steiner wie folgt:

> „Hört der Geheimschüler unlogische Gedanken, so läßt er sich sogleich das Richtige durch den Kopf gehen. Er soll nicht lieblos sich einer vielleicht unlo-

gischen Umgebung entziehen, um seine Entwickelung zu fördern. Er soll auch nicht den Drang in sich fühlen, alles Unlogische in seiner Umgebung sofort zu korrigieren. Er wird vielmehr ganz still in seinem Innern die von außen auf ihn einstürmenden Gedanken in eine logische, sinngemäße Richtung bringen. Und er bestrebt sich, in seinen eigenen Gedanken überall diese Richtung einzuhalten." (GA 10/S.91)

In diesem Sinne möchte ich die Übung zur „Gedankenkontrolle" zugleich eine Erziehung zur Wahrhaftigkeit nennen.

Initiative des Handelns

Die Willensimpulse unterliegen ebenso der Fremdbestimmung von außen wie die Gedanken. Meistens bestimmen die Lebensumstände in der Familie, dem Beruf usw., was getan werden muß, selten geht eine Handlung aus eigener, freier Initiative hervor. „Initiative des Handelns" ist nun eine Übung zur Willensschulung, die bewirken soll, daß der Mensch selber mehr und mehr zum Herrscher seiner Willensimpulse wird. In der „Geheimwissenschaft im Umriß" wird ein wichtiger Aspekt der Willensproblematik herausgestellt, bevor die Übung selbst gegeben wird:

„Für die höhere Schulung muß sich der Mensch daran gewöhnen, seinen eigenen Befehlen streng zu gehorchen. Wer sich an solches gewöhnt, dem wird es immer weniger und weniger beifallen, Wesenloses zu begehren. Das Unbefriedigende, Haltlose im Willensleben rührt aber von dem Begehren solcher Dinge her, von deren Verwirklichung man sich keinen deutlichen Begriff macht. Solche Unbefriedigung kann das ganze Gemütsleben in Unordnung bringen, wenn ein höheres Ich aus der Seele hervorgehen will." (GA 13/S.246)

Es ist von dem Unbefriedigenden und Haltlosen im Willensleben die Rede, heute längst allgemeine Zeiterscheinungen, die viele Menschen aus eigenem Erleben kennen. Unter dem Eindruck, bestehenden Mißständen und Problemen machtlos gegenüber zu stehen, geraten viele in eine Stimmung der Ohnmacht und Resignation. In der Meinung, nichts dagegen tun zu können, erlahmt der innere Wille. Nur für den Augenblick vermag er sich zu aufzubäumen, um im nächsten Moment wieder in hoffnungslose Tatenlosigkeit zu versinken. Schlimmer noch ist es, wenn bereits innere Gleichgültigkeit und teilnahmslose Passivität an die Stelle getreten sind. Ebenso geschieht es fortwährend, daß Menschen des ständigen Ankämpfens gegen Mißstände müde werden. Auch der beste und ehrlichste Einsatz aller Kräfte für das Gute und Richtige kann die eigenen Widerstände, besonders die inneren Verhärtungen des Menschen, oftmals nicht überwinden. Sie sind oft mächtiger als die eigene Kraft, dagegen anzugehen. Solche Erfahrungen sind nicht selten mit tiefen Rückschlägen auf das eigene Leben verbunden. Hier kommt es mir jetzt nicht auf die seelischen Verwundungen und Erschütterungen an, die solche Probleme mit sich bringen, sondern auf deren Folgen für das gesamte Willensleben. Erfahrungen dieser oder ähnlicher Art sind Gift für jedes Engagement, das weiß jeder, der Vergleichbares erlebt hat. Man zieht sich enttäuscht und verletzt zurück, fühlt sich dabei oftmals völlig alleingelassen und fragt sich schließlich, ob aller Einsatz überhaupt noch einen Sinn hat. Eine bedrückende Leere und Willensohnmacht kann die Folge sein.

Vor allem sind es junge Menschen, die derartiges kennen. Ihre Ideale scheinen unerreichbar. Die Kluft zwischen dem, was man ersehnt und für richtig hält und den real gegebenen Zuständen ist so unüberbrückbar geworden, daß die dadurch bedingte Perspektiv- und Sinnlosigkeit des eigenen Lebens zu schwersten inneren Nöten führt. Andere haben ihre Ideale längst verloren. Was bleibt, ist eine innere Leere, ein schwarzes Loch, das jede Begeisterungsfähigkeit, jedes Engagement im Keim erstickt. Von dort ist es nicht mehr weit bis zu ungehemmtem Zerstörungswillen. Angesichts zunehmender Aggression und Gewalt bei Kindern und Jugendlichen müssen tiefere Fragen gestellt werden als bisher gewohnt. Denn die oft beklagte Orientierungslosigkeit junger Menschen hat ihren Grund nicht in ihnen, sondern in der Geisteshaltung der Erwachsenen und den daraus hervorgehenden Zivilisationserscheinungen, denen sie von klein auf ausgesetzt sind.

Vor diesem Hintergrund kommt der Übung zur „Initiative des Handelns" geradezu therapeutischer Charakter zu. Die Übung selbst wird in der „Geheimwissenschaft im Umriß" folgendermaßen umrissen:

> „Eine gute Übung ist es, durch Monate hindurch sich zu einer bestimmten Tageszeit den Befehl zu geben: Heute ‚um diese bestimmte Zeit' wirst du ‚dieses' ausführen. Man gelangt dann allmählich dazu, sich die Zeit der Ausführung und die Art des auszuführenden Dinges so zu befehlen, daß die Ausführung ganz genau möglich ist. So erhebt man sich über das verderbliche: ‚ich möchte dies; ich will jenes', wobei man gar nicht an die Ausführbarkeit denkt." (GA 13/S.246)

Diese Übung besteht eigentlich aus zwei Teilen: dem Entschlußfassen und der Ausführung. Die Handlungen sollten so gewählt werden, daß sie sich nicht aus dem bisherigen Leben ohnehin ergeben. Geeignet sind also Handlungen, die man normalerweise gerade nicht tun würde:

> „Man versuche irgendeine Handlung zu erdenken, die man nach dem gewöhnlichen Verlaufe seines bisherigen Lebens ganz gewiß nicht vorgenommen hätte. Man mache sich nun diese Handlung für jeden Tag selbst zur Pflicht. Es wird daher gut sein, wenn man eine Handlung wählen kann, die jeden Tag durch einen möglichst langen Zeitraum vollzogen werden kann. Wieder ist es besser, wenn man mit einer unbedeutenden Handlung beginnt, zu der man

sich sozusagen zwingen muß, zum Beispiel man nimmt sich vor, zu einer bestimmten Stunde des Tages eine Blume, die man sich gekauft hat, zu begießen. Nach einiger Zeit soll eine zweite dergleichen Handlungen zur ersten hinzutreten, später eine dritte und so fort, soviel man bei Aufrechterhaltung seiner sämtlichen anderen Pflichten ausführen kann. Diese Übung soll wieder einen Monat lang dauern." (GA 245/S.16)

Über das Beispiel des Blumengießens ist schon viel diskutiert worden. Man kann sich sicher fragen, ob die Blume nicht sowieso irgendwann begossen werden müsse oder ob es sinnvoll sei, eine Blume jeden Tag aufs Neue zu begießen. Auf das Wesentliche geschaut, ergibt sich aber schnell, worauf es bei der Übung prinzipiell ankommt: auf die eigene, dem freien Willen entsprungene Initiative zur Tat, die nichts und niemand von außen vorschreibt und die ohne weitere Folgen ebenso gut unterbleiben könnte. Hinsichtlich der zu veranschlagenden Zeit zeigt das Beispiel: Es sollten einfache Handlungen von kurzer Dauer sein. Statt die Blume zu begießen, könnte man sich ebensogut vornehmen, zu einer bestimmten Zeit das Taschentuch von einer Hosentasche in die andere zu stecken. Immer ist zu bedenken, an welchem Ort man sich zu dem festgelegten Zeitpunkt befindet und ob die gewählte Übung dort auch ausgeführt werden kann. Schöner ist es vielleicht, sich vorzunehmen, zur vorgesehenen Zeit auf den Balkon zu treten und die momentanen Witterungsverhältnisse zu beobachten oder sich hinzusetzen und einige chinesische Zeichen abzuzeichnen. Der eigenen Phantasie sind keine Grenzen gesetzt.

Eine erste Erfahrung, die man mit dieser Übung machen kann, ist, daß man sie vergißt. Äußere Folgen hat das nicht, denn man ist ja niemandem Rechenschaft schuldig. Hat man die Übung einmal vergessen, kann einem bewußt werden, wie wenig man in der Lage ist, vorher zu überschauen, welche Wege das Willensleben gehen wird, besonders dann, wenn der Tag völlig anders verläuft, als man es erwartet hat. Vielleicht fällt es einem erst Stunden später plötzlich ein, daß man die Übung vergessen hat. Innerlich hell wach geworden, regt sich sofort das schlechte Gewissen. Es ist, als stünde man sich selbst gegenüber. Im Bewußtsein des gefaßten Entschlusses schaut der innere Blick wie von oben auf den schlafenden Willensmenschen hinab: Du hast es vergessen! Statt sie auf den folgenden Tag zu verschieben, sollte man die Übung nachholen, sich aber intensiv vornehmen, es beim nächsten Mal besser zu machen.

Bei dieser Übung bemerkt man, daß man die momentane Tätigkeit bewußt unterbrechen muß, vor allem dann, wenn man sich vorgenommen hat, diese Nebenübung zu einer bestimmten Tageszeit zu absolvieren. Gewöhnlich lebt man im Vollzug irgendeiner Handlung so sehr im Prozeß, daß das bewußte Begleiten desselben etwas herabgedämpft ist. Während der Übung wird man demgegenüber erleben, daß ein gesteigertes Bewußtsein das Tun begleitet. Die Kürze der Übung kommt dem zugute. Ebenso bewußt wird die Tätigkeit beendet, und auch die unterbrochene Tätigkeit wird mit Bewußtsein wieder aufgenommen. Gleichzeitig kann sich ein leises Gefühl von Freude oder Befriedigung einstellen: Man hat erreicht, was man sich vorgenommen hat. Ein frischer Schwung, eine Steigerung der inneren Antriebskraft für die folgenden Verrichtungen werden ebenfalls deutlich bemerkbar. Diese Empfindungen klingen zwar rasch wieder ab, denn alles erfolgt innerhalb kurzer Zeit, doch können derartige Wirkungen manches über Sinn und Zweck der Übung lehren und sollten daher nicht übersehen werden.

Vor allem wird man bemerken, daß die Übung keinesfalls eine unbequeme Last ist. Hat man sich einmal aufgerafft, tut man sie gern. Im weiteren Verlauf des Übens wird die Wirkung deutlicher erfahrbar. Das Willensleben nimmt einen zielstrebigeren Charakter und eine innere Orientierung an, die mehr und mehr vom Bewußtsein durchleuchtet wird. Was während der Minuten der Übung selbst erlebt werden kann, beginnt, sich auf andere Verrichtungen zu übertragen. Man gewöhnt sich an, Dinge, die man sich für den Tag vorgenommen hat, auch auszuführen und sich nicht mehr so leicht ablenken zu lassen wie vorher, wie man andererseits auch weniger Neigung hat, sich solches vorzunehmen, von dem man überschauen kann, daß man es ohnehin nicht ausführen kann. Man wird anderen gar nicht erst etwas versprechen, wenn man befürchten muß, es nicht einhalten zu können. Auch die selbstauferlegte Pflicht zur Pünktlichkeit kann von dieser Übung profitieren. Vor allem aber werden die Dinge, die es zu bewältigen gilt, weniger zur bloßen, nüchternen Pflicht. An die Stelle tritt die Haltung, sie gerne zu tun. Statt mit Gleichgültigkeit, vielleicht sogar Widerwillen, lernt man seine Aufgaben mit innerer Beteiligung, Hingabe und Liebe zu erfüllen.

Damit ist ein Ideal gekennzeichnet. Bis dahin ist ein weiter Weg, denn so leicht die Übung auch scheint, so schwer ist sie, wenn man sie wirklich versucht. Und doch sehe ich darin die schönste Bereicherung auf dem Wege der Selbsterziehung des Willens: ein von Liebe getragenes Handeln. Oder, mit der „Philosophie der Freiheit" gesprochen:

„Nur wenn ich meiner Liebe zu dem Objekte folge, dann bin ich es selbst, der handelt. [...] Ich erkenne kein äußeres Prinzip meines Handelns an, weil ich in mir selbst den Grund des Handelns, die Liebe zur Handlung gefunden habe. Ich prüfe nicht verstandesmäßig, ob meine Handlung gut oder böse ist; ich vollziehe sie, weil ich sie *liebe*." (GA 4/1978/S.162) Und: „Frei ist nur der Mensch, insofern er in jedem Augenblicke seines Lebens sich selbst zu folgen in der Lage ist." (ebd./S.164)

Gelassenheit

Die dritte Übung besteht in der Ausbildung einer „gewissen Gelassenheit" (GA 13/S.246), eines „gewissen Gleichmutes" (GA 245/S.17) des Seelenlebens. Sie ist auf die Gefühlswelt gerichtet. Die entsprechenden Übungen dienen dazu, die Schwankungen des Seelenlebens, zwischen „himmelhochjauchzend" und „zu Tode betrübt", in eine mehr gleichmäßige Seelenstimmung zu verwandeln. Damit ist natürlich nicht gemeint, daß man die Gefühle unterdrücken oder sie sich gar abgewöhnen solle, um der Welt schließlich teilnahmslos und mit innerer Gleichgültigkeit gegenüberzutreten. Die auszubildende Gelassenheit zielt vielmehr darauf, nicht das jeweilige Gefühl selbst, sondern den Ausdruck von Lust und Leid, Freude und Schmerz zu beherrschen.

„Ein Erfreuliches *soll* die Seele erfreuen, ein Trauriges *soll* sie schmerzen. Sie soll nur dazu gelangen, den *Ausdruck* von Freude und Schmerz, von Lust und Unlust zu beherrschen. Strebt man *dieses* an, so wird man alsbald bemerken, daß man nicht stumpfer, sondern im Gegenteil empfänglicher wird für alles Erfreuliche und Schmerzhafte der Umgebung, als man früher war. Es erfordert allerdings ein genaues Achtgeben auf sich selbst durch längere Zeit, wenn man sich die Eigenschaft aneignen will, um die es sich hier handelt. Man muß darauf sehen, daß man Lust und Leid voll miterleben kann, ohne sich dabei so zu verlieren, daß man dem, was man empfindet, einen unwillkürlichen Ausdruck gibt. Nicht den berechtigten Schmerz soll man unterdrücken, sondern das unwillkürliche Weinen; nicht den Abscheu vor einer schlechten Handlung, sondern das blinde Wüten des Zorns; nicht das Achten auf eine Gefahr, sondern das fruchtlose 'sich fürchten' und so weiter." (GA 13/S.247)

Es versteht sich von selbst, daß diese Übung im Unterschied zu den beiden ersten nicht auf eine bestimmte Zeitspanne zu beschränken ist. Sie wird einen mehr oder weniger den ganzen Tag über begleiten (will man den „Anweisungen für eine esoterische Schulung" folgen, wiederum einen Monat hindurch). Das Leben selber wird genügend Anlässe und Situationen bieten, an denen man sich in diesem Sinne üben kann. Extreme Situationen, bei denen heftige Gefühle aufsteigen, eignen sich besser als Erlebnisse, die einen kaum innerlich berühren, denn an solchen bemerkt man in der Regel weniger, was daran zu üben ist. Für den Geistesschüler gibt Rudolf Steiner in diesem Sinne folgenden Hinweis:

„Hat einem auch das Leben dies oder jenes anerzogen: zur Geistesschulung dienen die Eigenschaften, *welche man sich selbst anerzogen hat.* Hat einem das Leben Erregtheit beigebracht, so sollte man sich die Erregtheit aberziehen; hat einem aber das Leben Gleichmut beigebracht, so sollte sich durch Selbsterziehung so aufrütteln, daß der Ausdruck der Seele dem empfangenen Eindruck entspricht. Wer über nichts lachen kann, beherrscht sein Leben ebensowenig wie derjenige, welcher, ohne sich zu beherrschen, fortwährend zum Lachen gereizt wird." (ebd./S.247 f.)

An extremen Seelenregungen kann man die Anforderungen der Übung besonders deutlich erleben. Zunächst wird es schwerlich gelingen, den Ausdruck von

Lust und Leid gleich zu beherrschen, dies ist Weg und Ziel, und nicht der Anfang. Tritt z.B. etwas ein, was einem maßlosen Ärger bereitet, so wird man kaum verhindern können, daß der Ärger mit elementarer Gewalt aufsteigt und einen mitreißt. Starke Gefühle klingen aber nicht gleich wieder ab, sie wirken nach und halten über längere Zeit an, vielleicht den ganzen Tag. Immer wieder muß man an die Situation denken, die einem den Ärger beschert hat, und immer von neuem steigt er auf und durchwühlt die Seele.

Doch braucht man nicht in Extremen zu denken, um auf das Gemeinte zu stoßen. Der Alltag bietet ausreichend Übungsfeld. Es ist also genug zu tun, um die alltäglichen Situationen zu meistern, und wem gelingt das immer! Die genannten Beispiele des unwillkürlichen Weinens oder blinden Wütens des Zornes als Ausdruck bestimmter Gefühlsregungen verdeutlichen, wo diese Übung ansetzt. Gemeint sind unmittelbare Reaktionen auf innere Erlebnisse, die sich nach außen kundtun und in äußeren Handlungen entladen. Der Mensch wird von einem Gefühl mitgerissen und kann das innere Gleichgewicht nicht mehr aufrechterhalten. Redewendungen wie „er oder sie hat die Beherrschung verloren", „läßt sich gehen", „hat den Kopf verloren", „ist aus der Fassung geraten" charakterisieren ein solches Verhalten.

Die Übung ist aber auch bei subtileren Erlebnissen anwendbar, bei denen das Gefühlsleben noch mehr innerlich verläuft, ohne sich sogleich in spontanen Handlungen zu äußern. Man denke an den eigenen Ärger – Ärger über den Lebenspartner, den ruhestörenden Nachbarn, unzuverlässige Kollegen oder sture Beamte, den Ärger darüber, daß das Kind das Essen ausgespuckt hat, die Milch wieder einmal übergekocht ist, der Bleistift nicht an seinem Ort liegt usw. Man denke auch an die eigene Wut, unseren Haß, unsere Emotionen und Aggressionen, unsere inneren Verwundungen, Enttäuschungen, Schmerzen, dann werden wir feststellen, daß wir gerade auf dieser Seite der Waagschale ein besonders reichhaltiges Repertoire für die Gelassenheitsübung zur Verfügung haben. Aber es gibt natürlich auch die andere Seite des Innenlebens, die Freude über ein überwältigendes Geschenk, die einen bis zur Decke springen läßt, die gespannte Neugier oder ungeduldige Erwartung einer Nachricht bis hin zum sehnsuchtsvollen Verlangen nach dem geliebten Menschen.

Wendet man die Übung zur Gelassenheit an, spürt man sofort, daß eine starke innere Kraft dazu nötig ist. Man muß bewußt eine innere Distanz zu den aufsteigenden Gefühlen und Emotionen herstellen. Ärger und Sorge haben immer die Tendenz, den Menschen im wahrsten Sinne des Wortes herunterzuziehen. Der Seelenraum zieht sich zusammen, und das Gefühl nimmt von unten aufsteigend die Kopfregion, die Gedanken und das Bewußtsein gefangen. Die herunterziehende Wirkung ist dabei bis in die äußere, gebeugte Haltung hinein bemerkbar. Durch die Kraft der bewußt hergestellten Distanz wird das Gefühl nicht unterdrückt, aber es wird ihm nicht erlaubt, gleichsam den ganzen Körper zu durchwogen. Die im Bewußtsein konzentrierte Kraft wirkt der aufschießenden Tendenz des Gefühles entgegen, das jetzt auf seinen ursprünglichen inneren Raum begrenzt und dort zusammengehalten wird. Es ist wie eine Verdichtung, bei der unwillkürlich auch eine Beruhigung eintritt. Der Ärger tobt jetzt nicht mehr wild wütend durch den Leib, er wird gezähmt, gebändigt und doch in voller Qualität erlebt. Die unmittelbare Wirkung dieser Übung ist wie eine Befreiung. Man ist dem Gefühl nicht mehr ausgeliefert, der Kopf wird wieder frei, die Haltung innerlich aufgerichtet. Freien Hauptes fühlt man sich der Situation gewappnet, die man jetzt mit dem nötigen Abstand anschauen und beurteilen kann, um die folgenden Handlungen danach einzurichten.

Eine entgegengesetzte Gefühlslage ist z.B. die überschwengliche Freude. Diese führt ganz nach außen, den Seelenraum insgesamt erweiternd. Indem das Gefühl aufsteigt, ergreift es vom mittleren Menschen ausgehend wiederum die Hauptesregion, diesmal aber mit der Tendenz, darüber hinauszuströmen (man gerät „außer sich" und ist „ganz aus dem Häuschen"). Auch hier wird das Ich vom Gefühl mitgerissen, was den Menschen letztlich schwächt, wenn man dies auch nicht so deutlich spürt wie die Schwächung durch Sorge oder Ärger. Durch die Übung zur Gelassenheit wird das Ich ein ruhiges Zentrum bilden und das Gefühl der Freude bewußter, klarer und auch tiefer erleben können.

Konsequent durchgehalten erfordert die Übung eine fortwährende Aufmerksamkeit auf das innere Seelenleben. Schon bei ersten Versuchen kann man aber erstaunliche Wirkungen erleben. Nicht nur die Qualität der Gefühle verändert sich, man wird subtile Differenzierungen des Gefühlslebens erfahren, die man vorher nicht bemerkt hat. Ein und dasselbe Grundgefühl kann sich dann in einem ganzen Spektrum von fein zu unterscheidenden Gefühlsnuancen zeigen. Klarheit und Ruhe des Bewußtseins in der Beherrschung der Emotionen und Gefühle ist schließlich auch die Voraussetzung, um der jeweiligen Situation angemessen zu begegnen. Diejenige Seelenhaltung, die es dem Menschen ermöglicht, aus innerer Beherrschung und gelassener Ruhe die Dinge der Umwelt auf sich wirken zu lassen, sie freien Hauptes zu betrachten und in Ruhe ausgewogene Handlungen folgen zu lassen, ist die Besonnenheit. So möchte ich die Übung zur Gelassenheit auch eine Erzieherin zur Besonnenheit nennen.

Positivität

Die vierte Übung ist, der „Geheimwissenschaft im Umriß" folgend, für das Denken und Fühlen bestimmt: die Positivität. Worauf es bei dieser Seeleneigenschaft ankommt, wird dort durch ein schlichtes Bild aus einer Legende charakterisiert:

„Es gibt eine schöne Legende, die besagt von dem Christus Jesus, daß er mit einigen andern Personen an einem toten Hund vorübergeht. Die andern wenden sich ab von dem häßlichen Anblick. Der Christus Jesus spricht bewundernd von den schönen Zähnen des Tieres. Man kann sich darin üben, gegenüber der Welt eine solche Seelenverfassung zu erhalten, wie sie im Sinne dieser Legende ist. Das Irrtümliche, Schlechte, Häßliche soll die Seele nicht abhalten, das Wahre, Gute und Schöne überall zu finden, wo es vorhanden ist." (GA 13/ S.245)

Man solle die Positivität nicht mit Kritiklosigkeit verwechseln, es sei nicht gemeint, gegenüber dem Schlechten und Falschen die Augen zu verschließen:

„Man kann das Schlechte nicht gut, den Irrtum nicht wahr finden; aber man kann es dahin bringen, daß man durch das Schlechte nicht abgehalten werde, das Gute, durch den Irrtum nicht, das Wahre zu sehen." (ebd.)

Diese Übung hat einen wichtigen sozialen Aspekt. Er besteht in der „Enthaltung von Kritik" (GA 245/S.18); in diesem Sinne nennt Rudolf Steiner die Positivitätsübung auch „Duldsamkeit (Toleranz)" (GA 10/S.91). Statt sich in seinem Urteil von Sympathien und Antipathien leiten zu lassen, versuche man, sich durch verständnisvolle Anteilnahme in den anderen hineinzuversetzen und ihn aus dessen Wesen heraus zu verstehen. Wieder für den Geistesschüler gesprochen heißt es:

„Begegnet dem Geheimschüler irgendein Ungemach, so ergeht er sich nicht in abfälligen Urteilen, sondern er nimmt das Notwendige hin und sucht, soweit seine Kraft reicht, die Sache zum Guten zu wenden. Andere Meinungen betrachtet er nicht nur von seinem Standpunkte aus, sondern er sucht sich in die Lage des anderen zu versetzen." (GA 10/S.92)

Es ist einleuchtend, daß diese Übung sowohl das Denken als auch das Fühlen anspricht. Das erste Verhältnis, das der Mensch zu einem Gegenüber, sei es ein Mensch oder eine andere Erscheinung, einnimmt, ist dadurch gegeben, daß er diesen wahrnimmt. Die durch die Sinneswahrnehmung gewonnenen Eindrücke leben im Innern des Menschen zunächst als Empfindungen auf. Man empfindet die Rauhheit oder Glätte eines Stoffes, die Wärme oder Kälte, die blaue oder rote Farbe usw. Während die Empfindung noch unmittelbar an die Wahrnehmung gebunden ist – sie lebt während des Wahrnehmungsvorganges auf –, ist das sich daran anschließende Gefühl wie Sympathie, Antipathie, Freude, Mißmut usw., vielmehr ein Ausdruck des subjektiven Seelenlebens. Gefühle sind gegenüber den Empfindungen mehr verinnerlicht und zugleich von dem Gegenüber oder der Sache abgesondert. Läßt der Mensch sich von seinen Gefühlseindrücken leiten, bedeutet dies, daß er sein Urteil über den anderen von den Gefühlen der Sympathie oder Antipathie bestimmen läßt. Das urteilende Denken bleibt auf die subjektiven Gefühle bezogen. Da aber Eindrücke dieser Art immer ein einseitiges und gefälschtes Bild des anderen Menschen oder der Sache liefern, kommt es weiterhin darauf an, die Einseitigkeit durch neue Gesichtspunkte, neue Wahrnehmungen und Erfahrungen zu korrigieren. Wieder ist es das Denken, das den Anstoß gibt, und es ist auch das Denken, das die neuen Eindrücke in das Gesamtbild einfügt. Insofern ist die Positivität nicht nur auf Denken und Fühlen jeweils für sich gerichtet, sondern insbesondere auf die Wechselwirkung zwischen beiden.

Auch für die Positivität bieten ganz alltägliche Situationen vielfältigen Stoff der Übung. Um das Gute zu entdecken, muß ich mich selbst, meine eigenen Meinungen und Vorurteile, überwinden. Ich sitze zum Beispiel in einem Vortrag. Das Thema hat mich interessiert, doch nun finde ich den Redner furchtbar langweilig. Vielleicht stört mich der ermüdende, gleichbleibende Tonfall der Sprache, vielleicht seine ausschweifende Art. Es kann auch sein, daß ich etwas anderes erwartet habe als das, was mir geboten wird. Die Folge ist, daß ich lieber den eigenen Gedanken nachgehe, als weiter dem Vortrag zu folgen. Wenn ich dem Redner auch ab und zu wieder meine Aufmerksamkeit schenke, so ist doch bereits eine Seelenstimmung entstanden, die den Untergrund für das weitere Verhalten bildet. Der Eindruck der Langeweile ist so stark und beharrlich, daß ich mich kaum davon befreien kann; längst hat sich ein Urteil über den Vortrag gebildet.

Übe ich Positivität, muß ich die subjektive Gefühlslage überwinden und verwandeln. Die Übung wendet sich also zunächst nach innen. Dann aber wendet sie sich mit einem neuen Impuls nach außen. Die Übung führt von dem eigenen Innern weg und der Sache zu. Die Sinne öffnen sich dem Geschehen mit Aufmerksamkeit und innerer Anteilnahme: Was finde ich da noch? Ganz neue Wahrnehmungen werden gewonnen, die mir vorher entgangen sind. Ich bemerke jetzt, daß der Redner, dessen monotone Sprache mir nicht zusagt, völlig frei und ohne Konzept spricht; vielleicht bemerke ich seine ansprechende Kleidung; oder ich werde – wenn mir schon nicht gefällt, was er sagt – darauf aufmerksam, *wie* er es sagt, wie er seine Gedanken verbindet, und wie er sich bemüht, sein Bestes zu geben. Schließlich kann ich mir sagen: Es hat sich doch gelohnt. Zwar habe ich nicht gefunden, was ich erwartet habe, doch habe ich vieles erlebt, was ich vorher nicht kannte, und ich bin reicher geworden.

So wirkt die Übung der Tendenz einer zu starken Selbstbezogenheit entgegen, sie führt den Menschen fragend an die Welt heran: Was kann mir dieses oder jenes sagen? Was kann ich davon lernen? Was liegt in mir, daß ich es vorher nicht bemerkt habe? Die Welt wird überall zum Rätsel, das es zu entdecken und befragen gilt. Die Übung bereichert aber nicht nur den Wahrnehmungshorizont. Dadurch, daß einseitige Blickpunkte durch andere ergänzt werden, wird schließlich auch das Urteil über die Sache umfassender, offener und sachbezogener. Sowohl der Ausgangspunkt der Übung als auch deren Ergebnis wendet sich an die Verbindung von Denken und Fühlen.

Weitaus schwieriger verhält es sich mit der „Enthaltung von Kritik". Hier gilt es nicht nur, das Positive aufzusuchen und seine eingeschränkte Sichtweise für das

Gute und Wahre zu öffnen. Sich der Kritik enthalten, verlangt, das Beharren auf eigenen Überzeugungen zu überwinden. Überzeugungen beruhen auf Ansichten und Urteilen, die man sich womöglich vor langer Zeit und durch mühsame Arbeit erworben hat. Diese für eine Weile beiseite zu lassen, fällt dem selbstbewußten Menschen heute oftmals sehr viel schwerer als das Überwinden seelischer Blindheit. Wer kennt nicht die Aufstachelung des Kritikbedürfnisses, wenn der andere einem etwas entgegenbringt, das den eigenen Überzeugungen, Einsichten und Meinungen widerspricht! Man glaubt, es besser zu wissen, man fühlt sich im Recht und glaubt, den anderen sogleich korrigieren zu müssen. Nicht selten unterstreicht ein energischer Nachdruck bis hin zur emotionsgeladenen Gewalt die Worte, und nicht selten wirkt man in der Überzeugung, ganz das Richtige zu tun, verletzend. In verschiedenen Graden geschieht dies beinahe täglich bei jeder Auseinandersetzung, jedem Streit mit dem Lebenspartner, dem Freund oder dem Kollegen. Nicht selten ist bald der Punkt erreicht, an dem im gegenseitigen Beharren auf dem eigenen Standpunkt jedes Gespräch unmöglich wird: „Mit dir kann man einfach nicht reden!"

Enthalten von Kritik in dem Bemühen, den anderen zu verstehen, verlangt ein höchstes Maß an Selbstüberwindung und vorurteilsloser Offenheit. Vor allem ist eine andere Art des Hörens notwendig. Wie leicht geschieht es, daß man meint, den anderen zu verstehen, weil dieser Worte äußert und Gedankengänge darstellt, die man selber gut kennt, ohne zu bemerken, daß dieser mit dem geäußerten Begriff inhaltlich doch etwas anderes verbindet als ich. Feine Nuancen bei der unterschiedlichen Sinngebung oder auch Gewichtung eines gesprochenen Wortes können bereits zu fatalen Mißverständnissen führen.

Die geforderte neue Art des Hörens könnte man als ein aktives Hören bezeichnen. Gemeint ist damit die Fähigkeit, durch die ausgesprochenen Worte auf das zu hören, was der andere tatsächlich meint und nicht auf das, was durch dessen Worte an eigenen Begriffsinhalten wachgerufen wird („Ich weiß genau, was du sagen willst."), d.h. die Fähigkeit, durch die Worte auf die Gedankenbildung des anderen hören zu lernen. Man wird auch die Möglichkeit suchen, zu verstehen, welche Erfahrungen und Erlebnisse ihn dazu gebracht haben, die Sache so und nicht anders anzusehen und schließlich vielleicht bemerken, daß er von seinem Standpunkt aus und mit seinen Erfahrungen ebenso recht hat wie ich mit meinen.

Eine Seelenkraft aber ist immer notwendig, wenn Enthaltung von Kritik zum Verständnis des anderen führen soll und wenn die Welt im Sinne der Positivität nach dem Schönen, Guten und Wahren befragt wird: das Interesse. Die Kraft des Interesses verbindet den Menschen mit der Welt. Und es ist die ursprünglichste Kraft des sozialen Lebens: Denn nur ehrliches Interesse am anderen Menschen kann dazu führen, ihn schließlich zu verstehen. Die Übung der Positivität ist damit zugleich eine Erziehung des Menschen zur Interessefähigkeit.

Unbefangenheit

„Das Denken in Verbindung mit dem Willen erfährt eine gewisse Reifung, wenn man versucht, sich niemals durch etwas, was man erlebt oder erfahren hat, die unbefangene Empfänglichkeit für neue Erlebnisse rauben zu lassen. Für den Geistesschüler soll der Gedanke seine Bedeutung ganz verlieren: 'Das habe ich noch nie gehört, das glaube ich nicht.' Er soll während einer gewissen Zeit geradezu überall darauf ausgehen, sich bei jeder Gelegenheit von einem jeglichen Dinge und Wesen Neues sagen zu lassen. Von jedem Luftzug, von jedem Baumblatt, von jeglichem Lallen eines Kindes kann man lernen, wenn man bereit ist, einen Gesichtspunkt in Anwendung zu bringen, den man bisher nicht in Anwendung gebracht hat." (GA 13/S.248)

So lautet die fünfte Übung nach der „Geheimwissenschaft im Umriß". Unbefangenheit bedeutet nun aber nicht, bisherige Lebenserfahrungen außer acht zu lassen. Gegenwärtige Erlebnisse sollten selbstverständlich auf der Grundlage der vergangenen beurteilt werden. Worauf es bei der Übung ankommt, ist vielmehr die Ausbildung der „Geneigtheit, [...] immer Neues zu erfahren. Und vor allem der Glaube an die Möglichkeit, daß neue Erlebnisse den alten widersprechen können." (ebd./S.249)

Im Unterschied zur Positivität, die sich stets an konkreten Anlässen und Ereignissen entzündet und daher einen zielgerichteten Charakter trägt, besteht die Unbefangenheit in einer vollständigen Öffnung der Seele nach außen, ohne daß von vornherein bestimmte Inhalte des Wahrnehmungsfeldes ausgewählt werden. Die in der Unbefangenheit wirkende Hingabe an die Welt schließt den Menschen allseitig für die Dinge und Erscheinungen auf, die ihn umgeben. Versucht man, sich in Unbefangenheit zu üben, wird man bemerken, wie sich vor allem das Wahrnehmungsvermögen intensiviert. Man beginnt, die Welt mit ganz anderen Augen zu sehen. Ständig werden Dinge entdeckt, die vorher nicht bemerkt worden sind und an denen man achtlos vorbeigegangen ist. Selbst unscheinbare Dinge lenken das Interesse auf sich. Man sieht aber nicht nur mehr als gewöhnlich, sondern betrachtet alles mit einem höheren Grad an Aufmerksamkeit und innerem Interesse. Die Seele weitet sich in den Umkreis und läßt die Welt zu sich sprechen, ohne alles sogleich mit Begriffen zu belegen.

Unbefangenheit gegenüber der Natur läßt sich vielleicht am leichtesten üben. Die Natur ist nicht bis ins Letzte durchschaubar und berührt die Seele auf eigene Weise. Sie drängt sich andererseits aber auch nicht so auf wie die Begegnung mit einem Menschen. Die Natur wartet auf das, was der Mensch ihr von sich aus entgegenbringt und antwortet darauf mit einer ungeahnten Vielfalt, Schönheit und Lebendigkeit, die immer noch ein verborgenes Geheimnis bewahrt.

Ich gehe zum Beispiel durch ein kleines Waldstück, durch daß ich auch gestern schon gegangen bin, kenne dessen Wege und Kreuzungen gut und erwarte nichts

Besonderes. Gedanken gehen mir durch den Kopf. Immer noch füllt das, womit ich mich vorher gerade beschäftigt habe, das Bewußtsein aus. So bin ich noch ganz bei mir und nehme kaum bewußt wahr, wie anders sich der Wald heute zeigt. Dann aber fällt mir ein, Unbefangenheit zu üben. Ich schaue auf und staune!! Hier ist es ganz anders als am Vortag. Welch wunderbares Farbenspiel! Das Licht durchflutet die herbstlich gefärbten Blätter der Bäume. Hellgelblich leuchtende Farben spielen in einem Meer von Grün in unzählbaren Differenzierungen von helldurchscheinenden, wie von innen leuchtenden, bis hin zu dunkelgrünen, silbrigmatt glänzenden Tönen. Das einfallende Sonnenlicht verwandelt das Waldstück, das ich so gut kenne, in einen wahrhaften Zauberwald!

So führt Unbefangenheit dazu, den heutigen Tag, ja, den gegenwärtigen Augenblick, in seiner Einzigartigkeit intensiver zu erleben. Die Wolkenbildung, das besondere Blau des Himmels, die kräuselnde Wellenbewegung des Flusses, die Sprache der Jahreszeit – alles beginnt inniger zum Menschen zu sprechen. Und der Moment des Erlebens ruft sogleich ein Gefühl von Freude an den Dingen hervor. Aber es ist mehr als das. Staunen und Verwunderung gegenüber den Dingen der Welt – das drückt vielleicht am ehesten die innere Antwort des Menschen aus, der erleben kann, welchen Reichtum selbst die unscheinbarsten Dinge in sich tragen. Man beginnt zu ahnen, daß in den Welterscheinungen mehr enthalten ist, als sie äußerlich offenbaren.

Solche Momente der Hingabe halten vielleicht nur wenige Minuten an, bis sich wieder andere Gedanken einstellen. Und doch fühlt man sich anders als vorher. Deutlich wirkt ein Gefühl der Freude und Dankbarkeit nach, man fühlt sich reich beschenkt. Die Übung wirkt bis in das Körpergefühl hinein. Man spürt, wie eine Weite im Kopfbereich entsteht, man geht aufrechter, atmet freier und bemerkt die vorherige Enge, Gebeugtheit und Abgeschlossenheit.

Nach einer Weile führt ein neuer Impuls zum erneuten Schauen und Lauschen. Man entdeckt etwas an einem Baumstamm, geht näher und fragt sich, was es sein möge. Überhaupt ist fragendes Interesse ein wesentlicher Ausdruck der Seelenhaltung der Unbefangenheit. Es ist ein Fragen unschuldiger Neugier, die zunächst nur entdecken möchte – wie die Neugier eines Kindes.

Bald habe ich auf meinem Spaziergang wieder die bekannten Häuser und Straßen erreicht. Und auch hier schaue ich anders hin. Ich betrachte die Formen der Fenster, die Mauervorsprünge, Dächer usw. Wie sind sie gebaut? Warum ist dies so gestaltet? Warum ist der Straßenasphalt an jener Stelle so gewellt? Wozu ist der kleine Wall dort aufgeschüttet und mit einer Plastikfolie überdeckt?

Unbefangenheit führt also vor allem zu neuen Wahrnehmungen, aber auch zu neuen Fragen an die Welt. Damit wird auch verständlich, warum diese Übung neben dem Denken nicht das Gefühl, sondern den Willen anspricht. Denn Wahrnehmen ist ein Willensvorgang. Betrachtet man ein Baumblatt, so starrt man es nicht passiv an, sondern durchläuft mit feinen Augenbewegungen alles, was es zu sehen gibt. Man wird nicht nur der Farben gewahr, sondern bildet im sehenden Tasten die verschiedenen Linien und Formen nach, die sich dort finden.

In diesem aktiven Element des Sehvorgangs, das sich in den Augenbewegungen, d.h. der zugrunde liegenden Muskelbetätigung, äußert, ist die Wirksamkeit des Willens erkennbar. Besonders deutlich wird der Willensanteil im Wahrnehmen natürlich beim Tasten, z.B. wenn man mit der Hand über eine Baumrinde oder einen Stein streicht.

Unbefangenheit gegenüber der Natur allein macht die Übung aber noch nicht aus. Sie ist ebenso gegenüber allem anzuwenden, was durch andere Menschen an einen herangetragen wird. Wie weit das gehen kann, schildert Rudolf Steiner durch ein krasses Beispiel so:

„Wenn einer zum Beispiel kommt und sagt: Der Turm der Kirche steht schief, er hat sich um 45 Grad geneigt – so würde jeder sagen: Das kann nicht sein. – Der Okkultist muß sich aber noch ein Hintertürchen offen lassen. Ja, er muß so weit gehen, daß er jedes in der Welt Erfolgende, was ihm entgegentritt, glauben kann, sonst verlegt er sich den Weg zu neuen Erfahrungen." (GA 95/ S.114 f.)

Ähnlich wie bei der Positivität stehen einem auf diesem Felde die eigenen Urteile, Meinungen und Überzeugungen im Wege. Während es dort aber darauf ankommt, diese durch den Blick auf das Wahre, Schöne und Gute in ihrer Einseitigkeit auszugleichen und zu korrigieren, braucht diese innere Auseinandersetzung bei der Unbefangenheit nicht in demselben Maße erfolgen. Hier kommt es in erster Linie gar nicht darauf an, was man schon weiß und wovon man überzeugt ist. Der Schwerpunkt liegt vielmehr darin, die Offenheit und Vorurteilslosigkeit aufzubringen, das Neue, Unbekannte, vielleicht auch Unwahrscheinliche wahrzunehmen und für möglich zu halten. Auch hier steht das Willenselement im Wahrnehmen im Vordergrund.

Ebenso wie bei der Positivität ist es auch bei der Unbefangenheit das Interesse, das den Menschen wahrnehmend an die Welt heranführt. Während aber bei der Positivität das bewußte Interesse Mittelpunkt und Ziel der Übung ist, hat es bei der Unbefangenheit mehr dienende Funktion. Was sich demgegenüber als neue Seelenqualität einstellt, ist das Staunen und die Verwunderung. Unbefangenheit ist somit ein Lehrmeister des Menschen, um die Kräfte des Staunens und der Verwunderung völlig neu zu erleben – Kräfte, die wir in unserer heutigen kritiksüchtigen Zeit sicher besonders nötig haben.

Inneres Gleichgewicht

Die bisherigen fünf Übungen dienen jeweils der Ausbildung bestimmter Seeleneigenschaften: Herrschaft über die Gedankenführung, Herrschaft über die

Willensimpulse, Gelassenheit gegenüber Lust und Leid, Positivität im Beurteilen der Welt und Unbefangenheit in der Auffassung des Lebens. Bei einer regelrechten Schulung komme es in einem sechsten Schritt nun darauf an, so Rudolf Steiner, ein harmonisches Zusammenstimmen dieser Eigenschaften zu erreichen.

„Wer gewisse Zeiten aufeinanderfolgend dazu verwendet hat, um sich in der Erwerbung dieser Eigenschaften zu üben, der wird dann noch nötig haben, in der Seele diese Eigenschaften zum harmonischen Zusammenstimmen zu bringen. Er wird sie gewissermaßen je zwei und zwei, drei und eine und so weiter gleichzeitig üben müssen, um Harmonie zu bewirken." (GA 13/S.249)

Durch eine regelmäßige Abwechslung der fünf Übungen bilde sich schließlich als sechste Eigenschaft allmählich ein inneres Gleichgewicht der Seele aus. Wer dieser Anweisung folgen will, sieht sich vor hohe Anforderungen gestellt. Es kann leicht geschehen, daß man aus einem Gefühl der Überforderung vor dieser Übung zurückschreckt. Dieser Eindruck entsteht vor allem dann, wenn man allein das Ziel und nicht den Weg dorthin vor Augen hat. Die sechste Übung baut aber auf den vorangegangenen auf. Dadurch werden Erfahrungen gesammelt, Fähigkeiten ausgebildet und vor allem Kräfte gestärkt. Auf dem inneren Felde verhält es sich in dieser Beziehung genau so wie mit anderen Dingen auch: Wer übt, wird besser Klavierspielen und schneller Fortschritte machen als derjenige, der nur wahllos auf den Tasten hämmert. Mit den erworbenen Fähigkeiten wird er sich auch an einen Mozart heranwagen können, ohne dabei gleich zu verzagen. So wird auch die sechste Übung auf der Grundlage der vorherigen leichter fallen, als es zunächst scheinen mag.

Wie aber soll abgewechselt werden? Es bestünde die Möglichkeit, sich vorzunehmen, an einem Tage zum Beispiel Positivität und Unbefangenheit gleichzeitig zu üben. Am nächsten Tag könnte eine andere Kombination folgen usw. Ein anderer Weg bestünde darin, sich vom Leben selber sagen zu lassen, was jeweils gefordert ist. Mir scheint letzteres der angemessenere Weg zu sein. Durch die vorangegangenen Übungen ist man aufmerksamer auf das eigene Seelenleben geworden. Man lernt, sich genauer zu beobachten und mit eigenen Einseitigkeiten, Fehlern und Schwächen besser umzugehen. Eine bewußte Aufmerksamkeit auf das Seelenleben ermöglicht daher auch, in bestimmten Situationen anders zu reagieren, als man es sonst gewohnt war.

Oft wird das Leben schneller sein als die bewußte Führung. Schlechte Stimmung am Frühstückstisch! Das Kind will nicht essen, wirft den Löffel zu Boden, quengelt und schreit unentwegt. Die Mutter verliert die Geduld: „Ich möchte auch mal in Ruhe meinen Kaffee trinken!" – Sie verläßt genervt den Raum. Auch der Vater ist gereizt, welch schöner Morgen! Der Unmut äußert sich prompt: „Kann man hier nicht einmal in Ruhe frühstücken?!" Das Kind schreit noch mehr, die Mutter erntet Vorwürfe usw. Im nächsten Moment folgt ein Augenblick der Besinnung – Gelassenheit, Gedankenkontrolle! Man hinterfragt das eigene Verhalten und sieht, inwieweit es der Situation angemessen war oder nicht. „Vielleicht schreit das Kind nur, weil ich selbst schon mit mißmutigem Gesicht gekommen bin. Wieso ist der andere so gereizt? Was geht in ihm vor? Wo bin ich selber Ursache für sein Verhalten?" Zwar ist das Malheur bereits geschehen, doch hilft die Übung dennoch weiter. Statt sich, der Stimmung ausgeliefert, gehen zu lassen, kommt man schneller in die Lage, sich wieder in den Griff zu bekommen und die Situation zu bereinigen. Vielleicht ist eine Entschuldigung angebracht, ein beruhigendes, versöhnendes Wort, ein Lächeln. Das Frühstück kann gerettet werden, denn auch die liebevolle Zuwendung zum Kind sorgt für Beruhigung. Man nimmt sich vor, es beim nächsten Mal besser zu machen.

Im bewußten Üben des inneren Gleichgewichts verändert sich das gesamte Lebensgefühl in positiver Weise. Ausgeglichenheit, Lebensbejahung und Freude an dem, was der Tag beschert, sowie die Fähigkeit, Sorgen, Ärger und Leid besser tragen und verarbeiten zu können, wachsen. Eine zu starke Selbstbezogenheit kann überwunden werden, wenn man bemerkt, daß für den anderen Menschen anderes wichtiger ist als für einen selbst. So wird man schließlich auch, wenn es denn gelingt, ein angenehmerer Geselle für die Umgebung werden. In den „Anweisungen für eine esoterische Schulung" schreibt Rudolf Steiner zur Wirkung der sechsten Übung:

> „Es bildet sich dadurch allmählich ein schönes Gleichgewicht der Seele heraus. Man wird namentlich bemerken, daß etwa vorhandene Unzufriedenheiten mit Erscheinung und Wesen der Welt vollständig verschwinden. Eine allen Erlebnissen versöhnliche Stimmung bemächtigt sich der Seele, die keineswegs Gleichgültigkeit ist, sondern im Gegenteil erst befähigt, tatsächlich bessernd und fortschrittlich in der Welt zu arbeiten. Ein ruhiges Verständnis von Dingen eröffnet sich, die früher der Seele völlig verschlossen waren. Selbst Gang und Gebärde des Menschen ändern sich unter dem Einfluß solcher Übungen, und kann der Mensch gar eines Tages bemerken, daß seine Handschrift einen anderen Charakter angenommen hat, dann darf er sich sagen, daß er eine erste Sprosse auf dem Pfade aufwärts eben im Begriffe zu erreichen ist." (GA 245/S.20 f.)

Inneres Gleichgewicht führt nicht nur zu einem neuen Verhältnis zu sich selbst, sondern auch zu einem neuen Verhältnis zur Welt. Während vorher die eigene Innenwelt wie abgetrennt von der Außenwelt erschien – zuweilen kann das so weit gehen, daß der eigene Körper wie ein Gefängnis empfunden wird, aus dem kein Hinauskommen möglich ist –, wird jetzt die Verbindung von Ich und Welt als ein den Menschen tragendes Grundgefühl erlebt. Dies wird nicht nur eine theoretische Erkenntnis. Immer deutlicher kommt es zum Bewußtsein, daß die Trennung von Ich und Welt, von Innen und Außen, nur eine scheinbare und allein durch das abstrakte Denken hervorgerufene ist. Denn in Wahrheit ist der Mensch in umfassender Weise mit den Welterscheinungen verbunden. Die neuerrungene Wahrnehmungsfähigkeit einerseits und die neu errungene Denkfähigkeit andererseits ermöglichen es, sich selbst in Einklang mit der Wirklichkeit zu erfahren. Das innere Gemütsleben wühlt keine emotionalen Hindernisse mehr auf, um diese Gewißheit zu verdunkeln. Die Welt wird nicht mehr nur in Gegensätzen zum eigenen Innenwesen empfunden. Man erlebt nicht ausschließlich Gegensätze, an denen man sich stößt und aufreibt, so daß schließlich nichts anderes übrig bleibt, als sich in sich selbst zurückzuziehen und Schutzmauern aufzurichten. Es gilt, inneres Gleichgewicht, innere Festigkeit und Halt zu erlangen, wie der Fels in der Brandung ruhig zu stehen und hinzunehmen, was geschieht und in angemessener Weise darauf zu reagieren. Inneres Gleichgewicht führt in der Konsequenz auch zu dem, was Rudolf Steiner in einem anderen Zusammenhang einmal „das Sichfühlen in weisheitsvollem Einklang mit der Wirklichkeit" genannt hat. (GA 134/1979/S.34)

Die zukünftigen Hüllen des Christus

Zum Abschluß möchte ich noch einen besonderen Ausblick auf die weitreichende Zukunftsbedeutung der moralischen Selbsterziehung anfügen. Wie ich versuchte darzustellen, hat sich mir im Laufe des Umgangs mit den Übungen nach und nach ergeben, daß die Ausbildung der sechs Eigenschaften zugleich eine Selbsterziehung zu noch anderen moralischen Qualitäten einschließt: Gedankenkontrolle – Erziehung zur Wahrhaftigkeit; Initiative des Handels – Liebe zur Tat; Gelassenheit – Besonnenheit; Positivität – Interesse; Unbefangenheit – Staunen, Verwunderung; inneres Gleichgewicht – Sich-in-Einklang-Fühlen mit den Welterscheinungen. Versuchen wir uns einmal hypothetisch einen Menschen vorzustellen, der es bei der Ausbildung der genannten Eigenschaften bis zu einer gewissen Vollkommenheit gebracht hätte. Dieser würde das Idealbild des Menschseins schlechthin repräsentieren. Wenn auch die heutige Wirklichkeit weit davon entfernt ist, so ist es auf der anderen Seite auch evident, daß viele Menschen im Grunde ihres tiefsten Wesens ersehnen, daß dieses Bild in ihrem Innern in Zukunft Wirklichkeit werden mag, einer Zukunft, die es verdient, menschenwürdig genannt zu werden. Eine Selbsterziehung in diesem Sinne, mag sie auch noch so bescheiden und unvollkommen sein, bedeutet damit Arbeit an der Zukunft des Menschseins. Welch grandioses Zukunftsbild sich aus einer solchen, auf freien Impulsen beruhenden, moralischen Selbsterziehung der Menschen ergibt, sei durch einen Wortlaut Rudolf Steiners wiedergegeben:

„Etwas, was nur in längeren Auseinandersetzungen gewiß werden könnte, was ich daher nur mitteilen kann, soll unsere Betrachtung abschließen. Wir sehen den Christus-Impuls einziehen in die Menschheitsevolution durch das

Mysterium von Golgatha. Wir wissen, daß dazumal mit dem Ereignisse des Mysteriums von Golgatha ein menschlicher Organismus, bestehend aus physischem Leib, aus dem Ätherleibe und dem Astralleib, den Ich-Impuls von oben herunter, als Christus-Impuls, aufgenommen hat. Dieser Christus-Impuls war es, der von der Erde aufgenommen worden und in das Erdenkulturleben eingeflossen ist. Er war jetzt darinnen als das Ich des Christus. Wir wissen ferner, daß geblieben sind bei Jesus von Nazareth der physische Leib, der Ätherleib und der Astralleib. Der Christus-Impuls war ja wie das Ich darinnen. Jesus von Nazareth trennte sich von dem Christus-Impulse auf Golgatha, der dann einfloß in die Erdenentwickelung. Dieser Impuls bedeutet in seiner Entwickelung die Erdenentwickelung selber.

Nehmen sie ernst diejenigen Dinge, die oft erwähnt werden, so daß der Mensch sie leichter einsehen kann. Die Welt ist Maja oder Illusion, wie wir oft gehört haben. Der Mensch muß aber nach und nach zu der Wahrheit, dem Realen dieser äußeren Welt kommen. Die Erdenentwickelung besteht nun im Grunde darin, daß in bezug auf alle äußeren Dinge in der zweiten Periode der Erdenentwickelung, in der wir jetzt sind, alles sich auflöst, was in der ersten sich gebildet hat, so daß alles, was wir äußerlich physisch sehen, von der Menschheitsentwickelung abfallen wird, wie von dem Menschen sein physischer Leib abfällt.

Was bleibt dann da noch übrig? – so könnte man fragen. Die Kräfte, die als reale Kräfte den Menschen einverleibt werden durch den Entwickelungsprozeß der Menschheit auf der Erde. Und der realste Impuls darin ist der, welcher durch den Christus eingeflossen ist in die Erdenentwickelung. Dieser Christus-Impuls findet nun aber auf der Erde nichts, womit er sich bekleiden könnte. Er muß daher erst durch die weitere Entwickelung der Erde eine Hülle bekommen, und wenn die Erde an ihrem Ende angekommen sein wird, dann wird der vollentwickelte Christus der Endmensch sein, wie Adam der Anfangsmensch war, um den sich die Menschheit in ihrer Vielheit gruppiert hat.

In dem Worte 'Was ihr einem meiner Brüder getan habt, das habt ihr mir getan' liegt ein bedeutungsvoller Hinweis für uns. Was ist denn da getan worden für den Christus? Die Handlungen, die verrichtet werden im Sinne des Christus-Impulses unter dem Einflusse des Gewissens, unter dem Einflusse des Glaubens und im Sinne der Erkenntnis, sie gliedern sich heraus aus dem bisherigen Erdenleben, und indem der Mensch durch seine Handlungen und sein moralisches Verhalten seinen Brüdern etwas gibt, gibt er zugleich dem Christus. Wie eine Richtschnur soll es hier aufgestellt werden: Alles, was wir an Kräften, an Handlungen des Glaubens und Vertrauens, an Handlungen, die durch Verwunderung und Erstaunen getan werden, erschaffen, das ist, indem wir es damit zugleich hingeben an das Christus-Ich, etwas, was sich wie eine Hülle um den Christus schließt, die zu vergleichen ist mit dem astralischen

Leibe des Menschen. Wir formen den astralischen Leib zu dem Christus-Ich-Impulse hinzu durch alle moralischen Handlungen der Verwunderung, des Vertrauens, der Ehrfurcht, des Glaubens, kurz durch alles, was zur übersinnlichen Erkenntnis den Weg gründet. Wir fördern durch alle diese Handlungen die Liebe. Das ist schon im Sinne des angeführten Ausspruches: 'Was ihr einem meiner Brüder tut, das habt ihr mir getan.'

Wir formen den Ätherleib dem Christus durch die Handlungen der Liebe, und wir formen durch das, was durch die Impulse des Gewissens gewirkt wird in der Welt, dasjenige für den Christus-Impuls, was dem physischen Leibe des Menschen entspricht. Wenn die Erde einst an ihrem Ziele angelangt sein wird, wenn die Menschen verstehen werden die richtigen moralischen Impulse, durch die alles Gute bewirkt wird, dann wird gelöst sein, was durch das Mysterium von Golgatha als Christus-Impuls in die Menschheitsentwickelung eingeflossen ist wie ein Ich. Er wird dann umhüllt sein von einem Astralleibe, der gebildet ist durch den Glauben, durch alle Taten der Verwunderung und des Erstaunens der Menschen, von etwas, was wie ein Ätherleib ist, der gebildet ist durch die Taten der Liebe, von etwas, was um ihn ist wie ein physischer Leib, der gebildet ist durch die Taten des Gewissens.

So wird die zukünftige Menschheitsevolution sich vollziehen durch das Zusammenarbeiten der moralischen Impulse der Menschen mit dem Christus-Impulse. Wie eine ganz große organische Gliederung sehen wir perspektivisch vor uns die Menschheit. Indem die Menschen verstehen werden, ihre Handlungen diesem großen Organismus einzugliedern, ihre Impulse durch ihre eigenen Taten wie Hüllen darum zu formieren, so werden die Menschen durch die Erdenentwickelung die Grundlage bilden für eine große Gemeinschaft, die durch und durch von dem Christus-Impulse durchzogen, durchchristet sein kann." (GA 155/1982/30.05.1912/S.132 ff.)

Eine Redewendung sagt: Die Welt kannst du nicht verändern, ändern kannst du nur dich selbst. So wahr dies auch ist, so ist es doch nur eine halbe Wahrheit, denn indem der Mensch sich ändert, verändert er auch die Welt.

Im Kapellenbrink

Wohnen und Gemeinschaft ANDERS ALT WERDEN

Sie planen Ihren Lebensabend und möchten nicht das Altersheim wählen: dann prüfen Sie doch unsere Alternative!

Wohnen und Gemeinschaft ANDERS ALT WERDEN

In überschaubarem Rahmen wird in Bielefeld eine Wohnanlage mit familiärer Atmosphäre entstehen. Grundlage unseres Konzeptes ist die Anthroposophie. Baubeginn wird in Kürze sein; Sie können noch mitgestalten.

Lassen Sie sich unsere ausführliche Informationsmappe zusenden oder fragen Sie nach unserem Angebot für Kapitalanleger:

**Im Kapellenbrink,
Wohnen und Gemeinschaft ANDERS ALT WERDEN e.V.,
– Frau Heringhaus –,
Schlangenstraße 46 • 33607 Bielefeld
Telefon: 05 21/2 70 27 27 • Fax: 05 21/2 70 22 61**

Sonderheft 13
Waldorfschulen in Not

244 Seiten, kart., DM 24,80   ISBN 3-926841-63-X

Durch das von der SPD-Regierung des Landes Schleswig-Holstein geplante Haushaltsbegleitgesetz 1995 stehen für die Waldorfschulen erhebliche finanzielle Kürzungen ins Haus, die sich sogar als Existenzgefährdung für manche Schulen erweisen könnten. Für dieses Heft hat die FH-Redaktion mit Vertretern der Landesregierung und der Waldorfschulen gesprochen, um die komplizierten Bezuschussungs-, Rechts- und Steuerfragen, die die Waldorfschulen bedrängen, in verständlicher Form darzulegen. Die Darstellungen sind auch von grundlegender Bedeutung für alle Waldorfschulen in Deutschland. Spannend wie ein Krimi!

Artikel von: **Henning Kullak-Ublick**, Lehrer an der FWS Flensburg, **Klaus Höfer**, Redaktion FH, **Ingo Krampen**, Europäisches Forum für Freiheit im Bildungswesen, Bochum, **Johann Peter Vogel**, Geschäftsführer der Arbeitsgemeinschaft Freier Schulen, Berlin, **Ulrike Dunkhase-Heinl**, Kinderärztin, Flensburg, **Frank-Rüdiger Jach**, Professor an der Universität Bremen.

Interviews mit: **Heide Simonis**, Ministerpräsidentin des Landes Schleswig-Holstein, **Bernd Hadewig**, Geschäftsführer der FWS Eckernförde, **Bodo Richter**, Staatssekretär im Bildungsministerium Schleswig-Holstein, **Volkmar Callies**, Ministerialrat und Referent für die Zuschüsse an Ersatzschulen in freier Trägerschaft, **Hans-Jürgen Bader**, Justitiar des Bundes der Freien Waldorfschulen, Stuttgart, u.a.m.

Bezug über den Buchhandel oder direkt beim Verlag (zzgl. Porto und Verpackung):
Flensburger Hefte Verlag • Holm 64 • D-24937 Flensburg • Fax: 0461 /2 69 12

„Eigentlich hätte ich es wissen müssen"

Über die Kunst, richtig zu denken

Michael Alberts

Hinterher ist man immer schlauer. Wie oft hat man sich und andere den schon legendären Satz „Hätte ich das alles vorher gewußt ..." sagen hören. Betrachtet man die eine oder andere „Fehlentscheidung" hinterher etwas genauer, so weiß man, man hätte vorher wissen können, was geschehen ist – hätte man richtig nachgedacht. Aus dieser Erfahrung kann man nun zwei Schlußfolgerungen ziehen: Entweder man kümmert sich nicht darum und ärgert sich jedesmal, wenn man wieder so eine Erfahrung macht, aufs Neue, oder man versucht, um ähnliche Erlebnisse zu vermeiden, sein Denken zu schulen.

Wer ehrlich zu sich selbst ist, ärgert sich oft im nachhinein, daß er aufgrund seiner Denkgewohnheiten oder gar -blockaden verschiedene Möglichkeiten, eine Sache zu betrachten oder zu lösen, überhaupt nicht in Erwägung gezogen hat. Diesem Zustand höchster Unzufriedenheit mit sich selbst ist nur beizukommen, indem man sein Denken schult. Es gibt wohl nur wenige Menschen, die nicht den Wunsch haben, gezielter, folgerichtiger und wirklichkeitsgemäßer zu denken.

Aber damit beginnen die eigentlichen Fragen: Was ist richtiges Denken? Wie und wo kann ich es lernen, wenn ich es überhaupt lernen kann? In seinem Vortrag „Praktische Ausbildung des Denkens" (GA 108/1970/18.01.1909/S.216 ff.) beschreibt Rudolf Steiner „richtiges" Denken als „praktisches" Denken, fernab aller liebgewordenen und anerzogenen Denkgewohnheiten, und gibt dabei eine Reihe von Übungen an, die bei der Ausbildung dieses praktischen Denkens behilflich sein können. Bei diesen Übungen geht es nicht um die Entwicklung eines hochgezüchteten Denkens, mit dem Ziel, den Intelligenzquotienten in ungeahnte Höhen zu treiben, sondern darum, sein Denken so zu schulen und zu entwickeln, daß man wirklichkeitsgemäß denkt und so den praktischen Anforderungen des Alltags besser begegnen kann.

Der Ausgangspunkt der Überlegungen Steiners ist, daß Gedanken nicht in den Köpfen der Menschen entstehen, sondern reale Bestandteile der Welt sind.

„Wenn ich mir Gedanken machen kann über die Dinge, wenn ich durch Gedanken etwas ergründen kann über die Dinge, so müssen die Gedanken erst darinnen sein in den Dingen. Die Dinge müssen nach den Gedanken aufgebaut sein, nur dann kann ich die Gedanken auch herausholen aus den Dingen.

Der Mensch muß sich vorstellen, daß es mit den Dingen draußen so ist wie mit einer Uhr. [...] Man muß sich klar darüber sein, daß nicht von selber zusammengelaufen sind die Räder und sich zusammengefügt haben und machen, daß die Uhr geht, sondern daß es einmal einen Uhrmacher zuvor gegeben hat, der diese Uhr zusammengefügt hat. Den Uhrmacher darf man nicht vergessen. Durch Gedanken ist die Uhr zustande gekommen, die Gedanken sind gleichsam ausgeflossen in die Uhr, in das Ding. Auch alles, was Naturwerke, Naturgeschehnisse sind, muß man sich so vorstellen. Bei allem, was Menschenwerk ist, da läßt sich das schnell veranschaulichen, bei Naturwerken dagegen, da kann das der Mensch nicht so leicht bemerken, und doch sind auch sie geistige Wirksamkeiten, und dahinter stehen spirituelle Wesenheiten. Und wenn der Mensch denkt über die Dinge, so denkt er nur über das nach, was zuerst in sie hineingelegt worden ist." (ebd./S.219)

Schulung der Beobachtung und der Vorstellungsbildung

Die erste Übung, die in dem Vortrag „Praktische Ausbildung des Denkens" beschrieben wird, dient zum einen der Erkenntnis dieser Zusammenhänge, zum anderen schult sie unsere Beobachtungsgabe, eine unerläßliche Grundvoraussetzung für praktisches, richtiges Denken.

Die Übung beginnt – um das konkrete Beispiel zu erläutern – mit der Betrachtung der Witterung. Das mag banal klingen, es geht aber nicht darum, allgemeine Feststellungen, wie z.B. „es regnet" oder „es scheint die Sonne" zu treffen. Es ist vielmehr Sinn der Übung, sich ein ganz genaues Bild der Umgebung zu dem Zeitpunkt der Betrachtung vor Augen zu führen. Die Feststellung, ob es regnet oder nicht, ist dabei nur ein Detail, viele weitere müssen hinzugefügt werden.

Wie sieht die Wolkenbildung aus? Haben wir eine geschlossene Wolkendecke oder kann man gar mehrere Wolkenschichten erkennen? Welche Form haben die Wolken in der jeweiligen Schicht? Ziehen sie unterschiedlich schnell und in welche Richtungen? Sind die Wolken weiß, grau oder gar schwarz? Wie sind die Luftverhältnisse? Weht ein Wind, oder ist es windstill? Wie stark ist der Wind? Bewegen sich nur die Blätter leise im Wind oder schwanken auch die größeren Äste der Bäume? Herrschen am Boden die gleichen Windverhältnisse? Wiegt sich das Gras, und fliegen die Blätter, oder ist am Boden alles ganz still? Wie riecht, wie „schmeckt" die Luft? Ist sie würzig und frisch oder klamm? Ist der Boden naß, feucht oder trocken? Sind die Pflanzen und Gräser vom Tau benetzt? Welches Licht herrscht vor? Ist es fahl oder grell, scheint die Sonne und welche Klarheit, welche Lichtqualität hat ihr Scheinen? Wie ist das Licht in den unterschiedlichen Ebenen, am Boden, am Himmel?

So genau, so detailliert wie möglich gilt es nun diese Beobachtungen bis zum nächsten Tag in Gedanken festzuhalten. Am nächsten Tag, möglichst zur gleichen Zeit am gleichen Ort sollte man wieder diese Beobachtungen durchführen, um dann die Bilder des heutigen und gestrigen Tages miteinander zu vergleichen. Das Wesentliche ist, die Einzelheiten so genau wie möglich im Bild zu haben und festzustellen: Heute ist der Zustand so, gestern war er so.

Aus der heutigen Beobachtung der Witterung Schlüsse darüber zu ziehen, wie sich das Wetter am nächsten oder übernächsten Tag zeigen wird, ist nicht Sinn dieser Übung. Das Spekulieren sollte da, wo wir die Zusammenhänge nicht erkennen können, unterbleiben, es korrumpiert das Denken. Möglichst genaue Vorstellungsbilder sollen entwickelt und zunächst nur nebeneinander gestellt werden. Durch diese Übung wird das Denken innerlich bereichert und intensiviert.

Von der Beobachtung der Gegenwart zur Erahnung der Zukunft

Dort, wo wir die Zusammenhänge prüfen und erfassen können, läßt sich das Denken auf eine andere Art und Weise schulen. Wir beobachten z.B. einen Menschen, der einen Haufen Sand von einer Seite seines Gartens auf die andere transportiert. Wir versuchen, uns nun eine möglichst genaue Vorstellung davon zu machen, was dieser Handlung folgen wird, was mit diesem Sand geschehen soll. Damit eine richtige Schlußfolgerung gelingen kann, sind wir auf eine genaue Beobachtung angewiesen. Bei der Betrachtung der Situation stellen wir fest, daß sich neben dem Sandhaufen noch Steine befinden. Die Schlußfolgerung, die sich daraus ergibt, ist folgende: Der Mensch wird morgen mit dem Sand einen Weg pflastern. Er wird den Rasen abtragen, mit dem Sand ein Sandbett schaffen und darauf die Steine verlegen. Mit dem übriggebliebenen Sand wird er die entstehenden Fugen zwischen den Steinen ausfüllen.

Es wird sich dann in den nächsten Tagen zeigen, ob wir richtig beobachtet und gedacht haben. Ein paar Tage später stellen wir fest, daß der Sand für eine Sandkiste verwendet wurde. Unser Denken hat sich als falsch herausgestellt. Dies ist nun kein Grund zum Verzweifeln. Es ist vielmehr jetzt die Aufgabe, genau den Prozeß zurückzuverfolgen, um festzustellen, wo man den Fehler im Denken oder in der Beobachtung gemacht hat. So kann es sein, daß wir in der Beobachtung ungenau gewesen sind. Der Sand ist für das Verlegen von Steinen eigentlich zu fein, wir haben uns über die Beschaffenheit des Sandes kein genaues Bild gemacht. Wir haben auch die Umgebung nicht genau genug beobachtet, sonst wären uns die zum Bau der Sandkiste verwendeten Bretter aufgefallen. Das ist das Wesentliche an solchen Übungen. War unser Denken richtig, tritt also die Tatsache ein, die wir vermutet haben, so können wir uns freuen. War unser Denken verkehrt, müssen wir versuchen herauszufinden, an welcher Stelle unser Denken, unsere Beobachtung „abgelenkt" wurde.

Von der Beobachtung der Gegenwart zum Erschließen der Vergangenheit

Eine ähnliche Übung kann man in der entgegengesetzten Richtung des Denkens durchführen. Man beobachtet in der Gegenwart – so beschreibt es Rudolf Steiner – einen ungezogenen Jungen. Nun versucht man zunächst nur denkerisch herauszufinden, was die Ursache dieser Ungezogenheit gewesen sein könnte. Welche Ereignisse sind dieser Verhaltensweise des Jungen vorangegangen? Man versucht, so genau wie nur möglich, sich auszumalen, was sich am Vortage bzw. in den Vortagen ereignet haben könnte, das diese Wirkung im Verhalten des Jungen nach sich zog. So kommt man zu einem Gedankengebäude, das man nun in der Wirklichkeit überprüfen kann. Hat man mit seinem Denken die tatsächliche Ursache für das Verhalten erkannt, so ist der Gedankengang richtig gewesen. Ist dies nicht der Fall, so ist es von großer Bedeutung, die Stelle im Gedankengang zu finden, wo der Fehler entstanden ist. Welchen Sachverhalt hat man in seiner Untersuchung der Ursachenforschung nicht genau genug angeschaut oder gar ganz außer acht gelassen.

Nimmt man sich die Zeit für diese Übungen, so kann man bemerken, daß sich die Gedanken den Gesetzmäßigkeiten, die den Dingen innewohnen, annähern. Man steht mit seinem Denken den Gegenständen und Vorgängen nicht mehr gegenüber, sondern entwickelt das Gefühl, daß sich das Denken in den Dingen selbst abspielt. Man bemerkt, daß das eigene Denken praktischer wird, daß sich der Blickwinkel, unter dem man gewisse Sachverhalte ansieht, erweitert. Man kommt auf Ideen und Zusammenhänge, auf die man vor den Übungen nicht gestoßen wäre.

„Leider ist mir im Moment nicht das Richtige eingefallen ..."

Diesen Satz hat wahrscheinlich schon jeder von uns – wenn nicht zu jemand anderem, so doch zu sich selbst – einmal gesagt. Da wird man von der Seite angesprochen, mit einer Provokation konfrontiert und anstatt daß man entsprechend reagiert, bleibt man stumm und ärgert sich im nachhinein, denn wie so oft fiel einem in dieser Situation nicht die richtige Antwort ein, sei es nun in Besprechungen, Verhandlungen oder auch im ganz alltäglichen Umgang. Auch zur Bearbeitung dieser „Denkschwäche" gibt Rudolf Steiner eine Übung an. So einfach wie diese Übung von der Aufgabenstellung her ist, so anspruchsvoll ist sie von der erforderlichen Konzentration. Ziel der Übung ist es, seinen Gedankeninhalt selbst zu bestimmen.

Fast ein jeder kennt die Situation: Unverhofft ergibt sich auch im streßgeplagtesten Alltag plötzlich die Möglichkeit, einmal fünf oder zehn Minuten auszuspannen. Man lehnt sich also zurück und läßt die Gedanken schweifen. Daß die

Gedanken schweifen, ist wirklich der treffende Ausdruck. Ein Irrtum besteht darin, daß man meint, man selbst würde die Gedanken schweifen lassen. Vielmehr ist es so, daß die Gedanken von sich aus schweifen. Wesentlich komplizierter nämlich ist es, die Gedanken *nicht* schweifen zu lassen. Diejenigen, die nachts zum Grübeln neigen, wissen um die Macht und die Selbständigkeit der Gedanken in dieser Hinsicht. Da wacht man nachts auf und steht vor einem Riesenproblem. Man ist sich sehr sicher: Jetzt, in dieser Nacht, zu dieser Stunde wirst du dieses Problem nicht lösen können. Selbst wenn man noch so angestrengt versucht, wieder einzuschlafen, plötzlich beschäftigt man sich gedanklich wieder mit genau diesem Sachverhalt, überlegt hin und her, wägt die eine Lösung gegen die andere ab, obwohl man sich fest vorgenommen hat, jetzt zu schlafen oder zumindestens an etwas anderes zu denken.

Konzentration auf einen selbstgewählten Gedankeninhalt

Nehmen wir einmal an, es finden sich die oben angesprochenen fünf Minuten. Statt nun die Gedanken schweifen zu lassen, nimmt man sich vor, sich auf einen selbstgewählten Gedankeninhalt zu konzentrieren. Der Inhalt des Gedankens ist dabei nicht entscheidend. Beginnt man mit solchen Übungen, wählt man sich nun möglichst keine abstrakten, schwierigen und theoretischen Inhalte wie z.B. mathematische Problemstellungen oder philosophische Rätselfragen. Der Gedankeninhalt kann von größtmöglicher Banalität sein, die Hauptsache ist, es gelingt, sich auf ihn zu konzentrieren.

Man hat z.B. am Vormittag in einer Zeitung einen Artikel über ein fremdes Land gelesen, etwa über das Leben der Fischer in Neuseeland. Nun bestimmt man: Ich will die nächsten fünf Minuten nur über diesen Artikel nachdenken, will mich erinnern, was der Inhalt dieses Artikels war, was ist vielleicht die Absicht des Autors gewesen usw. Aber alle meine Gedanken sollen sich nur mit diesem Artikel, mit dem Leben der Fischer in diesem Land beschäftigen. Alle Gedanken, die sich nicht direkt mit diesem Artikel beschäftigen, will ich in diesen fünf Minuten verdrängen.

Wer dies einmal versucht, wird feststellen, daß es gar nicht so einfach ist, die Assoziationen, die mit bestimmten Inhalten des selbstgewählten Gedankeninhaltes aufkommen, wieder aus seinem Denken zu entfernen oder erst gar nicht aufkommen zu lassen. Man denkt z.B. gerade über die gelesene Beschreibung des Lebens eines Fischers in Neuseeland nach. Plötzlich wandern die Gedanken zu den Fischern an der Nordseeküste, zu ihren roten und blauen Booten, und es fällt einem ein, daß es doch eigentlich dringend einmal wieder an der Zeit wäre, mit seiner Frau nach Husum zum Krabbenbrötchen-Essen zu fahren.

Jetzt sind die Gedanken überhaupt nicht mehr bei den Fischern an der Küste Neuseelands, sondern man beschäftigt sich mit den nächsten Stunden und Tagen, ob wieder einmal Zeit für so einen Ausflug wäre etc. Dabei fällt einem ein, daß dringend der Brief an das Finanzamt geschrieben werden müßte, aber bevor dieser abgeschickt werden kann, müssen noch ein Umschlag und Briefmarken besorgt werden. Ausgehend von diesen Gedanken bedenkt man eben wieder seine mangelnde Zeit, überlegt also, ob man nicht jemanden finden könnte, der Umschlag und Porto besorgt. Mit einem Mal ist man mit seinen Gedanken bei einem Menschen gelandet, der – da er ja sowieso morgen in die Stadt fährt – die benötigten Sachen mitnehmen könnte usw.

Meilenweit ist man nun gedanklich von dem Leben des Fischers an der Küste von Neuseeland entfernt. Es ist also genau das eingetreten, was eigentlich vermieden werden sollte. Nicht ich habe den Gedankeninhalt bestimmt, sondern die Gedanken haben sich selbst weitergesponnen. Es ist nicht gelungen, „fremde" Gedanken, Gedanken, die nichts mit dem Artikel, nichts mit dem Leben der Fischer in Neuseeland zu tun haben, aus dem Kopf zu verjagen. Denn in diesen fünf Minuten wollte ich ja an nichts anderes als an Neuseeland, an die dort lebenden Fischer denken.

Rudolf Steiner beschreibt weiter, daß, werden solche Übungen systematisch immer und immer wieder gemacht, das Denken beweglich, flexibel wird, so daß einem dann in den Situationen, in denen einem sonst die Spucke wegbleibt, „das Richtige" einfällt.

Gedächtnisübung

Sehr eng verbunden mit dem Denken ist das Gedächtnis. Hinsichtlich der Gedächtnisleistung gibt es bekanntlich große Unterschiede zwischen den Menschen: Die einen können sich an „alles" erinnern, andere haben schon nach zwei Minuten vergessen, was sie gesagt haben. Solche Phänomene sind sicherlich auch von den Umständen und von der Tagesform abhängig. Aber unabhängig davon ist auch die Qualität dessen, was man erinnert, sehr unterschiedlich. Sollen vier Menschen den Hergang ein und desselben Unfalles schildern, den sie selbst mit angesehen haben, so kann ein unbefangener Zuhörer nicht selten den Eindruck gewinnen, als handele es sich um vier verschiedene Unfälle, so sehr weichen die Aussagen voneinander ab.

Für eine Stärkung der Gedächtnisfähigkeit schlägt Rudolf Steiner ebenfalls eine Übung vor. Auch hier spielt die genaue Beobachtung eine wesentliche Rolle. Man hatte z.B. gestern mit einem bestimmten Menschen zu tun. Jetzt versucht man, sich diesen Menschen so genau wie möglich vor Augen zu führen.

Welche Haarfarbe hat er? Welche Frisur trug er? Hatte er einen Hut oder eine Brille auf oder beides nicht? Wenn er einen Hut hatte: Wie sah dieser genau aus? Man versucht, sich den Menschen so genau als nur möglich vor sein geistiges Auge zu stellen. Beginnt man mit dieser Übung, wird man merken, daß die

Erinnerung recht ungenau ist. Ob eine Brille vorhanden war oder nicht, darin erinnert man sich vielleicht gerade noch. Aber wie genau war eigentlich die Farbe des Rockes?

Ist man sich da unsicher, kann man sich beim besten Willen an die Farbe des Rockes nicht erinnern, so ergänzt man sich das Bild. Man entscheidet sich einfach für eine Möglichkeit und ergänzt in dieser Weise alles das, woran man sich nicht erinnern kann, durch die Phantasie. Dies tut man mit dem Wissen, daß es eine „falsche" Erinnerung ist. Nun kommt es darauf an – wie bei allen diesen Übungen zur Ausbildung des praktischen Denkens –, diese Übung zu wiederholen und immer wieder zu wiederholen. Allerdings sollte dieses Wiederholen nicht stur die Realitäten mißachten, sondern man sollte sich immer wieder korrigieren. Wenn man also an seinen Erinnerungen bemerkt, daß man sich nie an die Krawatte erinnern kann, sollte man bei seinen nächsten Übungen besonders versuchen, die Krawatte genauestens zu betrachten, damit man sich am nächsten Tage daran erinnern kann. Um Dinge zu behalten, ist es am sinnvollsten, „ganze Bilder" zu beobachten und sie sich dann zu merken. Je genauer, je umfassender unsere Beobachtung wird, desto genauer und exakter wird das Gedächtnis werden.

Welcher Weg ist der beste?

Ein weiterer wichtiger Gesichtspunkt für die Ausbildung des praktischen Denkens ist, daß man sich für Entscheidungen bzw. die Durchführung von Vorhaben Zeit läßt. Man muß z.B. eine Reparatur an der Gangschaltung eines Fahrrades vornehmen. Nun überlegt man sich, wie diese Reparatur vor sich gehen soll, und zwar Schritt für Schritt. Welche Teile müssen ausgebaut werden? An welcher Stelle kann man sich den Ausbau sparen? In welcher Reihenfolge muß ich die Teile demontieren? Was wird die Folge davon sein, wenn ich dieses Zahnrad von der einen Stelle auf die andere umsetze, oder was wird die Folge davon sein, wenn ich auf die Umsetzung verzichte, dafür aber ein anderes Zahnrad einsetze? Ich muß vorab bedenken, welche Werkzeuge und Ersatzteile benötigt werden, woher ich diese bekomme und welche Lösung die günstigere, die praktischere ist.

Ist dies alles bis in alle Einzelheiten ausgedacht, so drängt es einen natürlich, sofort mit der Durchführung dieser Reparatur zu beginnen. Genau darauf aber sollte man verzichten, so es denn von der Sache her möglich ist, und die Reparatur auf den anderen Tag verschieben. Dieser Vorgang ist für diesen Tag, an dem das alles genau geplant und bedacht wurde, abgeschlossen. Besonders wichtig ist dieses Aufschieben auf einen anderen Tag, wenn es zwei oder mehrere Alternativen für die Durchführung z.B. dieser Reparatur geben würde und man alle durchdacht hat. Jetzt sollte man nicht die Reparatur nach der Methode ausführen, die man heute für die beste hält, sondern man sollte die Sache überschlafen. Damit dieses „Überschlafen" allerdings einen Sinn hat, ist es notwendig, alle Lösungen genau Schritt für Schritt in Gedanken durchgegangen zu sein. Später dann – am nächsten oder an einem anderen Tage – wird man auf die Reparatur zurückkommen und feststellen, daß sich die Einschätzung darüber, welche Lösung man nun bevorzugt, unter Umständen geändert hat, weil auch ohne daß wir dies bewußt miterlebt haben, dieser Sachverhalt in unserem Inneren weitergearbeitet hat.

Es gibt also viele Möglichkeiten und Wege, das eigene Denken so zu schulen, daß es praktisch und wirklichkeitsgemäß wird. Es lohnt sich auf jeden Fall, solche Übungen zu machen, und sei es auch nur, um einem Irrtum der folgenden Art zu entgehen:

„Ich will Ihnen an einem Beispiel zeigen, wie notwendig es ist, wirklich praktisch über die Dinge zu denken: Irgend jemand ist auf einer Leiter hinaufgestiegen auf einen Baum und hat da irgend etwas gemacht; er fällt herunter, schlägt auf und ist tot. Nun, nicht wahr, es ist ein naheliegender Gedanke, daß der sich da durch den Fall totgeschlagen hat. Man wird sagen, daß der Fall die Ursache, der Tod die Wirkung war. Da scheinen Ursache und Wirkung zusammenzuhängen. Darinnen können nun greuliche Verwechslungen vorliegen. – Es kann den da oben ein Herzschlag getroffen haben, so daß er infolge des Herzschlages heruntergefallen ist. Es ist genau dasselbe eingetroffen, wie wenn er lebendig heruntergefallen wäre, er hat dieselben Dinge durchgemacht, die wirklich seine Todesursache hätten sein können. – So kann man Ursache und Wirkung vollständig verwechseln. Hier in diesem Beispiel ist es auffällig; oft aber ist es nicht so auffällig, was man verfehlt hat. Solche Denkfehler kommen ungeheuer häufig vor, ja es muß gesagt werden, daß in der Wissenschaft heute tagtäglich solche Urteile gefällt werden, wo wirklich in einer solchen Art Ursache und Wirkung verwechselt werden. Das begreifen die Menschen nur nicht, weil sie sich nicht die Denkmöglichkeit vorhalten." (ebd./S.230 f.)

...Wir können nicht durch Studium Erzieher werden. Wir können andere zum Erzieher nicht dressieren, schon aus dem Grunde nicht, weil jeder von uns einer ist. In jedem Menschen ist ein Erzieher; aber dieser Erzieher schläft, er muß aufgeweckt werden, und das Künstlerische ist das Mittel zum Aufwecken...
(Rudolf Steiner)

Das
Seminar für Waldorfpädagogik in Hamburg
möchte die Waldorflehrerin, den Waldorflehrer in Ihnen wecken.
Schreiben Sie uns: Hufnerstraße 18, 22083 Hamburg
oder rufen Sie uns an: Telefon: 040 / 298 30 30
und lassen Sie sich informieren.

Übung macht den Meister

Wolfgang Weirauch

In meinem Einleitungsartikel zur Selbsterkenntnis habe ich neun Charaktere gezeichnet, unter denen sich auch einige befinden – vor allem der Willenlose, die Entscheidungsschwache, der nervöse Zucker –, die Schwächen bzw. Unzulänglichkeiten aufweisen, die fast schon allgemeine Zeiterscheinungen sind, und die wir alle mehr oder weniger kennen: eine beständig zunehmende Willenlosigkeit und Ätherleibsschwäche. Im Grunde sind es bedauernswerte Krankheiten, die man vorderhand vielleicht nicht einmal als solche konstatiert. Sie belasten aber die jeweilige Individualität und ihren sozialen Umkreis enorm.

Stellen Sie sich einen Menschen vor, dessen Ätherleibsschwäche sich durch starke Vergeßlichkeit, und einen, dessen Ich-Schwäche sich durch Willenlosigkeit äußert! Versuchen Sie, bis ins kleinste Detail nachzuspüren, was alles dadurch ausgelöst wird – für die Individualität und die soziale Gemeinschaft, in der er lebt und arbeitet –, daß ein Mensch beständig etwas vergißt, was er sich vorgenommen oder anderen versprochen hat, und dann doch wieder vergißt. Versuchen Sie sich vorzustellen, was ein Mensch alles auslöst, der nicht das ausführt, was er sich selber vorgenommen hat und was er aber für und mit anderen auszuführen hat. Ganze Romane könnte man über die sozialen und okkulten Auswirkungen sowie die Schwächung der jeweiligen Individualität schreiben.

In diesem Artikel sollen Übungen anhand des Vortrages „Nervosität und Ichheit" (GA 143/1970/11.01.1912/S.9 ff.) von Rudolf Steiner vorgestellt werden. Dieser Vortrag enthält sieben Übungen, vier zur Konsolidierung des Ätherleibes, drei zur Willensstärkung. Es ist vollkommen problemlos, sich die eine oder andere – z.B. die Gedächtnis- und die Verzichtsübung – herauszugreifen und sie täglich zu üben. Wichtig ist nur, daß man sie rhythmisch macht, also jeden Tag, am besten zur selben Zeit. Allerdings sollte man sich nicht übernehmen, also weder zu viele Übungen auf einmal, noch die eine oder andere Übung mehr als wenige Minuten ausdehnen. Wenig ist auf diesem Felde tatsächlich oftmals mehr.

Die alltägliche Vergeßlichkeit

Kennen Sie das Problem: Sie sitzen am Schreibtisch und schreiben einen Brief. Plötzlich klingelt es. Glücklicherweise ist es nur der Briefträger mit einem Eilbrief, und Sie können schnell zu Ihrem Schreibtisch zurückkehren, denn Sie wollen Ihren Brief möglichst rasch beenden. Aber, o Graus: Der Stift, mit dem Sie eben noch geschrieben haben, ist weg. Natürlich haben Sie ihn mitgenommen, als es an der Tür klingelte, aber nun wissen Sie nicht mehr, wo Sie ihn abgelegt haben.

Oder: Es ist Sonnabendabend, Sie wollen einen Besuch machen und haben schon am späten Nachmittag das Mittagessen für Sonntag gekocht. Die Zeit drängt, Sie wollen pünktlich bei Ihrem Besuch erscheinen, setzen sich ins Auto und fahren los. Irgendwo auf der Strecke passiert es dann, es schießt der Gedanke in Ihr Bewußtsein: Habe ich den Herd ausgemacht? Sie wissen es nicht. In den meisten Fällen hat man ihn ausgeschaltet, aber es könnte ja sein ...

Oder: Sie wollen zu einer Versammlung und finden in dem entscheidenden Moment nicht die dafür vorgesehenen Unterlagen. – Später, nach Beendigung der Versammlung wollen Sie einem Dritten die einzelnen Rednerbeiträge rekapitulieren, aber es fällt Ihnen schwer, auseinanderzuhalten, was wer in welcher Reihenfolge gesagt hat.

Unzählige weitere Beispiele könnten aufgezählt werden. Sie alle resultieren aus einer allgemeinen Ätherleibsschwäche und der damit zusammenhängenden Gedächtnisschwäche. Eng damit verbunden ist auch eine Beobachtungsschwäche, also daß der Tag an einem vorbeirauscht und man sich nur sehr wenige Einzelheiten bewußt anschaut und im Gedächtnis behält.

Normalerweise macht man sich überhaupt nicht klar, welche zentrale Bedeutung das Gedächtnis für unser Menschsein besitzt. Es ist auch hier, wie bei allen anderen Dingen: Man lernt seine Bedeutung erst dann schätzen, wenn man an Grenzen des eigenen Vermögens stößt oder etwas gänzlich vermißt. Wer z.B. in sozialen Konflikten steht, wird vielleicht in der Lage sein, jede Einzelheit eines Konfliktes eine gewisse Zeitspanne bewußtseins- und gedächtnismäßig parat zu haben.

Wenn dann aber die Zeit vergeht und man Jahre später diesen Konflikt detailliert besprechen will, wird man bemerken, daß die Einzelheiten verschwimmen, vieles gar nicht mehr im Gedächtnis ist. Diese Abschwächung scharfkantiger Emotionen kann zwar zu einer versöhnlichen Konfliktlösung beitragen, oft ist die mangelnde Gedächtnisfähigkeit aber auch ein starkes Hindernis dafür, soziale Spannungen im nachhinein zu besprechen, weil z.B. einer der Konfliktpartner schlicht vergessen hat, welche Einzelheiten damals zu dem Streit führten. Das kann dann bedeuten, daß aufgrund dieser mangelnden Erinnerungsfähigkeit beim Besprechen des damaligen Konfliktes ein neuer Streit entsteht, z.B. weil der Erinnerungsschwache die ihm vorgetragenen Einzelheiten des lange zurückliegenden Konfliktstoffes als neue, aus der Luft gegriffene Vorwürfe auffaßt. Aber ohne eine wirkliche Besprechung des Konfliktes ist er nicht aus der Welt geschafft!

Der Mann ohne Gedächtnis

Wie extrem allerdings der partielle oder gar totale Gedächtnisverlust auf die Persönlichkeit einwirkt, zeigt ein weiteres Beispiel aus dem Buch des Neurologen Oliver Sacks, „Der Mann, der seine Frau mit einem Hut verwechselte" (Hamburg

1990). Sacks schildert den Fall des Jimmie G., der 1975 im 49. Lebensjahr stand, aber mit seinem Bewußtsein etwa 1945 lebte. Bis zu diesem Zeitpunkt weiß er alles, danach nichts mehr. Ein kleiner Gesprächsausschnitt:

„Mir kam plötzlich ein unwahrscheinlicher Verdacht.
'Welches Jahr haben wir, Mister G.?' fragte ich ihn und versuchte, meine Verwunderung hinter einer gespielten Gleichgültigkeit zu verbergen.
'45, natürlich. Wie meinen Sie das?' Er hielt kurz inne und fuhr fort: 'Wir haben den Krieg gewonnen, Roosevelt ist tot und Truman schmeißt den Laden. Vor uns liegen große Zeiten.'
'Und Sie, Jimmie – wie alt sind Sie?'
Sonderbarerweise war er einen Moment lang unsicher und zögerte mit seiner Antwort, als müsse er erst nachrechnen.
'Tja, ich schätze, ich bin neunzehn, Doc. Mein nächster Geburtstag ist mein zwanzigster.'
Ich sah den grauhaarigen Mann an, der vor mir saß, und mich überkam ein Impuls, den ich mir nie verziehen habe. Ich tat etwas, das äußerst grausam war – oder vielmehr gewesen wäre, wenn ich nicht hätte ausschließen können, daß Jimmie sich später daran erinnern würde.
'Hier', sagte ich und hielt ihm einen Spiegel vor. 'Was sehen Sie da? Ist das ein Neunzehnjähriger?'
Er wurde bleich, und seine Finger krallten sich in die Armlehnen des Sessels. 'Gott im Himmel', flüsterte er, 'was ist los? Was ist mit mir passiert? Ist das ein Alptraum? Bin ich verrückt? Soll das ein Witz sein?' Er geriet in Panik.
'Es ist alles in Ordnung, Jimmie', sagte ich beruhigend. 'Es war nur ein Irrtum, Sie brauchen sich keine Sorgen zu machen. Sehen Sie doch mal' – ich trat mit ihm ans Fenster – 'ist es nicht ein wunderschöner Frühlingstag? Und da unten spielen Kinder Baseball.' Die Farbe kehrte in sein Gesicht zurück, und er begann zu lächeln. Ich schlich mich davon und nahm den unseligen Spiegel mit.
Zwei Minuten später kehrte ich zurück. Jimmie stand immer noch am Fenster und sah mit Vergnügen den Kindern beim Baseballspielen zu. Als ich die Tür öffnete, fuhr er herum und strahlte mich an.
'Hallo, Doc!' begrüßte er mich. 'Was für ein herrlicher Morgen! Sie wollen mit mir sprechen – soll ich mich hierhin setzen?' Sein offener Gesichtsausdruck ließ nicht erkennen, daß er mich schon einmal gesehen hatte.
'Sind wir uns nicht schon einmal begegnet, Mr. G.?' fragte ich beiläufig.
'Nein, nicht daß ich wüßte. Sie haben einen ganz schönen Bart – den würd ich bestimmt nicht vergessen, Doc!"

Ich denke, dieses Beispiel spricht für sich. Auch wenn die meisten Menschen derartiges nicht so extrem erleben, so werden wir alle mehr oder weniger kleine

Gedächtnislücken bei uns aufspüren. Um diese Schwäche zu beheben, gibt Rudolf Steiner folgende Übung.

Gedächtnisübung

Man mache sich zur Aufgabe, einige belanglose Gegenstände des Haushalts an ganz bestimmte Plätze zu verlegen, z.B. das Feuerzeug, die Kaffeetasse, den Vertrag oder den Stift. Vollzieht man diesen Akt, so kommt es auf zweierlei an: Zum einen muß man sich bewußt machen, daß man selber es ist, der gezielt einen Gegenstand ablegt, indem man sich im Stillen dabei sagt: „Ich lege diesen Gegenstand hier ab." Zum Zweiten präge man sich die Bildlichkeit des Ortes, wo der Gegenstand jetzt liegt, möglichst exakt ein: also den Untergrund, die in der näheren Umgebung liegenden Gegenstände usw. Steiner trägt vor:

„Ich will jetzt die Gegenstände an recht verschiedene Orte legen, aber ich will niemals einen solchen Gegenstand, den ich dann wiederum leicht finden soll, anders an einen bestimmten Ort legen, als indem ich, wenn ich ihn hinlege, den Gedanken entwickle: Ich habe diesen Gegenstand an diesen Ort gelegt! – Und dann versucht man, ein klein wenig das Bild der Umgrenzung sich einzuprägen. Nehmen wir an, wir legen eine Sicherheitsnadel an eine Tischkante, wo eine Ecke ist; wir legen sie mit dem Gedanken hin: Ich lege diese Nadel an diese Kante hin und ich präge mir den rechten Winkel ein, der sich darum herumzieht, als ein Bild, daß die Nadel an zwei Seiten von Kanten umgeben ist und so weiter, und ich gehe beruhigt von der Sache weg. Und ich werde sehen, daß, wenn mir die Sache zunächst auch nicht in allen Fällen gelingen mag, doch, wenn ich es mir zur Regel mache, meine Vergeßlichkeit immer mehr und mehr von mir schwindet." (GA 143/1970/11.01.1912/ S.13 f.)

Man kann diese Übung auch so variieren, daß man abends vor dem Einschlafen einen Gegenstand an einen bestimmten Ort bewußt verlegt, um ihn dann am nächsten Morgen an den ursprünglichen Platz zurückzulegen. – Der Ätherleib ist der Träger des Gedächtnisses. Wirkt man aus seinem Ich heraus in dieser übenden Weise, stärkt man den Ätherleib und damit das Gedächtnis:

„Die Sache beruht nämlich darauf, daß ein ganz bestimmter Gedanke gefaßt worden ist, der Gedanke: Ich lege die Nadel dorthin. Mein Ich habe ich in Verbindung gebracht mit dem Faktum, das ich ausführte, und außerdem noch etwas von einem Bild hinzugefügt. Bildlichkeit in dem Denken dessen, was ich selber tue, Bildlichkeit, bildhaftes Vorstellen und außerdem, daß ich das Faktum in Verbindung mit meinem Wesenskern bringe, dieses Zusammenbringen des geistig-seelischen Wesenskernes, wie er angesprochen wird mit dem Wörtchen Ich, mit der Bildlichkeit, das ist das, was uns sozusagen das Gedächtnis ganz wesentlich schärfen kann, so daß wir auf diese Weise schon den einen Nutzen für das Leben haben, daß wir weniger vergeßlich werden. [...]

Aber nehmen Sie einmal an, Sie raten – nicht bloß deshalb, weil ein Mensch vergeßlich ist, sondern weil er gewisse Zustände der Nervosität zeigt –, Sie raten ihm dies, was charakterisiert worden ist. Sie sagen einem im Leben zappeligen oder nervösen Menschen, er solle dies tun, er solle das Ablegen von Gegenständen mit solchen Gedanken begleiten, so werden Sie sehen, daß er nicht bloß weniger vergeßlich wird, sondern daß er auch durch die Stärkung seines Ätherleibes allmählich gewisse sogenannte nervöse Zustände ablegt. Dann haben Sie durch das Leben einen Beweis geliefert, daß die Sachen richtig sind, die wir vom Ätherleibe sagen." (ebd./S.14 f.)

Schreibübungen

Normalerweise dirigieren Ich und Astralleib den Ätherleib, der wiederum seinerseits den physischen Leib in seinen Funktionen steuert. Es gibt allerdings Krankheitszustände, bei denen der physische Leib isoliert, autonom, auf eigene Rechnungen Bewegungen ausführt, z.B. bei allen Krampfzuständen. Anfänglich kann man das bei Menschen beobachten, die alle möglichen Zappelbewegungen, z.B. beim Schreiben, ausführen:

„Nun können Sie in unserer heutigen Zeit eine Beobachtung machen, die gar nicht so selten ist, eine Beobachtung, deren Bestehen die Menschen, an denen man sie macht, meistens nicht kennen. Indem wir diese Beobachtung machen und eine gesunde, mitleidige Seele in der Brust tragen, werden wir gerade Mitleid mit diesen Menschen haben, an denen wir eine solche Beobachtung machen können. Oder hätten Sie noch nicht, sagen wir, Leute am Postschalter sitzen sehen oder irgendwie vielschreibende Leute gesehen, welche ganz eigentümliche Bewegungen machen, bevor sie ansetzen, einen Buchstaben zu schreiben, die, bevor sie ansetzen, ein B zu schreiben, erst in der Luft einige Bewegungen machen und dann ansetzen! Oder es braucht nicht einmal bis dahin zu kommen; denn dieses ist schon die Anlage zu einem üblen Zustand, wenn die Menschen durch ihren Beruf gezwungen sind, solches zu machen; es kann dabei bleiben, daß die Menschen – beachten Sie es einmal – sozusagen, indem sie schreiben, erst sich einen gewissen Ruck geben müssen zu jedem Strich, und in der Tat ruckweise schreiben, nicht gleichmäßig hinauf- und herunterfahren, sondern ruckweise. Sie können das den Schriften ansehen, die so geschrieben sind." (ebd./S.15 f.)

Derartige Zustände behebt man durch Schreibübungen:

„Nehmen Sie an, ein armer Mensch habe sich wirklich so ruiniert, daß er mit den Fingern fortwährend zappelt, bevor er einen Ansatz zu diesem oder jenem Buchstaben macht. Nun wird es unter allen Umständen gut sein, wenn man dem Menschen den Rat gibt: Ja, nimm dir Urlaub, schreib eine Zeitlang weniger und du wirst über eine solche Sache wegkommen! – Aber dieser Rat ist nur ein halber Rat; denn vielmehr könnte man tun, wenn man dem Menschen zugleich noch einen anderen, den zweiten Teil des Rates dazu gäbe, wenn man ihm riete: Und bemühe dich, ohne daß du dich dabei anstrengst – täglich eine viertel oder eine halbe Stunde genügen dazu –, bemühe dich, eine andere Schrift anzunehmen, deine Schriftzüge zu ändern, so daß du genötigt bist, nicht mechanisch so zu schreiben wie bisher, sondern achtzugeben! Sagen wir: Während du sonst in der Weise das F schreibst, schreib es nun steiler und in ganz anderer Form, so daß du achtgeben mußt! Gewöhne dir an, die Buchstaben zu malen." (ebd./S.16 f.)

Am besten schreibt man nicht mit den Schreibgeräten, die man alltäglich benutzt, also Füllfederhalter, Kugelschreiber, Blei- oder Filzstift. Empfehlenswert ist eine richtige Eisenfeder – oder auch eine Gänsefeder – mit Tintenfaß. Der gesamte Vorgang muß langsam und bewußt durchgeführt werden, deshalb ist es auch wichtig, die Feder in die Tinte zu tauchen, die überschüssige Menge am Tintenglasrand abzustreifen, um die Kleckserei zu vermeiden.

Vielleicht fällt einem nicht sofort eine neue Schrift ein. Dann hole man sich verschiedene Schriftmuster, eigne sich Buchstabe für Buchstabe an, bis man sie bewußt malen kann und schließlich auch die Schrift im Ganzen beherrscht.

Wichtig ist nur, daß man niemals in irgendeine Automatik verfällt und sich bewußt bei jeder Längsführung und Wendung eines gemalten Buchstabens, bei jedem Querstrich, jedem Schlußstrich und Neuansatz zuschaut. Das ist nicht leicht, wenn man sich eine derartige Übung täglich für einige Minuten zur Aufgabe macht. – Man kann auch üben, mit der anderen Hand oder dem Fuß – vielleicht auch in Spiegelschrift – zu schreiben.

a b c d e f g h i j k – A B C D E F G H I J K

a b c d e f g h i j k – A B C D E F G H I J K

a b c d e f g h i j k – A B C D E F G H I J K

a b c d e f g h i j k – A B C D E F G H I J K

Schriftmuster

Rückschau und Rückwärts-Denken

Die Rückschau ist eine Übung, die man sich am besten abends kurz vor dem Schlaf vornimmt. Man versucht dabei, sich die Tagesereignisse möglichst genau rückwärts vorzustellen. Keinesfalls sollte diese Übung länger als wenige Minuten durchgeführt werden. Wenn man sich diesen Zeitraum setzt, wird man bemerken, daß man nicht in der Lage ist, den gesamten Tag in allen Einzelheiten rückwärts vorzustellen. Deshalb sollte man sich zu Beginn lediglich einen kurzen Tagesausschnitt vornehmen, den man möglichst exakt rückwärts vorstellt.

Eine Hilfe ist es, bereits während des Tages diesen Ausschnitt festzulegen und sich in diesen Minuten möglichst exakt zu beobachten: Wie gehe ich, welche Bewegungen macht meine Hand beim Türöffnen, welche Gestik habe ich, wenn ich einem bestimmten Menschen gegenübertrete, wie sitze ich, in welcher Weise lege ich dabei die Hände übereinander, was passiert beim Aufstehen usw. – Einen solchen Ausschnitt stellt man dann abends rückwärts vor.

Während dieser Übung muß man sich wie von außen betrachten, eventuell auch aus den Augen der anderen Menschen. Natürlich kann man den Tag auch in größeren Zügen rückwärts vorstellen, ohne auf jede Einzelheit einzugehen. Wichtig allein ist die Übung, und man wird sehen, daß es von Tag zu Tag besser gelingt. Man reißt sich dazu aus seinen Gewohnheiten los, stärkt den Ätherleib und übt das, was man nach dem Tode ohnehin erlebt, wenn man im Kamaloka sein Leben rückwärts durchschreitet, und zwar aus der Seelenlage der anderen Menschen heraus. Steiner schreibt in „Die Geheimwissenschaft im Umriß" zur Rückschau:

„Wer in dieser Weise regelnd in sein Seelenleben einzugreifen sich bemüht, der wird auch zu der Möglichkeit einer Selbstbeobachtung kommen, welche die eigenen Angelegenheiten mit der Ruhe ansieht, als wenn sie fremde wären. Die eigenen Erlebnisse, die eigenen Freuden und Leiden wie die eines andern ansehen können, ist eine gute Vorbereitung für die Geistesschulung. Man bringt es allmählich zu dem in dieser Beziehung notwendigen Grad, wenn man sich täglich nach vollbrachtem Tagewerk die Bilder der täglichen Erlebnisse vor dem Geiste vorbeiziehen läßt. Man soll sich innerhalb seiner Erlebnisse selbst im Bilde erblicken; also sich in seinem Tagesleben wie von außen betrachten. Man gelangt zu einer gewissen Praxis in solcher Selbstbeobachtung, wenn man mit der Vorstellung einzelner kleiner Teile dieses Tageslebens den Anfang macht. Man wird dann immer geschickter und gewandter in solcher Rückschau, so daß man sie nach längerer Übung in einer kurzen Spanne Zeit vollständig wird gestalten können. Dieses Rückwärts-Anschauen der Erlebnisse hat für die Geistesschulung deshalb seinen besonderen Wert, weil es die Seele dazu bringt, sich im Vorstellen loszumachen von der sonst innegehaltenen Gewohnheit, *nur* dem Verlauf des sinnenfälligen Geschehens mit dem Denken zu folgen. Im Rückwärts-Denken stellt man richtig vor, aber nicht gehalten durch den sinnenfälligen Verlauf. Das braucht man zum Einleben in die übersinnliche Welt. Daran erkraftet sich das Vorstellen in gesunder Art. Daher ist es auch gut, außer seinem Tagesleben anderes rückwärts vorzustellen, zum Beispiel den Verlauf eines Dramas, einer Erzählung, einer Tonfolge usw." (GA 13/Tb. 1976/S.250 f.)

So kann man ein Gedicht rückwärts denken, einen Roman in den wichtigsten Begebenheiten rückwärts vorstellen oder einen Vortrag, den man halten will, rückwärts in seinem Bewußtsein durchgehen.

Sich selber anschauen

Eine ähnliche Übung ist es, sich selber anzuschauen. Bei den Schreibübungen und der Rückschau absolviert man das bereits. Trotzdem kann es förderlich sein, sich hin und wieder eine Gestik von sich vorzunehmen und zu üben, sich dabei wie von außen anzuschauen. Wissen wir eigentlich genau, wie wir ausschauen, wenn wir lachen oder weinen, wie unser Gesichtsausdruck sich verändert, wenn wir wütend werden, wie wir anzusehen sind, wenn uns jemand etwas erzählt, was uns herzlich wenig interessiert und unsere Gedanken abschweifen? Wissen wir, wie wir gehen, laufen, arbeiten? Steiner bemerkt dazu:

„Die wenigsten haben eine Vorstellung davon, wie es aussieht, wenn man das Auge auf sie richtet, während sie gehen. Es ist aber gut, etwas dazu zu tun, so von sich eine Vorstellung zu gewinnen. Denn abgesehen davon, daß wir ganz sicher viel an uns korrigierten, wenn wir solch eine Sache im Leben anwendeten, ist dieses wiederum – es darf, wie gesagt, nicht immer fortgesetzt werden, sonst trägt es zu stark zur menschlichen Eitelkeit bei – von ungeheuer günstiger Wirkung auf die Konsolidierung des Äther- oder Lebensleibes, aber auch auf die Beherrschung des Ätherleibes durch den astralischen Leib. Und es hat der Mensch davon, daß er seine Gebärden beobachtet, daß er das anschaut, was er tut, daß er sich eine Vorstellung von seinen Taten macht, den Erfolg, den Nutzen, daß die Herrschaft seines astralischen Leibes über den Ätherleib eine immer stärkere und stärkere wird, das heißt, daß der Mensch in die Lage kommt, wenn es nötig ist, auch einmal irgend etwas zu unterdrücken. Immer weniger und weniger kommen die Menschen dazu, gewisse Dinge, die in ihren Gewohnheiten liegen, ganz willkürlich auch einmal unterdrücken zu können oder anders machen zu können. Aber es gehört geradezu zu den größten Errungenschaften des Menschen, Dinge, die man tut, unter Umständen auch anders machen zu können." (GA 143/1970/11.01.1912/S.20)

Setzen Sie sich nicht immer auf denselben Stuhl in Versammlungsräumen, essen Sie nicht immer mit derselben Hand, gehen Sie nicht immer denselben Weg zur Arbeit! Wenn man seine Aufmerksamkeit auf sich selber richtet, bemerkt man, in welch starkem Korsett eingefahrener Gewohnheiten wir wirklich stecken. Und dieses enge Korsett überträgt sich natürlich auch auf unser Seelenleben, auf die Einseitigkeit der Vorstellungen. Wer übt, sich selber anzuschauen, wird flexibler: in den Gedanken, in allen weiteren Seelenäußerungen und letztlich auch in der konkreten Lebenspraxis.

Willensschwäche

Eine immer stärker zunehmende Zeitkrankheit ist die allgemeine Willensschwäche, z.B. daß man nicht mehr das schafft, was man soll oder gar sich vorgenommen hat. Jeder hat wahrscheinlich seine ganz individuellen Tage im Jahreslauf, z.B. am eigenen Geburtstag, am Jahresende oder nach einer größeren persönlichen Krise, an denen er Bilanz zieht und beschließt, daß es so nicht mit einem weitergehen könne. Dann nimmt man sich oft sehr viel vor, was man alles schaffen und wie man sich ändern will. Meist schießen die Pläne und die Vorsätze weit über das Ziel hinaus – und im grauen Alltag bricht dann alles wieder zusammen. Deswegen sollte man sich niemals zu viel vornehmen, denn jeder Vorsatz, den man nicht einhält, schwächt die Willenskraft. Besser ist es, Stück für Stück die Willenskraft zu steigern. Steiner beschreibt die Willensschwäche als eine allgemeine Ich-Schwäche der Menschen:

„Sie schrecken zurück, das auszuführen, was sie sich vorgenommen haben, sie kommen zu nichts rechtem und dergleichen. Dieses, was wir als eine gewisse Willensschwäche auffassen können, das beruht wiederum auf einer geringen Herrschaft des Ich über den astralischen Leib zunächst. Da ist immer nicht die genügende Beherrschung des astralischen Leibes durch das Ich vorhanden, wenn eine so geartete Willensschwäche eintritt, daß die Menschen gleichsam etwas wollen und doch wiederum es nicht wollen oder wenigstens nicht dazu kommen, wirklich auch auszuführen, was sie wollen. Manche kommen nicht einmal dazu, es ernstlich zu wollen, was sie wollen wollen." (ebd./S.21)

Verzichtsübung

Wie stärkt man nun den eigenen Willen? Gewußt wie! Man benötigt die Methodik. Wieder schaut die dafür nötige Übung leicht aus, vielleicht ist sie es auch. Schwer wird es aber erst dann, wenn man sie regelmäßig durchführt. Auf den ersten Blick wird man vielleicht denken, daß man die Willenskraft stärkt, indem man ständig bis zur Erschöpfung das gleiche übt. Sicherlich trainiert man durch derartige Aktivitäten auch die Willenskraft und vielerlei Fähigkeiten. Bei der folgenden Übung geschieht aber etwas dadurch, daß man etwas unterläßt. Wie das?

Jeder Mensch hat seine persönlichen Vorlieben und Gelüste: Kaffee, Tee, Schokolade, Bier, Steaks oder Zigaretten; natürlich nicht nur unter den kulinarischen Genüssen, sondern auch auf allen anderen Feldern des menschlichen Lebens.

„Nun gibt es ein einfaches Mittel, den Willen zu stärken für das äußere Leben, und dieses Mittel ist das: Wünsche, die zweifellos vorhanden sind, zu unterdrücken, sie nicht zur Ausführung zu bringen, wenn die Nichtausführung der Wünsche keinen Schaden bringt, sondern es durchaus möglich ist, daß die entsprechenden Wünsche nicht zur Ausführung kommen. Wenn man sich nämlich prüft im Leben, so wird man schon vom Morgen bis zum Abend zahllose Dinge, die man wünscht, finden, von denen es zwar auch nett ist, wenn sie einem erfüllt werden, aber man wird eben zahlreiche solche Wünsche finden, bei denen man auch auf die Erfüllung Verzicht leisten kann, ohne daß jemand anderem ein Schaden zugefügt wird und ohne daß man selber seine Pflicht verletzt: Wünsche, deren Befriedigung einem gewissermaßen Freude macht, die aber eben auch unbefriedigt bleiben können. Wenn man geradezu systematisch darauf ausgeht, unter mancherlei Wünschen auch solche zu finden, von denen man sagt: Nein, der Wunsch soll jetzt nicht erfüllt werden – man darf nur die Sache nicht am unrechtesten Ort anfassen, sondern es muß so etwas sein, was keinen Schaden bringt, was durch die Erfüllung weiter nichts bringt als Behaglichkeit, Freude, Lust –, wenn man solche Wünsche systematisch unterdrückt, dann bedeutet jede Unterdrückung irgendeiner Wunschgattung einen Zufluß an Willensstärke, an Stärke des Ich über den astralischen Leib." (ebd./S.21 f.)

Empfehlenswert ist es, am Morgen oder spätestens im Laufe des Vormittags darüber nachzudenken, welchen Verzicht man heute leisten will, z.B.: Die nächsten vier Stunden werde ich keine Zigarette rauchen, keinen Kaffee trinken usw. Nur, übertreiben sollte man nichts! Dieser kleine Verzicht – und jeder weiß, wenn er ehrlich ist, welcher Verzicht für einen selbst am besten geeignet ist – zwickt oft schon ganz schön. Bei dieser Übung kann man auch mit Schrecken bemerken, wie abhängig man oft von den alltäglichsten Dingen ist.

Übung des Für und Wider. Willensbeeinflussung

Waren Sie schon einmal im Ausland und mußten dort einige Menschen herumführen, die der Sprache des Landes nicht mächtig waren? Haben Sie erlebt, wie anstrengend es ist, urplötzlich alles alleine entscheiden und organisieren zu müssen, für sich und die anderen Menschen? Alles ist neu, jede Situation ist ungewohnt und muß aus dem Moment heraus entschieden werden, auch wenn einem die Erkenntnis fehlt, welches die richtige Entscheidung ist.

Lebt man dagegen in seinem normalen Lebensumfeld, ist man oft in einen Rahmen eingebaut, der einem die meisten Lebensentscheidungen abnimmt. Meist sind es auch andere Menschen, die einem die Entscheidungen abnehmen, und man fühlt sich wohl dabei, weil man nicht die innere Stärke aufbringen muß, sich zu einer eigenen, vielleicht sogar unbequemen Entscheidung durchzuringen. Im sozialen Umfeld gibt es zu jeder Entscheidung ein Für und Wider, das Für fällt meist leicht, das Wider kostet Kraft, zumal dann, wenn es eine Situation ist, die eine eigene Meinung erfordert, die sich gegen die anderer Menschen richtet:

„Für alles gibt es ein Für und Wider, und für alle Sachen ist es gut, wenn wir uns angewöhnen, nicht nur das eine, sondern auch das andere, nicht nur das Für *oder* das Wider, sondern das Für *und* das Wider zu berücksichtigen. Auch bei den Dingen, die wir dann tun, ist es gut, sich vorzuführen, warum wir sie unter gewissen Umständen besser unterließen, oder überhaupt, wenn wir sie auch besser tun, sich klarzumachen, daß es auch Gründe dagegen gibt. Die Eitelkeit spricht in vieler Beziehung dagegen, sich für etwas, was man tun soll, die Gegengründe anzuführen, denn die Menschen möchten gar zu gerne nur gute Menschen sein. Man kann sich so recht das Zeugnis ausstellen, ein guter Mensch zu sein, wenn man sagen kann: Man tut nur das, wofür sich etwas sagen läßt. Und die Überzeugung ist etwas unbequem, daß man eigentlich fast gegen alles, was man im Leben tut, auch vieles einwenden kann." (ebd./S.23 f.)

Menschen, die sich nicht entscheiden können, sind willensschwache Charaktere; das Extrem wäre das Guruprinzip:

„Sie werden gewiß schon Menschen begegnet sein, die in der Weise willensschwach sind, daß sie eigentlich am liebsten selber sich gar nicht zu etwas entschlössen, sondern immer gerne hätten, daß ein anderer für sie den Entschluß faßt, und sie nur auszuführen haben, was sie tun sollen. Sie wälzen gleichsam die Verantwortung ab, fragen lieber, was sie tun sollen, als daß sie selbst die Gründe zu diesem oder jenem Tun finden." (ebd./S.24)

Wer sich nicht entscheiden kann, gerät oft in verzwickte Lebenssituationen. Ein wichtiger Lebensabschnitt steht an, eine richtungsweisende Entscheidung muß gefällt werden, z.B. die Berufswahl. Wenn man nun ein willensschwacher Mensch ist, der sich beständig seinen Rat von anderen Menschen holt, kommt man in den Bereich der Willensbeeinflussung durch andere, was im Extremfall magisches Wirken eines Schwarzmagiers wäre (vgl. dazu: FLENSBURGER HEFTE, Sonderheft Nr.12, „Schwarze und weiße Magie"):

„Nehmen wir solch einen Menschen, der gerne andere fragt. Er steht zwei Menschen gegenüber, die ihm Ratschläge in derselben Sache geben. Der eine sagt: Ja! – Der andere sagt: Tue es nicht! – Da werden wir sehen im Leben, daß der eine Berater den entschiedenen Sieg erringt über den anderen Berater. Der,

der einen stärkeren Willenseinfluß hat, der erringt den Sieg über den anderen. Was für eine Erscheinung haben wir da eigentlich vorliegen? So unbedeutend es auch aussieht: eine höchst bedeutungsvolle Erscheinung. Wenn ich zwei Menschen gegenüberstehe, von denen der eine sagt Ja, der andere Nein, und ich führe das Ja aus, so wirkt sein Wille in mir weiter, seine Willensstärke hat sich geltend gemacht so, daß sie mich zu meiner Tat erkraftete. Seine Willensstärke hat in mir über den anderen Menschen einen Sieg davongetragen, die Stärke also eines Menschen hat in mir gesiegt." (ebd./S.24 f.)

Um diese Willensbeeinflussung, mit der immer eine Willensschwächung einhergeht, zu vermeiden, übt man, das Abwägen des Für und Wider nicht anderen Menschen zu überlassen, sondern es in seine eigene Seele zu verlegen:

„Wenn ich jetzt nicht zwei anderen Leuten gegenüberstehe, von denen der eine Ja und der andere Nein sagt, sondern wenn ich ganz allein dastehe und mir im eigenen Herzen das Ja oder Nein vorführe und mir dabei die Gründe anführe, wenn kein anderer zu mir kommt, sondern ich mir selber die Gründe für das Ja oder Nein anführe, und dann hingehe und sie ausführe, weil ich mir Ja gesagt habe, dann hat das eine starke Kraft entfaltet, aber jetzt in mir selber. Was früher der andere in mir ausgeübt hat, das habe ich jetzt selber als eine Stärke in meiner Seele ausgebildet. So daß also, wenn man sich innerlich vor eine Wahl stellt, man ja eine Stärke über eine Schwäche siegen läßt. Und das ist ungeheuer wichtig, weil dies wiederum die Herrschaft über den astralischen Leib in ganz ungeheurer Weise stärkt. Das ist nun überhaupt etwas, was man nicht als eine Unbequemlichkeit betrachten soll, das Für und Wider in allen einzelnen Fällen, wo es nur sein kann, wirklich ernstlich zu prüfen, und man wird sehen, daß man für die Stärkung seines Willens sehr viel hat, wenn man in dieser Weise auszuführen sucht, was eben charakterisiert worden ist." (ebd./S.25)

Bei dieser Übung muß man aber ehrlich sein und Obacht geben, daß die getroffene Entscheidung – entweder Für oder Wider – auch ausgeführt wird, denn sonst tritt erneut eine Willensschwäche ein:

„Aber diese Sache hat auch eine Schattenseite, nämlich die, daß statt der Stärkung des Willens eine Schwächung eintreten kann, wenn man dann, nachdem man so die Gründe für oder wider in sich geltend gemacht hat, eigentlich nicht handelt unter dem Einfluß der einen oder anderen Gewalt, sondern aus Nachlässigkeit gar nichts tut, weder dem einen noch dem anderen folgt. Man ist scheinbar dann dem Nein gefolgt, aber in Wirklichkeit ist man bloß faul gewesen. Daraus folgt das Folgende: daß man gut tut, selbst bis zu diesem Grade Geisteswissenschaft zu berücksichtigen, daß man ein solches Vor-sich-Hinstellen des Für oder Wider nicht dann vornimmt, wenn man ermüdet ist, nicht dann, wenn man in irgendeiner Weise abgemattet ist, sondern dann, wenn man sich stark fühlt, so daß man weiß: Du bist nicht ermattet, du kannst auch wirklich dem folgen, wofür du das Für und Wider vor deine Seele stellst. Also man muß wiederum auf sich selbst achtgeben, damit man zur rechten Zeit solche Dinge auf seine Seele wirken läßt." (ebd.)

Urteilsverzicht

Eine letzte Übung sei noch kurz angeführt. Es geht darum, daß man normalerweise mit seinem Urteil oft zu schnell ist, sehr viel kritisiert, vieles benörgelt oder beleidigt verbal zurückhaut, wenn man angegriffen wird. Wenn man mitten im Leben steht, sehr viel mit Menschen zusammenkommt, ständig mit Menschen über andere sprechen muß, ist es sehr schwer, seine Urteile zurückzuhalten bzw. auf sie zu verzichten. Diese Übung darf man auf keinen Fall so mißverstehen, daß man auf berechtigte Kritik verzichten sollte:

„Allerdings sollte es gehören zu der Selbstverpflichtung, die sich der Anthroposoph auferlegt, nicht etwa berechtigte Kritik sich zu verbieten. Wenn die Kritik eine sachliche ist, so wäre es natürlich eine Schwäche, das Schlechte für gut – sozusagen aus rein geisteswissenschaftlichen Gründen – auszugeben." (ebd./S.26)

Statt dessen übe man, Urteile möglichst unabhängig von den eigenen persönlichen Empfindungen, Vorlieben oder Beleidigtheiten zu fällen. Angenommen, jemand verspricht einem, innerhalb einer Woche eine bestimmte Angelegenheit für einen abzuwickeln, er unterläßt es aber aus Faulheit, dann kann man natürlich mit einer gewissen Berechtigung sauer und enttäuscht reagieren, den anderen beschimpfen und ihn einen blöden unzuverlassigen Kerl heißen. Dieses Empfindungsurteil ist aber gar nicht nötig, denn man braucht ihm nur zu entgegnen: „Du hast mir versprochen, diese Angelegenheit innert einer Woche zu erledigen. Du hast es selbst so gewollt, aber Du hast es nicht getan." Mehr nicht. Die Sache spricht für sich. Man muß den Menschen an seinen eigenen Worten nehmen und diese mit seinen eigenen Taten messen. Steiner trägt diesen Zusammenhang folgendermaßen vor:

„Und je mehr man sich angewöhnen kann, unabhängig zu machen die Beurteilung namentlich unserer Mitmenschen von der Art und Weise, wie sie sich zu uns stellen, je mehr man das kann, desto besser ist es für die Stärkung unseres Ich in bezug auf seine Herrschaft über den astralischen Leib. Es ist sogar gut, sich sozusagen eine Entsagung aufzuerlegen. Nicht um sich die Finger abzulecken und zu sagen: Du bist ein guter Mensch, wenn du deinen Mitmenschen nicht kritisiert –, sondern um sich stark zu machen, soll man sich auferlegen die Dinge, die man nur deshalb übel finden kann, weil sie einem selber unangenehm sind, nicht übel zu finden und gerade auf dem

Gebiet, wo es sich um Menschenbeurteilung handelt, negative Urteile lieber da anzuwenden, wo man selber gar nicht in Frage kommt. Man wird schon sehen, daß das als theoretischer Grundsatz sich leicht ausnimmt, daß es aber im Leben außerordentlich schwierig auszuführen ist. Es ist gut, wenn man zum Beispiel bei einem Menschen, der einen angelogen hat, mit seiner Antipathie gegen ihn, weil er einen gerade selber angelogen hat, zurückhält. Es handelt sich nicht darum, zu anderen zu gehen und das weiterzuerzählen, was er erzählt hat, sondern es kann sich darum handeln, das Gefühl der Antipathie zurückzuhalten, weil er uns angelogen hat. Das, was wir an dem Menschen bemerken können an dem einen oder anderen Tag, wie seine eigenen Handlungen zusammenstimmen, das können wir sehr wohl zu einem Urteil über den Betreffenden gebrauchen. Wenn einer einmal so, das andere Mal anders redet, dann brauchen wir nur, was an ihm selber ist, zu vergleichen, dann haben wir eine ganz andere Unterlage zu seiner Beurteilung, als wenn wir sein Verhalten zu uns betonen. Und das ist wichtig, daß man die Dinge als solche für sich selbst sprechen läßt, oder die Menschen als solche in ihren eigenen Handlungen begreift, nicht aus einzelnen Handlungen sie beurteilt, sondern aus dem, wie ihre Handlungen zusammenstimmen. Man wird schon finden, daß selbst bei demjenigen, den man für einen ausgepichten Schurken hält und sagt: Der tut niemals etwas anderes, als was zum Begriff eines solchen stimmt –, daß man selbst bei einem solchen sehr viel findet, was nicht zu dem stimmt, was dem widerspricht, dem, was er selbst tut. Und man braucht gar nicht das Verhältnis zu einem selbst ins Auge zu fassen, man kann von sich selbst absehen, um sich den Menschen in seinem eigenen Verhalten vor die Seele zu stellen, wenn es überhaupt nötig ist, ein Urteil über ihn zu fällen. Aber gut ist es zur Stärkung des Ich, darüber nachzudenken, daß wir einen großen Teil, neun Zehntel der Urteile, die wir fällen, in allen Fällen unterlassen können. Wenn man ein Zehntel von den Urteilen, die man über die Welt fällt, ein Zehntel nur sozusagen wirklich in seiner Seele erlebt, so genügt das reichlich für das Leben. Es wird das Leben in keiner Weise, auch für uns selber nicht, beeinträchtigt dadurch, daß wir uns versagen, die übrigen neun Zehntel zu fällen, die wir eben nun sehr häufig fällen." (ebd./S.26 f.)

Schlußbetrachtung

Diese Übungen scheinen Kleinigkeiten zu sein, aber ihre Wirkung ist groß. Alle Übungen tragen zur Ich-Stärkung und zur Konsolidierung des gesamten Wesensgliedergefüges bei. Die Erfolge wird man bald im täglichen Leben bemerken. Greifen Sie sich zwei oder drei – oder zu Beginn auch nur eine – Übung heraus, die Ihnen liegt, und fangen Sie an! Diese Übungen nur zu lesen, bringt gar nichts. Man muß sie tun. Übung macht den Meister. Gutes Gelingen!

Rudolf Steiner
Der anthroposophische Schulungsweg

Wie erlangt man Erkenntnisse der höheren Welten?

Noch immer gilt dieses Werk zu Recht als *die* grundlegende Schrift zum anthroposophischen Schulungsweg.
GA 10. Leinen sFr. 38.– / DM 41,– / öS 320,–
ISBN 3-7274-0100-1
TB 600. sFr. 15.80 / DM 16,80 / öS 131,–
ISBN 3-7274-6001-6

Theosophie

Einführung in übersinnliche Welterkenntnis und Menschenbestimmung

Darstellungen der notwendigen allgemeinen Voraussetzungen und Grundbedingungen für eine innere Entwicklung.
GA 9. Leinen sFr. 36.– / DM 39,50 / öS 308,–
ISBN 3-7274-0090-0
TB 615. sFr. 15.80 / DM 16,80 / öS 131,–
ISBN 3-7274-6151-9

Die Stufen der höheren Erkenntnis – Kosmologie, Religion und Philosophie – Vom Seelenleben

Drei Schriften zum anthroposophischen Schulungsweg mit Ausführungen zu den drei Erkenntnisstufen Imagination, Inspiration und Intuition.
TB 641. sFr. 15.80 / DM 16,80 / öS 131,–
ISBN 3-7274-6410-0

Ein Weg zur Selbsterkenntnis des Menschen

In acht Meditationen
GA 16. Leinen sFr. 27.50 / DM 30,– / öS 234,–
ISBN 3-7274-0160-5
TB-Ausgabe siehe unter folgendem Titel.

Die Schwelle der geistigen Welt

Aphoristische Ausführungen
GA 17. Leinen sFr. 28.50 / DM 31,– / öS 242,–
ISBN 3-7274-0170-2
TB 602 (GA 17, zus. mit GA 16; sFr. 13.80 / DM 14,80 / öS 116,–; ISBN 3-7274-6021-0

In diesen beiden Schriften werden in aphoristischer Form übersinnliche Erkenntnisse über das Wesen des Menschen und der Welt gegeben.

Anweisungen für eine esoterische Schulung

Aus den Inhalten der „Esoterischen Schule"

Aus dem Inhalt: Allgemeine Anforderungen (Nebenübungen) / Hauptübungen / Mantrische Sprüche / Erläuterungen in esoterischen Stunden
Sonderausgabe (aus GA 245)
kart. sFr. 24.50 / DM 26,50 / öS 207,–
ISBN 3-7274-5515-2

RUDOLF STEINER VERLAG – DORNACH/SCHWEIZ

Sie suchen ...

... eine Zeitschrift, die Sie umfassend über wichtige Themen unserer Zeit informiert?

... Anregungen, die Sie neu über unsere Zeit nachdenken lassen?

... eine Zeitschrift, die sich vom gewöhnlichen Angebot unterscheidet?

Dann sollten Sie zum Kennenlernen einfach unsere aktuelle Ausgabe bestellen.

Gegen Voreinsendung von DM 10,- / SFr 10,- senden wir Ihnen diese zusammen mit einem weiteren Heft unverbindlich zu.

Themenauswahl Heft 12-1/95:
- Isenheimer Altar
- Biographie
- Sekten
- Interview mit Otto Schily

Sie bekommen *NOVALIS* auch im gutsortierten Buchhandel und Bahnhofsbuchhandel.

NOVALIS

Zeitschrift für spirituelles Denken

Steigstraße 59 • CH-8201 Schaffhausen

> Wird Anthroposophie "... zur grauen Theorie gemacht, dann ist sie oft gar nicht eine bessere, sondern eine schlechtere Theorie als andere."
> (Rudolf Steiner)

Auf dem Schulungsweg braucht man heute Erkenntnisgemeinschaften. Die Freie Akademie Sammatz bietet Raum zur Erarbeitung anthroposophischer Themen und ihrer Verbindung mit dem Leben der Gegenwart. Durch den intensiven sozialen Zusammenhang in der Lebensgemeinschaft findet jeder Teilnehmer Austausch, Anregungen und freundschaftliche Korrektur.

Jahresseminare • Tagungen • Kurse

Wir schicken Ihnen gerne unser Programm zu.

Freie Akademie Sammatz

29490 Sammatz
Tel.: 05858-9700

Decken-, Pendel- und Wandleuchten

Udo Großklaus
– LAMPENBAU –
(ehemals Dutschke-Leuchten)
Hauptstr. 59 • 79689 Maulburg
Tel. 07622/5189

Fordern Sie meinen Katalog an!

Glockenhaus

Lebendiger Klang durch reines Kupfer

Glockenspiele, Topfglocken und Gongs für Unterricht, Kindergarten, Musiktherapie und zum Hausgebrauch. Wir bevorzugen a = 432Hz quintenrein.

Glockenhaus e.V.
Bügenstegener Weg 5   74582 Gerabronn
Tel. 07952/1214

Freies Hochschulkolleg in Stuttgart

«studium generale» auf anthroposophischer Grundlage (Mitte Oktober bis Anfang Juli) zur Orientierung und Vorbereitung auf ein Hochschulstudium (Voraussetzung: Abitur oder Fachhochschulreife); auch zur Neuorientierung für Studenten der ersten Semester.

Einführung in die Grundlagen des Erkennens und in die Methodik wissenschaftlichen Arbeitens; Fragen der Menschenerkenntnis, Erziehung und Selbsterziehung; inhaltliche Einblicke in die verschiedenen Wissenschaftsgebiete in Fachkursen; täglich künstlerische Übungen.

Anfragen und ausführliche Programme:
Freies Hochschulkolleg e.V.,
Libanonstraße 3, 70184 Stuttgart, Tel.: 07 11/48 17 15.

Echte Naturtextilien von **Aßmus**

Gerne senden wir Ihnen unseren Katalog kostenlos zu.

Aßmus Naturtextilien oHG
Rolf und Ursula Aßmus
Forststraße 35
74379 Ingersheim

Telefon: 0 71 42/69 04
Telefax: 0 71 42/5 26 44

WELEDA ist mehr

Die Kunst als sichtbares Symbol für den Einklang von Mensch und Natur in der Arbeit der WELEDA.

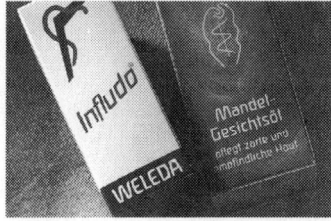

Calendula-Ernte im biologisch-dynamischen WELEDA-Heilpflanzengarten. Die Blüten werden handverlesen, schonend entfeuchtet und sofort weiterverarbeitet.

WELEDA Präparate sind kunstvolle Kompositionen hochwertiger Naturstoffe.

WELEDA versteht den modernen Menschen als ganzheitliche Individualität, die mehr und mehr bewußt mit sich und ihrer Umwelt umgeht. Diesen Entwicklungsprozeß unterstützen wir nicht allein mit den in unseren Präparaten angelegten, aus der Natur gewonnenen Wirkprinzipien. Unsere fundierte und eigenständige Informationsarbeit gibt Ihnen Impulse für eine verantwortungsvoll zu gestaltende Zukunft. Wir sollten uns kennenlernen!

WELEDA AG, Heilmittelbetriebe,
Postfach 1320, 73503 Schwäbisch Gmünd,
Tel.: 071 71 / 91 93 62 · Fax: 071 71 / 91 94 24

WELEDA
Im Einklang mit Mensch und Natur

Flensburger Hefte Verlag – Lieferbare Titel, Winter 1994

Johannes Rogalla von Bieberstein:
Die These von der Verschwörung 1776–1945
216 S., kt. DM 33,– / ISBN 3-926841-36-2

Carola Cutomo:
Medialität – Besessenheit – Wahnsinn
188 S., kt. DM 19,80 / ISBN 3-926841-19-2

Klaus Engels:
Destruktive Kulte im Spannungsfeld von Kirche und Gesellschaft
212 S., kt. DM 28,– / ISBN 3-926841-46-X

Hans-Diedrich Fuhlendorf:
Rückkehr zum Paradies oder Erbauen des Neuen Jerusalem?
352 S., kt. DM 39,– / ISBN 3-926841-37-0

Wolfgang Gädeke:
Anthroposophie und die Fortbildung der Religion
448 S.   Leinen DM 48,– / ISBN 3-926841-23-0
   kt. DM 36,– / ISBN 3-926841-24-9

Dieter Hornemann:
Geheimnisvolles Afrika
102 S., 32 farb. Abb., kt. DM 26,– / ISBN 3-926841-60-5

Johannes Kiersch:
Fragen an die Waldorfschule
148 S., kt. DM 19,80 / ISBN 3-926841-33-8

Peter Krause:
Das Judasproblem
128 S., kt. DM 19,80 / ISBN 3-926841-38-9

Peter Krause:
Feuer in Tschernobyl
168 S., 37 farb. Abb., kt. DM 28,– / ISBN 3-926841-58-3

Peter Krause, Faustus Falkenhahn (Hg.):
Einsam – gemeinsam
192 S., kt. DM 22,80 / ISBN 3-926841-43-5

Ernst-Martin Krauss:
Holzwege, Steinwege ...
92 S., Großformat, 13 farb. Abb., geb., DM 56,–
ISBN 3-926841-35-4

Jukka Kuoppamäki:
Einsam – gemeinsam
Musikkassette, DM 22,–

Andreas Meyer (Hg.):
Seele und Geist
160 S., kt. DM 26,– / ISBN 3-926841-47-8

Heinz Schimmel (Hg.):
Tanz der Seelen
108 S., 14 farb. Abb., kt. DM 25,– / ISBN 3-926841-53-2

FH 11
Über Tod und Sterben
3. Aufl., 264 S., kt. DM 24,80 / ISBN 3-926841-11-7

FH 13
Hexen, New Age, Okkultismus
3. Aufl., 196 S., kt. DM 19,80 / ISBN 3-926841-08-7

FH 14
Erneuerung der Religion. Die Christengemeinschaft
4. Aufl., 184 S., kt. DM 16,80 / ISBN 3-926841-07-9

FH 15
Waldorfschule und Anthroposophie
3. Aufl., 132 S., kt. DM 9,80 / ISBN 3-926841-00-1

FH 16
Kulturvergiftung: Rauschgift, Sucht und Therapie
2. Aufl., 228 S., kt. DM 16,80 / ISBN 3-926841-21-4

FH 17
Kulturvergiftung: Alkohol
2. Aufl., 160 S., kt. DM 16,80 / ISBN 3-926841-34-6

FH 18
Bio.-dyn. Landwirtschaft, Ökologie, Ernährung
2. Aufl., 184 S., kt. DM 19,80 / ISBN 3-926841-03-6

FH 19
Musik
2. Aufl., 184 S., kt. DM 16,80 / ISBN 3-926841-06-0

FH 20
Sexualität, Aids, Prostitution
2. Aufl., 170 S., kt. DM 14,80 / ISBN 3-926841-09-5

FH 21
Aids
164 S., kt. DM 14,80 / ISBN 3-926841-10-9

FH 22
Erkenntnis und Religion
132 S., kt. DM 14,80 / ISBN 3-926841-13-3

FH 23
Engel
2. Aufl., 172 S., 9 farb. Abb., kt. DM 19,80
ISBN 3-926841-15-X

FH 24
Direkte Demokratie – 1789–1989
240 S., kt. DM 14,80 / ISBN 3-926841-16-8

FH 25
Rechtsleben und soziale Zukunftsimpulse
244 S., kt. DM 16,80 / ISBN 3-926841-17-6

FH 26
Michael / Januskopf Bundesrepublik
184 S., 8 farb. Abb., kt. DM 16,80 / ISBN 3-926841-22-2

FH 27
Strafprozeß, Strafvollzug, Resozialisierung
224 S., kt. DM 16,80 / ISBN 3-926841-20-6

FH 28
Naturwissenschaft und Ethik
204 S., kt. DM 16,80 / ISBN 3-926841-25-7

FH 29
Freie Schule
248 S., kt. DM 19,80 / ISBN 3-926841-28-1

FLENSBURGER HEFTE = **FH** (ISSN 0932-5859)
FH-Sonderhefte = **So** (ISSN 0943-5549)